吴天为 著

成就一生的
理财宝典

自我修炼九段理财高手

哈尔滨工业大学出版社
HARBIN INSTITUTE OF TECHNOLOGY PRESS

图书在版编目(CIP)数据

成就一生的理财宝典/吴天为著. —哈尔滨:哈尔滨工业大学出版社,2011.2
ISBN 978-7-5603-3194-2

Ⅰ.①成… Ⅱ.①吴… Ⅲ.①财务管理-通俗读物
Ⅳ.①TS976.15-49

中国版本图书馆 CIP 数据核字(2011)第 018066 号

策划编辑	刘培杰　甄淼淼
执行策划	关　力
责任编辑	苗金英
封面设计	李尘工作室
出版发行	哈尔滨工业大学出版社
社　　址	哈尔滨市南岗区复华四道街 10 号　邮编 150006
传　　真	0451-86414749
网　　址	http://hitpress.hit.edu.cn
印　　刷	哈尔滨市石桥印务有限公司
开　　本	787mm×960mm　1/16　印张 17.75　字数 260 千字
版　　次	2011 年 2 月第 1 版　2011 年 2 月第 1 次印刷
书　　号	ISBN 978-7-5603-3194-2
印　　数	1~6 000 册
定　　价	29.80 元

(如因印装质量问题影响阅读,我社负责调换)

前 言
PREFACE

理财能力决定了财富的多寡

2009年春天,人们在金融危机的困境中挣扎,想方设法为保障自己的收益、为减少不必要的损失而努力。2010年春天,人们却在通货膨胀预期中困惑,在为房价高企无力购买而忧心,在为自己手里有限的钱财如何增值保值而奋斗。

短短的一年时间,让人们深切感受到了什么叫做"冰火两重天"。我的一个朋友,曾有10年炒股经历,2007年却在股市里"翻了船"。他在38元价位上购买了5 000股中石油,还信誓旦旦地对我说,适逢大牛市,能涨到10 000点。没想到股市大跌,这5 000股中石油被深度套牢,解套之日遥遥无期。对股市极度绝望后,2009年春节,他怀揣25万元来到海南,一番考察后预订了三套商品房的房号,每套房子交订金8万元。回到北京不到半个月,就有人打来电话要买他手中的房号,接下来的时间里,这样的电话没有中断过,最多的时候每天接四五个这样的电话。当初8万元的房号最高时出价到30万元。朋友说,没有被套住的那十几万元,就没有海南的三套房子,所以,投资理财"不能在一棵树上吊死"。

现实生活中,有很多人一心想让手里的钱能增值保值,但是可能一个错误的投资决定就可以让他回到原点。每个人面临的选择有两个方面:第一,应该花多少时间进行投资?第二,应该选择哪些投资或理财工具?理财师能够解答这个问题。因为国内的理财工具越来越多，越来越复杂，如果不能充分了解每一种工具的特性、功能和适合的对象，就很可能走入误区，从而使自己辛辛苦苦积累的财富化为乌有，所以这也是"个人理财规划"的重点所在。

一般来说，理财可分为九段，前三段属于初级，中三段为中级，后三段可谓高级。芸芸众生中，靠拿工资生活的工薪族大多数处在初级层次，中级和高级层次的人也是从初级过渡而来的。我的这位朋友在理财的道路上，不知不觉地从理财的第五段上升到第六段，无师自通地踏上了更高境界，得到了很好的回报。虽说理财的方法很多，但是适合自己的才是最好的。只要你有信心、肯努力，就能掌握更高级的理财功力，就能为自己和家人积累更多的财富。

储蓄算是投资工具中最初级的一种，没有风险也不需要额外的时间进行打理，但不能分享到社会财富高速增长的回报。债券的风险和回报要相对高一些，但它需要有一点专业知识。而股票、外汇和期货，有很高的风险和回报，却需要投入更多的时间、精力，还要学习许多相关的专业知识，而且投机特性非常明显，虽然能让你的资产增值，但你必须成为这个行业里的专业投资者，才能得到丰厚的回报。

还有一种不错的投资工具——基金。投资基金有点像储蓄，但风险与收益都比储蓄高，如果定时定量投资一些优质基金，会有很好的收益。

房产是一种比较特别的投资工具，它既可以帮助你实现资本的增值，又可以通过出租获得现金收益，所以是实现退休规划和其他理财目标的重要工具。

珠宝、艺术品、古董的投资，需要有深厚的专业知识和丰富的实践经验，当然回报也是非常可观的，这种投资也算是较高级别的。

还有一种投资方式虽然不多但发展却很快，那就是投资企业，直接把资金投资到发展迅速的企业中去，就可能获得比金融投资工具更加丰厚的回报。但是企业投资的风险也非常大，尤其对企业的运营和发展要有一定的了解，因此比较适合资深且具备企业运作经验的投资者。

那么，究竟应该采用哪种投资方式或理财策略更适合呢？这就要根据你所处的年龄阶段、投资偏好、对风险的承受能力、投资经验、理财目标和所拥有的财富资源等等许多具体情况来做决定。如同治病一样,你必须清楚地知道所有的症状,才能够得到最科学、最客观的治疗方案。

本书按照理财一段至九段的顺序详细介绍了不同的理财方法,从最低级到最高级,既有理论又有实践,深入浅出,实用性强。理财的方法有很多种,总有一款适合你。也可以看看自己属于哪个层次,让你知道还有多长的路要走,只有这样才能逐渐增加自己的财富,逐渐达到理想的理财目标。当然,拥有不同的财富可以带来不一样的生活质量,带来不一样的人生经历,不能说钱少的人一定没有钱多的人生活得自在快乐,但是人活着需要物质做基本的条件,毕竟吃、穿、住、行、娱都需要金钱来支撑。

每个人都有一定的财商,有些人财商表现高,而有些人则财商表现低,这可能是其没有显现或挖掘出来。读者按照本书中介绍的层级标准来发展自己,不断地努力,一点点地积累,相信你一定能达到较为理想的境地,能逐渐享受到财富自由带来的乐趣。这就是笔者著本书的初衷,期望能给读者一定的帮助。

著者
2010 年 10 月 10 日

目 录
CONTENTS

理财一段:学习储蓄打基础

储蓄不一定能成富豪,但不储蓄肯定成不了富豪 / 3
活期储蓄帮你迈进理财的门槛 / 7
收入低不可怕,可怕的是你从不储蓄 / 9
定期储蓄虽收益不高但风险最小 / 12
超短期通知存单:储蓄中的绩优股 / 14
教育储蓄越早越好 / 17
外汇放在银行里划不划算 / 21
懒人也能投资,赚外币很容易 / 24

理财二段:买保险就是买保障

买保险是你对家人的一份责任 / 31
分红险:现金分红不如保额分红 / 35
万能险在某些方面确实是万能的 / 38

"投连险"带给你不一样的收益 / 41
什么时候最适合买养老险 / 44
手里有三招,养老"不差钱" / 49

理财三段:债券及理财产品

"金边债券"——收益高风险小 / 55
公司债券——收益高风险大 / 57
可转换公司债券享受双重利益 / 61
几千种银行理财产品任你选 / 64
债券型理财产品帮你轻松赚钱 / 69
票据投资型理财产品安全又可靠 / 72
QDII型理财产品想说爱你不容易 / 74

理财四段:投资基金做基民

开放式基金:随时买随时卖 / 81
封闭式基金:虽好却买不到 / 85
挑选基金要看公司更要看经理人 / 88
基金操作实战方略妙招 / 91
钱少的人应首选保本型基金 / 95
比储蓄收益高的货币型基金 / 97
债券型基金适合保守型投资者 / 100
股票型和偏股型基金赶上牛市才赚钱 / 103
基金定投关键是选好基金 / 105

理财五段：股票和期货赚大钱

投资股票——运用自己的智慧赚钱 / 113
投资股票的原则和策略 / 116
初级"菜鸟"炒股实战技巧 / 119
申购新股的操作及方法 / 123
期货做空也能赚钱 / 125
期货投资的实战技巧 / 129
牢记期货交易的 25 条黄金法则 / 132
新期民"四步速成法" / 136
沪深 300 股指期货：投资要谨慎 / 139
股指期货投资技巧和方法 / 142

理财六段：投资房地产惊喜无限

盛事购房，房产成为最赚钱的投资 / 149
中小投资者可投资住宅楼 / 152
投资写字楼潜力无极限 / 155
商铺的价值靠时间来累积 / 158
房产投资新动向：买车位来出租 / 163
以房养房，圆你一个投资梦 / 166

理财七段：炒汇炒黄金

炒外汇：看似很难其实很简单 / 171
投资黄金首选金条和金砖 / 175
纸黄金投资：宁可错过也不做错 / 179
黄金期货交易中如何以小搏大 / 182

理财八段：艺术品古玩风雅中赚钱

艺术品投资靠熬时间来赚钱 / 187
把握投资艺术品的机会和技巧 / 190
招贴画正逐渐成为投资热点 / 194
连环画：小收藏也有大收获 / 197
挂历不仅记录时光，也能创造价值 / 203
用宝石圆你一个财富梦 / 205
金银有价玉无价：长盛不衰的玉器收藏 / 210
长线为金的金银币投资 / 214
古玩收藏：先有文化后有回报 / 218
瓷器收藏：价值与风险同在 / 222
一两田黄数两金，印石投资受追捧 / 228
红木家具收藏：投资是硬道理 / 232
让小邮票变成大财富 / 236
钱币收藏：让你"用钱生钱" / 241
电话卡收藏：收益不可小觑 / 246

理财九段:投资无形资产

投资企业产权是一本万利 / 253
创业:让财富呈几何级数增长 / 256
抓住了创业机会,就抓住了财富 / 261
品牌为你带来超额收益 / 265
最有价值的投资是让人才帮你赚钱 / 268

理财一段
学习储蓄打基础

　　●储蓄是一个人自立的基础，它来源于计划和节俭。储蓄不一定能成为富豪，但不储蓄肯定成不了富豪。储蓄不是美德,而是手段;努力工作赚钱不是为了消费而是为了投资；储蓄是守，投资是攻;时间就是金钱,储蓄和投资都要趁早;与其感叹贫穷,不如努力致富。

储蓄不一定能成富豪
但不储蓄肯定成不了富豪

  储蓄可以分为主动储蓄和被动储蓄。有的人很富有,生活很安逸,为了进一步积累财富自觉主动地储蓄,而相当大的一部分人却是因为许多现实中无法解决的问题,不得不压制自己的消费欲望,被动地省下钱来进行储蓄。再加上没有其他理财经验,只能选择最低层次的储蓄,这可以说是中国居民储蓄居高不下的真正原因。

  中国的经济发展速度是空前的,是令世人瞩目的,最近听说"中国GDP快要超过日本了",让人感到骄傲的同时也有些许的困惑,因为这个指标只能代表经济活动的状态,代表不了财富的增长。美国的经济增长是靠本国的购买力推动的,美国的消费是不断增长的,2005年消费占GDP的63%,2007年消费占GDP的70%,其中医疗方面的消费原来占10%,现在占18%,从中可以看出,美国的消费总额不断上升的主要原因是医疗费用的上升。美国政府最想解决的就是医疗问题,奥巴马的提案已经获得国会的通过,相信这个问题会得到根本的解决。

  在美国,因为有非常优厚的福利政策和社会保障,人们不用为自己的生病和养老以及子女教育操心,他们敢把自己收入的全部用来消费,甚至提前透支消费,他们用明天以至后天的钱来享受,因此他们的生活很舒适,生活质量超出了应有的水平。在中国,情况截然相反,人们只拿出收入中的一部分来消费,而把另一部分储蓄起来,如果人们不把钱储蓄起来而用于消费,他们的生活质量将大大提高,但是他们宁愿自己的生活质量低于应有的水平,也要把钱储蓄起来。即便如此,生一场大病就倾家荡产、子女结婚就花掉半生积蓄的事也时有发生。这种情况在金融危机到来时最为明显,国家只能不断出台各种优惠政

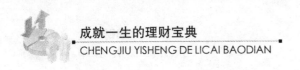

策,以此来拉动内需,一旦这种优惠取消,购买力就会萎缩到原点,因此,中国的消费占GDP的比例要低很多。

中国人和美国人的消费差异原因

为什么美国的消费水平那么高呢?为什么中国人消费少而储蓄却那么高呢?近年来,这种现象引起了各方面人士的关注,经过对中国人和美国人的消费结构以及国家福利制度的分析对比,得到了这样的结论——中国政府不能为普通百姓提供教育、就业、医疗乃至住房,而这四项最基本的社会保障与人们的生活密切相关,面对这种无奈的现实只能靠自己解决。再有就是目前依然实行的独生子女政策,将来两个孩子要面对四个老人的养老问题,年轻的父母们不得不提前准备退休后的养老金。如此一来,普通百姓手中的钱就只能用来储蓄,而不敢轻易消费。这种低消费、高储蓄的状况,使得中国居民储蓄总额高达22万亿,中国人反倒成了收入高的美国人的债权人。

所以说,中国人储蓄不仅仅是勤俭节约的传统美德使然,还是现实生活中的一种无奈选择。鉴于中国老百姓"存钱防病"、"存钱养老"、不敢消费的心态,国家正在努力着手改变,最重要的手段就是不断完善各项社会保障制度,加大对各级教育、城镇医疗保险覆盖、保障性住房的供给,改善目前的教育、医保、住房、养老的现状,以期为百姓提供更好的生活保障。然而,这项工程耗资巨大,短时间难以显现效果,在各方面没有明显改善的情况下,储蓄依然是人们理财的主要选择。

即便如此,中国人开始进行储蓄的年龄也很晚,因为一个人没有真正走上社会是没有经济来源的,儿童时期、青少年时期乃至参加工作初期,都要靠家庭和父母来供养,这些钱一般只能维持基本的生活,即使储蓄起来也非常少。据统计,一个大学生一年的学费和生活费总计6 000至1万元,生活费1万至2万元,很多贫困生学费和生活费要靠助学金或者贷款。大学毕业走上社会,经济上也不能马上独立,也不会把薪水储蓄起来,大部分成为"月光族"。表姐的女儿工作两年后,用积攒下来的工资结余买了台笔记本电脑,表姐非常得意逢人便讲。究其原因,年轻人没有养成良好的储蓄习惯,并且劳动所获得的报酬仅够自己的生活费用,储蓄也就无从谈起了。

面对自己孩子的生活困境,做父母的只能在自己身上下功夫,早早地把钱储蓄起来,作为孩子成家立业的储备金。

理财要搞好,储蓄要趁早

在国外,孩子很小的时候就靠自己的劳动,比如送报纸、送牛奶、修整草坪等获取报酬,有了收入后就会存到银行里,所以他们的孩子很小就养成了储蓄的好习惯。储蓄是理财最基本的功课,学会储蓄是理财的最低层次中的最低段位,每个人都要从这个基础课开始,只是有的人上的早些,有的人上的晚些。在中国,大多数人都是成年以后才开始储蓄的,更多的人是进入大学校门那一天才与银行和存款打交道的。虽然起步较晚,但是只要能勤奋学习、勇于实践,很快就能把握要领,掌握真谛。

储蓄是最简单、最基础的投资,它的利息回报率是所有投资中最低的,但是它又是最没有风险的,是积少成多的重要手段和方法。每月的储蓄是一种生活方式,持之以恒才能确保积累一笔可观的财富,才能保证有足够的资金来确保生活的稳定,才能进行其他领域的投资。因此,进行合理的储蓄是好生活的开始,是"万里长征"的第一步。

什么是合理的储蓄呢?设定好自己的储蓄目标——总金额,再通过精确的计算得出每月需要储蓄的金额,然后根据实际节约开支、量入为出,结余下来的钱存进银行。较为通俗易懂的说法是:每月的收入扣除每月的储蓄额,其余的钱用于日常生活。用一个简单的公式表示:"收入－储蓄＝支出"。

为什么不能是"收入－支出＝储蓄"呢?道理很简单,表面上看这两个等式是一样的,但从理财的角度看却有本质的区别。当一个人的收入基本上确定以后,能够变化的只有储蓄和支出了。把储蓄的钱预留出来是主动储蓄,是必须项;有结余就存、没结余就不存是被动储蓄,不是必须项。储蓄是雷打不动还是可有可无是截然不同的。很多人为什么总抱怨自己存不下钱,其主要原因大多是没有理财规划,或者有理财规划而不能坚持。

主动储蓄也可以理解为强制储蓄,只有强迫自己储蓄才能考量支出的合理性,才能想方设法开源节流。要储蓄钱财就要避免一些不必要的消费,减少不必要的开支。试想一个人只想着无节制地消费和享受,怎能有结余,怎能有储蓄的钱呢?当然,也不能为了储蓄而过于苛刻地控制生活消费支出,降低生活质量,像"苦行僧"一样生活。

制订合理的储蓄目标很重要,目标太高会增加生活压力,让生活和心情变得无趣;目标太低则无法达到理想数额,没有成就感。所以,目标的高低要结合自己的收入能力和控制能力。合理储蓄有两个窍门:一是适当修正目标。如果收入能力实在有限,不能降低目标的数量,只能延长达成目标的年限。二是增加收入。如果既不想压缩开支或延长年限,又想如愿达成目标,就只能想办法增加收入。

总之,储蓄是收入能力和控制力的结合,其成果就是财富的简单基础积累,学会储蓄是开始理财的第一步。因此,储蓄越早越好,最好从孩子开始。储蓄的好处人所共知,知道更要做到,最终还要付诸实际行动,并做到持之以恒。不储蓄的人会有很多的理由,比如:"我根本没有结余的钱"、"存款取款太麻烦"、"生活费用太高"等等,如果总是强调这些你将永远无法脱离这种境地。

请记住:储蓄不一定能成为富豪,但不储蓄肯定成不了富豪。

修炼秘诀

储蓄是积少成多、集腋成裘的理财方式,即使存的钱很少,只要持之以恒,也会慢慢增加。储蓄也有一定的技巧,掌握了技巧将会事半功倍。

(1)选好储蓄的种类。不同的银行有不同的储种,不同的储种有不同的存期,不同的存期有不同的利率。根据需要选择存期:活期储蓄适用于生活待用款项;零存整取储蓄适用于有余款且无控制力的人,积累性较强;定期储蓄适用于生活节余,且存期越长利率越高。

(2)选择较高的利率。不同的银行有不同的存款利率,在考虑存款安全的前提下,可以适当选择利率较高的银行。浙江、福建、黑龙江、吉林等省的部分市县农村信用社实行利率改革,存款利率最大可以上浮30%。

(3)选择适合自己的种类。应根据自己的收入水平、消费习惯以及用款情况,来选择适合自己的存款种类。在银行储蓄利率变动比较频繁的时期,定期储蓄的年限不要太长,以三个月或半年为宜,最好不要超过一年。

活期储蓄帮你迈进理财的门槛

活期储蓄是最简单、最基本的理财方式,也是最基础的理财常识。我曾经看过一本书,名为《从小教孩子学理财》,作者是美国的一位理财专家,她家里有一个带游泳池的大房子,有三辆汽车,但是她的三个孩子从懂事的时候,就学会了做家务和打零工,赚到钱后存到银行的个人账户里。孩子的零用钱都是通过送报纸、修整草坪、遛狗等劳动得来的,他们不仅把钱储蓄起来,而且花起钱来都很谨慎。在大学读法律的女儿,还靠自己的积蓄用信用卡购买了汽车。

在中国,孩子的一切基本由父母包办代替,孩子没有任何的选择权利,零用钱仅限于买午饭、坐公交车或出租车。待孩子进入大学读书的时候,父母才会给他建一个银行账户,办一张银行卡,然后把固定的生活费用存到卡里,再由孩子个人来支配。有了个人银行账户,说明孩子已经在经济独立上迈出了一小步,他可以自由支配属于自己的金钱,虽然那钱不是他自己赚来的。

不同家庭背景的人对于账户上的钱的态度是不一样的。在上海同济大学读书的外甥有个同学,其父在山西经营煤矿,他们家在北京有两套房子,他每次回北京都要坐飞机,因为学校离机场太远,特意买了一辆华晨宝马往来其间。至于平时的花销也从来没有任何顾虑,穿的是名牌,用的是名牌,吃的是最好的,想买什么就买什么,更不用想储蓄的事了。可以说,生为"富二代"也许根本不用储蓄,而且可能一生不必为金钱操心费力。不是"富二代"的年轻人,就要尽早学习理财的本领、学习储蓄,因为储蓄越早越好,这是锻炼你立足社会基本生存能力的必修课,能够一点一滴地积累金钱,才能迈进提高收入、增加有效积累的良性循环,也会享受到成就感带来的快乐。

储蓄中最简单的品种就是活期储蓄,存取方便,如同自己的保险柜一样,非常适合那些随时进出的资金。

活期储蓄的几种形式

(1)1元起存,凭身份证在银行营业厅办理实名存折,可预留密码,如有遗失可及时办理挂失。

(2)可以在任何城市的任何银行开立账户,凭存折可随时存取,可在同一家银行任何城市的营业厅通存通兑,比如建设银行的"一卡通"就能在全国任何城市的建设银行营业网点存取,不过要收取一定比例的手续费。

(3)活期存款的利息按结息日(6月30日)挂牌的利率计付,如果要全部支取,利息则按当天挂牌活期储蓄存款利率计付。

在现有的储蓄品种中,活期存款利息最低。一般来讲,活期存款开户最多的是在职或者退休人员的工资账户,每个月的工资会准时到账,很多人都是用多少取多少,节余的钱就会留在账户里。如果你的钱不能确定用还是不用,可选择定活两便储蓄,既可享受定期的利息,又有活期的方便,适合退休后的中老年和一时举棋不定的人。

定活两便储蓄

(1)定活两便储蓄起存金额一般为50~100元,凭身份证在银行营业厅办理。

(2)定活两便储蓄没有存折,只有存单,分为记名和不记名两种。

(3)如果存期不满3个月,按实际天数计算活期利息;如果存期3个月以上(含3个月)但不满半年,按支取日定期整存整取3个月存款利率打六折计息;存期半年以上(含半年),不满一年的,整个存期按支取日定期整存整取半年期存款利率打六折计息;存期在一年以上(含一年),无论存期多长,整个存期一律按支取日定期整存整取一年期存款利率打六折计息。上述各档次均不分段计息。

活期存款虽然方便,但是利率很低,除了日常生活开支需要随时支取外,一般不建议把钱存在活期存折里。尤其是每个月都有收益的工资存折,里面结余的钱相当于"睡大觉"。银行里有一种活期转定期的业务,可以办理自动转存,而定期储蓄年利息为1.71%,比活期高出1.35个百分点。办理了自动转存后既可以得到定期的高息,又免去了频繁跑银行的麻烦。

活期转定期的具体方法很简单:如果你每个月的工资为4 000元,而生活费用为2 500元,每月结余1 500元,你可以和银行约定,每个月留2 500元存活期,另外1 500元存定期。如此一来,银行会自动为你把一部分工资存活期,一部分存定期,存满一年就可以得到18 000元的本金,加上1.75%的年利息,能得到18 166.75元。如果这些钱只存活期,本金相同利息却少得多。

办理活期转定期,凭工资存折和身份证直接到银行柜台办理即可,但有两点需要特别注意:一是要事先计算好转存数额,因为一旦确定数额,活期账户里的那部分钱便会自动划转到定期账户里,无法更改。二是不同银行的转存起点和时间有所不同,要结合工资存折的开户银行规定来灵活掌握。

储蓄必须坚持以下四项准则:

(1)制订理财目标。制订出一个自己在近年内必须储蓄够的积蓄数额,确定平时的储蓄数额,然后严格执行并落实。

(2)所有收入储蓄优先。每月领到薪水以后,最先做的事是将钱存入银行,这有利于抑制你的消费欲望,能有效地控制你的不合理支出。

(3)利率比较原则。根据你储蓄的用途或目的,根据不同的储蓄利率,采取"长短结合、统筹兼顾"的方法,尽量使储蓄的利息收益增加一些。

(4)持之以恒。理财是贯穿一生的大工程,只要日积月累就一定能得到一笔可观的积蓄。善于理财意味着善于分配钱财,要根据理财规划适度消费,既要有效控制,又要合理享受,这样的人生才能更加精彩。

收入低不可怕,可怕的是你从不储蓄

25年前,姑姑大学毕业分配到一所中学当老师,当时的工资是56元钱,她每个月都要存10元,一年下来是120元,她用这笔钱买了一块上海牌手表。这

就是零存整取定期储蓄。

零存整取定期储蓄是一种每月把约定数额的钱存入银行,并事先约定好存款期限,到期一次支取本息的定期储蓄。一般为5元起存,多存不限。存期分为1年、3年、5年。零存整取定期储蓄适合低收入个人和家庭,每月节余有限或者有计划每月存进一些钱,到期后用于事先计划好的用途上。零存整取定期储蓄利率低于整存整取定期存款,但高于活期储蓄,可使储户获得稍高的存款利息收入。可集零成整,具有计划性、约束性、积累性的功能。

零存整取定期储蓄在很长一段时间里,成为韩国人中低收入阶层常用的攒钱方法。在韩国零存整取储蓄存款的利息比一般存款的利息高,从中可以看出政府的导向是鼓励和支持零存整取储蓄的。刚从学校毕业踏入社会的年轻人,要做的第一件事就是办理零存整取储蓄存折,他们的房租、今后的结婚费用、子女教育费用以及搬家费用等都指望这笔存款。每到需要用钱的时候,就会从这个存折中支取期满的零存整取储蓄存款。收入稍微多一些后,手中就会有几个零存整取储蓄存折,期待着有一天存款期满可以得到一整笔钱,让自己的生活质量不断提高。

当新的理财方式基金出现以后,零存整取储蓄存款逐渐被人们所放弃,因为投资公司和证券公司的基金能为他们带来更高的收益。尽管基金有风险,但收益也很可观。于是,投资基金的人越来越多,导致到银行储蓄的人越来越少。由于零存整取储蓄存款的客户日益减少,银行不得不降低这项存款的利息,最终使得零存整取储蓄存款的利息比整存整取定期储蓄存款的利息还要低。2003年,韩国各大银行零存整取储蓄存款总额为20.2兆韩元,2006年降至15.7兆韩元,而2007年11月的投资基金额达100兆韩元。金融危机以后,人们的目光重新回到了银行储蓄上,韩国各大银行重新把零存整取储蓄存款服务列为重点,利率也开始提高到定期利率之上。

中国的情况和韩国不太一样,零存整取定期存款始终没有受到特别的重视,其利率一直在活期储蓄和定期储蓄之间,但是它仍然是低收入群体很好的理财方式之一。在建立储蓄好习惯上,中国的年轻人应该向韩国年轻人学习;而中国的银行也应该向韩国银行学习,利用利率杠杆来引导和鼓励人们进行储蓄。

办理零存整取的手续

零存整取储蓄十分简便,办理程序也很简单:

(1)存期分1年、3年、5年三种。每月固定存额,5元起开户,多存不限。

(2)凭有效身份证件到任何一家银行都可以办理开户,开户时需与银行约定每月存储金额和存期。银行开具存折,存折记名,可留密码,可挂失,可凭本人身份证件办理提前支取。

(3)零存整取可以预存(次数不定)和漏存(如有漏存,应在次月补齐,但漏存次数累计不得超过2次),账户漏存两次(含)以上的存入金额将按活期存款计息。账户金额等于应存金额时不允许再继续存入,可以办理全部提前支取,不允许部分提前支取。

(4)到期支取以存入日零整储蓄挂牌利率日积数计付利息,提前支取及逾期部分按活期利率计付利息。

(5)可以约定零存整取账户自动供款,也就是在一活期存款账户上自动扣划相应金额至零存整取账户,可在存期内任意时间增加或取消约定,也可以修改指定的供款账户。

修炼秘诀

零存整取不能等同于基金定投,它们之间是有明显差异的:

(1)虽然基金定投和零存整取都能让你养成定期投资的好习惯,但是基金定投是存在较大风险的,如果盲目定投有可能造成较大损失。而银行的零存整取储蓄却没有任何的风险。

(2)定投基金要支付一定的申购费和赎回费,也就是有投资成本。而银行的零存整取储蓄收益是固定的,即使提前支取也有活期利息。

(3)要根据个人的实际情况而定,对基金定投不是很了解,也没有任何的经验,风险承受能力较低,对本金安全非常重视的人,最好选择零存整取储蓄。

定期储蓄虽收益不高但风险最小

2007年,中国股市迎来了多年未遇的"大牛市",很多人都把银行里的多年积蓄取出来买了股票或基金。一位朋友来北京发展后,把老家的房子卖了30万元,本想买房子,但是很多人都说奥运会后房价会大跌,于是便把这笔钱和手里的20万积蓄在银行存了一年定期。看到股市井喷的大行情,他想把这笔钱取出来投到股市里。来到银行取钱的窗口,服务员说这笔钱再有40天就到期了,现在取要按活期利率计算利息,很不划算,不如等期满再取,届时可以直接在银行办理基金账户。朋友想想也不无道理,赚钱不是一朝一夕的事情,还是顺其自然吧,于是打消了取款的念头。半个月后他到上海出差,在出租车里听到股市大跌的消息。当他的存款到期时,股市已经一泻千里,惨不忍睹,买股票和基金的人大多损失惨重。就这样,定期储蓄让他阴差阳错地躲过了这场劫难。

定期存款在所有的储蓄品种中,是利息最高的,但和其他投资方式相比,收益又算低的,因为它没有任何风险,绝对安全。刚参加工作不久的年轻人、家庭负担较重的中年人、离退休的老年人,手中的资金需要应付随时可能出现的紧急情况,最好选择短期的定期存款。如果手中的资金三五年后才需使用,比如留学备用金、结婚买房预备金等,这些不允许有丝毫闪失的钱,最好到银行存定期储蓄,既安全又获利较高,办理手续也很简单。

定期储蓄的期限和手续

(1)50元起存,存期分为3个月、半年、1年、2年、3年、5年,不同的存期享有不同的利率,存期越长利率越高。

(2)定期存款要到银行柜台用身份证办理实名存单,然后一次性存入全部本金,存单无论大小都要设置密码,一旦丢失要及时办理挂失。

(3)定期存款利息按存款当日的定期利率支付,如果有急用需要提前取出时,只能按当日的活期存款利率支付利息,这样就会损失一部分利息收入。办理提前支取时须凭存单和存款人的身份证、取款人的身份证等。

(4)同一家银行全国所有网点均可办理定期存款的通存通兑业务,非常方便,只是异地存取时要收手续费。

存本取息定期储蓄

伯父退休后每个月有1 200元的退休金,他平时有钓鱼的爱好,每个月都要到郊外钓鱼,其装备也不断更新换代,每月的退休金难免有些紧张。于是他将自己近20万元的积蓄办了三年存本取息,每个月有近500元利息作为生活补充,日子过得其乐融融。

这种存本取息的定期储蓄,就是本金不动,每个月只把利息取出来,很多没有退休金的老年人采用这种储蓄方式,用利息作为每个月的生活费用。手中有数额较大现金且暂时不用的人,也可以采用这种方式。当然,靠利息做生活费本金相对要多,月息起码要达到千元以上才够生活费支出。个别老人平时有退休金,每个月几百元的利息收入作补充,也是不错的选择。

存本取息的期限和手续

(1)存本取息存期分为三种,不同的存期有不同的利率:1年期为2.25%,3年期为3.33%,5年期为3.60%。存期越长,利率越高。

(2)一次性存入本金,起存金额一般为5 000元,多存不限,上不封顶。

(3)利息凭存折分期支取,事先与银行协商确定一个月或几个月取息一次,确定后也可根据情况进行更改。

(4)凭身份证办理实名存折,无论额度大小都要设置密码或留有印鉴,一旦丢失可及时办理挂失。

(5)一旦需要提前支取本金,须凭身份证件按定期存款提前支取的规定,即当日活期存款的利率计算利息,并要扣回多支付的利息。

定期存款的技巧和方法

(1)选择定期储蓄的期限时,应该选择自己想存的年限直接存入,这样利息最高。比如,想存5年,就直接选择存定期储蓄5年期,此时收益最高。千万不要分成一个3年加一个2年的存期。

(2)对于5年以上时间内不动用的资金,最好选择两个存期差距大的定期,

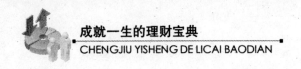

这样收益会相对较高。比如想存7年期的定期储蓄,可以选择1个5年期和两个1年期的定期存款,这样比选择两个3年期和一个1年期的定期存款收益要大。

(3)如果想保持资金的流动性,可以把一笔钱拆分为几份,分别存不同的期限,这样每隔一段时间便有一笔定存到期,定期相当于活期,利息却比活期高6倍多(1年期利率2.25%,比活期0.36%高很多)。例如,把5万元分成五份,分别存1年、2年、3年、4年、5年定期,第一笔到期的1万元再转存成5年期,每年依此类推,用钱时只损失1万元的利息。

(4)当银行利率处于下降通道时,最好选择长期定存,以获得高利率的回报;在经济形势处在低谷时,最好选择不超过3年的短期定存,以便保持资金的灵活性;当银行利率处于上升期时,最好选择半年或1年的短期定存。

(5)如果急需用钱要提前支取时,为把损失降低到最小,可以办理部分提前支取,剩下的部分仍按原有存款期限、原利率、原到期日计算利息。不过这种部分提前支取业务仅限办理一次,以后再有类似情况就无法采用了。

无论是长期定期还是短期定期,到期日就要及时到银行办理转存手续,否则,超过期限要按活期利率计算,这样就会造成不必要的损失。各银行都有到期自动转存服务,需要注意的是,有的银行是默认无限次自动转存,有的只默认一次,而有的需储户办理手续才自动转存。

◀◀◀ 超短期通知存单:储蓄中的绩优股

前几天,去拜访大学时期的一位老师。他刚刚退休不久,一时无法适应悠闲的生活,便开始学习炒股、买基金。他虽然是大学教授,却对涨涨跌跌的股市无法适应,于是便转而研究银行储蓄的技巧。

　　老师的退休金每个月都会如数稳定地划到账户上,半年过去,他发现活期存款利息非常低,加上通货膨胀的因素,细算起来所存的钱不仅不会增值,还有贬值的危险。由此他想到了自己辛苦一生积攒的养老钱,那笔钱是存了定期的,但是以目前的形势看,定期不适宜存长期,而一年期的利息也很有限。怎么办呢?一个偶然的机会,老师找到了一种介于定期与活期存款之间的储蓄新品种——通知存款。

　　就这样,老师把原来存定期的30万元办了7天通知存款,而且一办就是28天,也就是4个7天通知存款。这个简单的改变,让老师增加了不少的收益,从此便在7天通知存款上下了很多功夫。

　　7天通知存款并不是新推出的品种,只是长期以来人们忽视了它的存在,近几年随着人们投资意识的增强,慢慢受到大家的关注。最近几年的春节、国庆等大假期,都会有很多人到银行办理7天通知存款,可见其正在悄悄变身为"超短期"理财热门工具。

　　目前的活期存款利率仅为0.36%,而7天通知存款利率为1.35%,相比之下高出活期利率近1%左右,难怪会成为打理闲钱的最佳超短期储蓄品种。据统计,农业银行北京某支行,在国庆节长假期间,网上开通7天通知存款近400笔,金额达7 000多万元,从中不难看出越来越多的人选择通知存款打理手中的闲置资金。

　　针对市场的变化,自2008年开始,很多银行推出了这类短平快的现金储蓄业务,除了7天通知存款外,还有1天通知存款等超短期理财产品,以满足流动性要求更高的人的需求。工商银行的"灵通快线",农业银行的"双利丰",招商银行的"日日金"等,就属于此类品种。光大银行、华夏银行、中信银行,还推出了可以循环滚动的类似产品。

　　7天通知存款业务是指对于办理的存款以建立通知为准,7天后就可支取此存款。比如,10月1日办理的7天通知存款,当天就建立通知,那么10月7日就可以享受7天通知存款1.35%的高利率。如果10月9日才支取这笔钱,只能享受7天通知存款利率,10月8日和10月9日两天则享受活期利率。如果10月1日办理7天通知存款,10月4日才建立通知,那么这笔钱的到期日为

10月11日,而从10月1日到10月11日之间的10天,都可以享受7天通知存款1.35%的高利率。

至于1天通知存款,也就是当天建立通知,第二天就可以支取,同时享受1天的高利率。因为1天通知存款的时间太短,因而没有受到人们的广泛重视。如果你手里有百万甚至千万的资金,10天之内暂不使用,完全可以办理1天或者7天通知存款,享受定期存款的高利率。

通知存款的期限和利率

通知存款利率虽然较一般定期存款要高,但是存取有严格的规定和限制,所以一定要了解清楚后再决定是否办理,以免遭受不必要的经济损失。

通知存款的办理方法如下:

(1)个人人民币通知存款最低限额为5万元。

(2)个人通知存款必须一次性存入,但可以一次或分次支取,分次支取后账户余额不能低于最低起存金额,也就是5万元,当低于5万元时银行将给予清户并转为活期存款。

(3)办理1天通知存款利率为0.81%,需要提前支取要提前一天向银行发出支取通知,并且存期最少要2天,提前支取的利息按照活期利率0.36%支付。

(4)办理7天通知存款利率为1.35%,如果需要提前支取,要提前7天向银行发出支取通知,并且存期最少要达到7天或以上,利息按照活期利率支付。

(5)外币只有7天通知存款一种,最低起存金额为等值1 000美元。

(6)通知存款的外币包括港币、英镑、美元、日元、欧元、瑞士法郎、澳大利亚元、新加坡元等,不同地区、不同银行具体开办的业务和币种不同,要详细咨询后再作决定。

股民老张在股市低迷期间,将自己账户上的100万资金办理了7天通知存款,2个月后,老张得到了比活期存款多得多的利息[100万×60天×(1.62% − 0.72%)/360天 = 1 500元],既没有影响炒股,又得到了比活期利息高2.25倍的收益。老张股市里的几个朋友纷纷效仿,只要是空仓的时候,都会选择超短期的7天通知存款的方式增加收益。

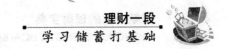

通知存款的利息确实比其他存款品种要高,但是也不能随意地办理,要注意以下几点:

(1)除非在不得已的情况下,否则千万不要在7天内支取存款,因为提前支取只能按照活期存款利率计算利息。

(2)最好不要逾期支取,因为逾期部分也会按活期存款利率计算利息。

(3)不要支取金额不足或超过约定金额。因为不足或超过部分也会按活期存款利率计算利息。

(4)支取时间、方式和金额都要与事先的约定一致,这样才能保证预期利息收益不会受到损失。

◀◀◀ 教育储蓄越早越好

中国可能是世界上最重视子女教育的国家,望子成龙、望女成凤是为人父母一生最大的心愿。在中国,做父母的不仅仅有抚养子女的义务,还有让子女受教育并成为社会有用之才的义务,因此,子女教育的投资成为每个家庭无法回避的难题。

上个月,外地朋友的女儿到北京参加中央戏剧学院、中国传媒大学的专业课考试,朋友夫妻因为有事走不开,于是便让女儿住在我的家里,由我全程陪伴考试。朋友如此重要的托付自然不敢怠慢,接连两天陪着女孩儿参加"艺考",让我这个从来不关注艺术类院校招生的人长了见识。考试那天,大名鼎鼎的中戏所在的那条小巷子里,到处人满为患,考生手持准考证进入学校,陪考的亲朋只能在大门外守候。我和女孩儿约好初试结束后在胡同外一家咖啡店里汇合,虽然不是自己的孩子,却也有几分的担心。

咖啡店里有几位等候的家长,于是大家闲聊起来。得知这些考生大多是从外地来考试的,为了能进入这类艺术院校,参加各种辅导班的学费就近万元了。为了稳妥,一个孩子要报考十几所院校,这一个月来奔波于各地的考点,坐火车、乘飞机、住旅店……这些花销也不少。听家长们说,艺术院校的学费远远高出普通综合院校,几年下来要十几万。尽管如此,家长们依然对自己的孩子抱有很大的期望,哪怕是再苦再难也要让孩子实现梦想。

千军万马走独木桥,可怜天下父母心,这也是中国目前教育和就业现状所带来的现实问题。

为什么一定要让孩子考大学呢?良好的教育能给人带来怎样的效益呢?以当今社会现状来看,一个人所受的教育水平决定了将来踏入社会、参加工作初期的劳动报酬水平。相关资料表明,高中以下学历的人,参加工作初期只能从事一些简单的体力劳动,月薪一般为600~800元,仅仅够维持一个人最低的生活水平。大学学历的人,参加工作初期一般会从事技术岗位或者处级管理工作,月薪一般为1 500~2 500元。而研究生学历的人,所学只要不是很冷门,参加工作初期一般可以从事较高级别的工作,月薪一般为3 000~5 000元。出国留学的人花销会更大,尽管如此回国参加工作后,只要三四年时间就会收回出国留学的全部成本。总之,一个人受教育程度和参加工作初期的薪水是正比的,也就是说,学历越高薪水就会越高(特殊情况不在此列)。

艺术类院校毕业的孩子,大多从事演艺事业,而这类工作的收入相对较高,获得名利双收的机会相对较多。

但是,接受教育的程度越高,意味着支出的费用就越高。所以,每个家庭都要尽早地为教育投资储备足够的资金,这样才能让家庭和孩子都能朝着一个良性的轨迹发展。因此,教育投资应该摆在家庭投资的第一位,因为这是我们一生都要面对的一笔开支。

教育投资究竟需要多少钱

从孩子出生到大学毕业步入社会,很难准确计算出究竟要花费多少钱,但是大致的费用还是可以估测出来的,只有这样才能心中有数,才能尽早地制订合理的理财计划,为孩子的未来做好必要的准备。

1. 幼儿园教育

不同城市、不同规格的幼儿园,收费标准有很大的差异。以省会一级城市一般公立幼儿园的收费标准进行估算,伙食费大约 100 元,托管费大约 200 元,代办费大约 100 元,被褥服装费大约 400 元,活动费大约 20 元,特长培训费大约 200 元,总计 1 000 左右。如果是私立幼儿园或者是贵族幼儿园,费用可能会翻一番。如此算来,一年大约需 1.5 万至 3 万元,三年即 4.5 万至 9 万元左右。

2. 小学教育

尽管我国实行的是九年义务教育,家长不必担负每个学期的学费,但是每个家庭还是要承担学杂费等支出,这些费用包括杂费、教材费、书报费、伙食费以及特长班费用等,以每个月 300 元估算,一年大约 3 600 元。

3. 初中教育

和小学教育一样,初中同样是义务教育,学生家长只要负担一些学费以外的杂费等。以公立学校为例,杂费、伙食费、教材费、交通费等加在一起要比小学多,离家较远的学生还需要住宿费。还有一项重要的开支,就是为了考入理想高中、提高学习成绩的补课费。一般来说,每个学生都需要校内补课,个别学生还要校外家教补课,这样算每年大约需 5 000 元,三年需要 1.5 万至 2 万元。如果参加特长班或者艺术类学习,费用还要更多。

4. 高中教育

高中学习成绩决定了未来能否顺利考入大学,因此是决定性的阶段,同样也是花费最多的阶段。此阶段不属于义务教育,因此要承担学费。除此之外,孩子要有好的学习环境,还要有好的饮食调理和生活环境,更要有各种学习辅助工具和参加各种辅导班,总体估算下来,最低也要在 3 万元左右。

5. 大学教育

大学里学习虽然也是重点,但更重要的是社会实践和社会交往,提高认识问题和解决问题的能力。如此一来,在学费、住宿费、伙食费以外,还要增加不菲的通讯费、交际费、社团活动费等。尤其是服装、手机、电脑等,都需要装备,无形中增加了不少支出。普通专业的学费每学期 6 000~8 000 元,艺术专业、体育专业、特别专业学费在 1 万元以上,加上其他费用,每年需要 2 万至 3 万元,三年至少要 8 万元。

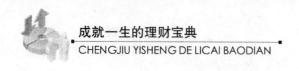

以上各阶段费用加在一起,总体费用20万元左右,尤其是在物价逐年增高的年代,如果事先不能有计划地准备足够的教育资金,子女教育恐怕真的会遭遇危机。

教育储蓄是简单有效的理财方式

教育不仅仅是提高国民文化水平的国策,也是提高受教育者知识和能力的必要过程。按照现代教育观念来说,教育是一种消费,也是一种投资,一种智力投资。但是,教育投资的回报是长期的,不可能像其他投资那样,可以明确算出投资的回报率,所以不能单纯地用物质标准来衡量。也就是说,今天投入了将来不一定有高收益,但是不投入肯定没有收益。一个家庭怎样来准备这笔数目不菲的资金呢?

有一种很好的理财方式,可以让你比较轻松地完成孩子的教育计划,那就是教育储蓄。

教育储蓄是指个人为子女接受非义务教育(指九年义务教育之外的全日制高中、大中专、大学本科、硕士和博士研究生)而每月固定存额,到期支取本息的储蓄。

教育储蓄的对象是在校小学四年级(含以上)学生。

教育储蓄是指按照国家的有关规定,在指定的银行开户、存入规定数额资金、用于教育目的的专项储蓄。储蓄的对象是在校中小学生,存款期限分为3年和6年。教育储蓄属于零存整取定期储蓄,每户最低起存金额为50元,本金合计最高限额为2万元。存期分为1年、3年和6年。1年期和3年期按开户日同档次整存整取储蓄存款计付利息,6年期按开户日五年期整存整取利率计付利息。

教育储蓄是一种专门为学生支付非义务教育所需的教育金的专项储蓄。教育储蓄的利率享受两大优惠政策,除免征利息税外,其作为零存整取储蓄将享受整存整取的利息,利率优惠幅度在25%以上。

教育储蓄采用实名制,办理开户时,要持本人(学生)户口簿或居民身份证,到银行以储户本人(学生)的姓名开立存款账户。到期支取时,需凭存折及接受非义务教育的录取通知书原件或学校证明到商业银行一次性支取本息。这项储蓄可以满足中低收入家庭每月固定小额存储,日积月累地储备资金,以解决子女非义务教育支出需要。

教育储蓄的开办程序：

（1）须凭储户本人户口簿或居民身份证到储蓄机构以储户本人的姓名开立存款账户。

（2）开户时储户和金融机构约定每月固定存入金额，分月存入，中途如有漏存，须在次月补齐。

（3）到期支取时凭存折和学校提供的正在接受非义务教育的学生证明一次性支取本息。

按规定，教育储蓄的利率按同期的整存整取定期存款利率计算，具体利率是：1年期2.25%，3年期3.33%，5年期3.60%。虽然是零存整取但按整存整取的利率获得收益，多少还是有所优惠的，但是毕竟本金累计有2万元的限额，想要多存却不允许，这不能不说是一种遗憾。另外，只针对小学4年级以上的学生，2万元远远不够其高中乃至大学所需要的教育费用。而且，还需要学校开具证明才能领取，无形中增加了不必要的麻烦，这也是很多人不愿意选择教育储蓄的原因之一。

其实，教育投资是一项较大的投资，应该多种渠道、多种形式综合考虑，教育储蓄只是其中最简单的一种，不必抱有太大的期望值，这样才能在教育投资上有所收获。

外汇放在银行里划不划算

朋友的女儿学的专业是法语，研究生毕业后到北京一家法国公司办事处工作，试用期工资是500欧元，三个月后转正的工资是800欧元。每个月的工资

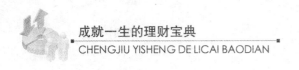

她都是由银行直接转换成人民币存在卡里,然后再取出来用或者直接划卡,用不完的钱就留在卡里,一年下来竟然有5万多元人民币。朋友知道后就帮助她来打理,他每个月只把300欧元兑换成人民币,其他的转存成外币定期。有人劝他换成美元,再三考虑后没有换。

事实证明他的决定是对的,后来美元贬值他却没有受到任何的损失。不过金融危机中,银行的利息下降,外币也不例外,存在银行里有点可惜。于是,他开始留意外汇理财产品,在理财的过程中学习和掌握了一些外汇知识,再后来就涉足了炒汇,没想到竟然一发而不可收,在短短的三年时间里,让几万欧元变成了十几万欧元。

在外企工作的人或者有亲属在国外工作的人,每年都会有一定数量的外币汇进来,很多人就把它存在银行里。据统计,我国居民外币储蓄已高达6万亿元,虽然国家已连续7次降息,许多家庭和个人还是选择了外汇储蓄,以增加投资收益。按规定,凡居住在中国境内的持有外汇现钞的居民均可开立外汇存款户,即境内居民个人外币存款户。进行外汇储蓄,可以从存期、币种、账户三个方面进行考虑。

个人外币储蓄存款起存期分为活期和1个月、3个月、6个月、1年、2年定期六个档次,按《外币储蓄存款条例》的规定,存期越长利率越高,期满按存入时挂牌利率计息,逾期按活期利率计息。各外币存款的利率受各国政治、经济因素的影响,人民银行对其经常进行不同的升降调整,近两年对美元、港币的存款利率调整非常频繁。存储外币要注意以下三点:

存期要"短、平、快"

存款期限最好不要超过1年,以3~6个月的存期较为合适,一旦利率上调时就可以及时地转存、续存。存取方式应遵循"追涨杀跌"的原则,因为一般情况下,当某外币存款利率拾级上升,将会有一段相对稳定的时间;而当其震荡下降时,也将会有一段逐级的下降过程。所以,一方面当存入外币不久遇利率上升时,应立即办理转存。虽说已存时间利息按活期计算有损失,但以后获得的利息收入却能大大高于损失。当已存外币快到期遇利率上升时,可放心地等期满支取后再续存,这样既拿到原到期利息,又赶上了高利率起存机会。另一方面,存期内遇利率下调并超过了预先设定的心理止损价位,而且其汇率也出现了震荡趋降的走势时,便不能心疼因提前支取所造成的利息损失,应果断提前支取"杀跌",并将其兑换成其他硬货币存储,以免造成更大的利息损失。

币种兑换应"用多少换多少"

由于人民币在资本账户还不能自由兑换,当换存人民币的收益小于直接存外币时,不要轻易兑换,因为一旦将外币换成人民币以后,若再想换回外币相对比较困难,最好将有限的外汇存入银行。另外,银行对外币与本币之间、外币与外币之间的兑换要收取一定的兑换费用,兑换时要按"现钞买入价"收进,而不是按"外汇卖出价",而前价要低于后价许多,会造成一定的损失。有时候汇兑的损失甚至会超过利息的差额收入,所以应尽量减少兑换次数,用多少换多少。

选择利率高的银行

在小额外币存款利率下调后,工商银行、农业银行、中国银行、建设银行、交通银行五大银行的外币存款利率已趋相同。以1年期存款为例,工商银行、农业银行、建设银行的美元、英镑、港币、欧元、加拿大元、澳元和瑞士法郎的存款利率相同,中国银行的美元、港币存款利率略低,澳元利率稍高;交通银行除港币和瑞士法郎利率与其他银行相同外,其他5种外币利率都略高。

选择高利率货币

在选择币种时应兼顾利率和汇率两方面因素。一方面应选择高利率币种,以取得更多的利息收入;另一方面应选择硬通货币,也就是选择预期汇率将上升的币种。在二者不能兼顾时,应灵活判断,相机抉择。账户外汇储蓄按其性质可分为现汇账户和现钞账户,只是单纯的外汇储蓄可考虑现汇账户,既可方便换成外钞,也可自由进出国门,还能节省相当一部分手续费。

此外,外币理财产品也很多,部分银行首次推出了美元信托贷款类产品,其预期收益率相对较高,个别品种预期年化收益率达1.8%。但是购买这类产品时,要注意理财资金的具体投资项目和汇率风险,不宜以美元以外的货币购买。

购买外汇理财产品,有两点需要特别关注:一是计息周期。有的产品以期末和期初的货币行情相对比,一次性计算收益率,因为收益率中蕴含了太多的偶然性,所以并不推荐选择。比较好的产品应在投资期中设置多个观察期,在期末综合考虑,使购买者能获得一个周期的平均收益率。二是产品流动性。有的产品预期收益率高,但投资者却没有提前赎回权,最后有可能"被套"。因此,要重点关注能提前赎回的产品,并且目前计息周期以短中期为主。

在诸多外币存款收益已微乎其微的情况下,可以根据手中外币额度大小分别来打理:额度较小的外币存款可根据币种选择利率较高的银行;如果数额较大,应综合考虑持有货币在外汇市场上的表现,尽量兑换成可能升值的币种进行保值或进行外汇实盘买卖。

◀◀◀ 懒人也能投资,赚外币很容易

假如你手中有一定量的外汇资金,你该怎样进行保值、增值呢?你可能很容易想到把外汇存到银行里,或存活期或存定期,获取固定的存款利息。应当说,这是一种简单的外汇理财,但这种理财方案收益率较低,同时也难以确保你手中的外汇真正能保值、增值。

因为汇率变化给你带来的贬值损失可能会大于你的存款利息收入,你也许会说自己不是专业人员不会直接参与,那么银行会提供专业理财师帮你制订外汇理财方案,这样一来所有的事情就变得简单多了。外汇理财产品的种类按连接标的分类,可分为利率/汇率挂钩、外汇挂钩、指数挂钩、股票篮子挂钩、债券基金挂钩等;按投资期限分类,可分为短、中、长期的外汇理财产品;按投资的本金风险分类,可分为本金100%保障、部分本金保障及不保本的外汇理财产品;按投资的收益风险分类,可分为保证收益和浮动收益的理财产品等。

外汇理财产品投资条件:美元产品一般是5 000美元为起点,有的产品达到1万或2万美元,追加部分一般是100美元递增,也有1 000美元递增。港币产品一般是5万港币,追加部分一般是以1 000港币递增。另外,在外汇理财上,各家银行的业绩是不一样的,综合评定以后,2009年在外币理财上,招商银行、

建设银行与光大银行成为前三名的"收益能手"。其中,建设银行发行的与澳元相关的理财产品到期实际年化收益率达8%,光大银行最高收益的产品是投资股票类理财产品,年化收益率为9.2%,而澳元与美元的外币产品则占了收益前20款产品中的60%。因此,选择最佳的银行来帮你理财,也是非常重要的。

下面介绍几种有效而实用的理财产品。

"阶梯跳跃式"汇率挂钩存款

存储时与银行共同确定一个汇率区间,在存期内市场汇率未触及过该区间上下限,你就能获得较高的利息收益,否则将取得较低的保底利息收益。这种结构性存款在保证资金安全的前提下,有保底收益率和最高收益率之分,适合短期1年内的结构性存款。如:3个月欧元/美元汇率触发存款,期限3个月,汇率上下限1.175 0~1.115 0,如果存期内欧元/美元汇率一直在这个区间,则执行3.5%的高利率,如果存期内任意一天的欧元/美元汇率超出这个区间,则执行0.25%的低利率,计息方式为到期日随本金一次性支付,利息="本金×利率×实际天数/360"。

线性收益汇率挂钩性存款

存储时与银行协定一个执行汇率和敲出汇率,按照到期时的市场汇率计算客户的最终收益率(利率)。这种结构性存款,在保证资金安全的前提下,有保底收益率和最高收益率之分,适合短期1年内的结构性存款。

汇率区间累积增值存款

如6个月美元/日元汇率区间累积增值存款,存期6个月,汇率上下限为112.65~108.15,利率=2.1%×区间天数/总天数;区间天数为存款期间美元/日元汇率位于汇率上下限之间的天数,若逢星期六、星期日或其他非伦敦工作日,则该日的美元/日元汇率为前一个伦敦工作日的美元/日元汇率;利息支付方式为到期日随本金一次性支付。

两得货币存款

在银行存入一笔外汇定期存款,可同时选择一种挂钩货币,向银行出让一个外汇期权,这样在获得税后存款利息外,还可获得银行支付的期权费,实现利息和期权费收入的双重收益。具体办理时,银行会根据你所选择的那组货币报出一个协定汇率,如果期权到期日挂钩货币的即期汇率不低于协定汇率,存款

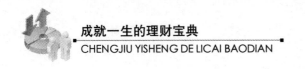

本息将以存款货币收回;如果到期日挂钩货币的即期汇率低于协定汇率,存款本息将按协定汇率折成挂钩货币收回。

人民币汇率挂钩存款

如果你预测将来人民币贬值不超过1美元＝8.30元人民币的汇率水平,可以和银行签订《与人民币汇率挂钩的结构性存款协议》,若存期内市场变化在1美元兑换8.30元人民币以内,将得到高于市场利率的收益率(较高的利率);如果市场变化到1美元兑换8.30元人民币以上,本金将按当时的人民币汇率折算支付。

逆浮动利率结构性存款

如果选择逆浮动利率美元存款,存款期限3年,第一年固定利率4.2%,其余两年利率为9%——6个月LIBOR,每半年结息一次。银行有权在每半年行使一次提前终止存款的权利。这种理财产品100%保本,虽然有高于市场利率的收益机会,但收益会随LIBOR的上升而递减。

收益递增型结构性存款

如2年期收益递增型结构性存款,存款期限2年,票面利率为第一季度2.5%,以后每季度增加0.25%,按季付息,银行有权在存款第一个季度结息时提前终止该笔存款。再如5年期收益递增型外汇存款,存款期限5年,每年付息一次,收益逐年增加,第一年存款为固定利率4%,以后4年每年增加0.5%的收益,银行有权在一年后提前终止该笔存款。该产品100%保本,有优于市场利率的收益机会,但若市场利率上升的速度高于约定利率的增长速度,则客户将损失超出部分的收益。

与美国国债挂钩的结构性存款

客户选定存款期限和美国30年期国债收益率区间,到期时,如果美国国债收益率在协定区间内,则客户可以得到最高收益率;如果美国国债收益率超出协定区间,则客户可得到最低保本利率。这种结构性存款,本金无风险,比较适合成熟投资者安排长期结构性存款。

国债货币两得存款

可以选择与指定债券相联系的结构性存款,到期日,如果指定债券价格低于协议价格,银行偿还客户本金将会被以协议价格支付指定债券。这种结构性存款,适用于国内持有外币债券的投资者。

稳健型受托理财方案

稳健型受托理财方案是商业银行接受客户委托,按照适当的投资组合方式帮助客户进行外汇理财,在这种投资组合方案中,风险大的金融产品所占比重较小,风险小的金融产品所占比重较大,体现收益与风险的合理匹配。如招商银行推出的"一年期稳健型理财计划",在这种投资组合中,债券市场产品不高于40%,保持约5%的现金,其他为货币市场和外汇市场产品,收益率预测为0.687 5% ~2%。

以上外汇理财方案,是目前国内商业银行推出的主要外汇理财产品,除此之外,投资者还可以通过炒作B股、买卖外汇进行保值、增值。在实际操作过程中,上述理财产品涉及的币种、期限、汇率、利率和挂钩对象等是可以变化的,不同时期、不同银行提供的报价也是有差别的,投资者最好选择商业银行外汇理财师的咨询服务,在理财顾问的帮助下,选择适合自身目标收益和风险承受能力的理财产品。

如何选择外汇理财产品:

(1)根据自己的资金流动需求和风险偏好,确定适合自己的产品期限和相应期限的理财产品。一定时间内要用款的,则投资于到期日与预定用款时间相吻合的产品;外汇资金无固定用途的,则可以选择较长期限的产品。投资理念较保守、喜欢固定收益的,则投资于固定收益型产品;投资理念较个性化,喜欢较高收益的,则投资于浮动收益型产品;喜欢两者兼顾的,则可部分资金投资于固定收益型产品,部分资金投资于浮动收益型产品。

(2)投资者在选择产品时,不能光看产品收益率的高低,应对产品的收益率、期限、结构和风险度加以综合的判断。要仔细阅读产品说明书,弄清楚具体的产品结构、计息方式、利息税计税基础、手续费、提前终止权、是否可以质押等方面的内容。

理财二段

买保险就是买保障

保险的意义,只是今日做明日的准备,生时做死时的准备,父母做儿女的准备,儿女幼小时做儿女长大的准备,如此而已。今天预备明天,这是真稳健;生时预备死时,这是真豁达;父母预备儿女,这是真慈爱。

◀◀◀ 买保险是你对家人的一份责任

如果说储蓄是理财第一段,那么买保险就是理财第二段,它是在储蓄的前提下再加上一道安全门。而且,购买保险还是一个人家庭责任感的体现。

某著名相声演员生前没有买保险,也没有立遗嘱,去世后的遗产让家人失去了原有的和睦。他最重要的遗产是一栋玫瑰园别墅,当时以700万元购买,现在价值在2 000万元左右,但是这栋别墅尚有300多万元的银行贷款未还。这300万元谁来支付?谁又有能力支付?玫瑰园每个月的物业管理费高达1万元,他的遗产继承人有能力支付吗?如果没有人能付得起,银行只能卖别墅来抵债。银行不得已将他的女儿告上法庭,后来年轻的女儿因遗产问题将伯父告上法庭,经过近半年的纷纷扰扰,此案以和解画上句号。

香港乐坛著名音乐人因肝病逝世,生前没有立遗嘱,也没有买保险。他生前为治病耗尽现金,最后名下只剩下很少的一点不动产,包括两幢房产、英国古董车、价值百万港币的珠宝。

和上面两位相反的是另外两名艺人。

香港女艺人十几年前,通过一位朋友为自己买了保险,她被确诊患上癌症后其治疗费用非常昂贵,每个月的医疗费达5万元,长期治疗费用可想而知。好在她未雨绸缪,事先购买了多份保险,保额高达200万美元,这让她在生命的最后阶段没有为金钱而困扰。

另一位很著名的艺人,十多年前也是通过那位朋友买的保险。他逝世后,先后涉及4份保单,其中一张保单赔偿额为780万元,而美国友邦保险公司赔偿额最高,达3 000万元。

鲜明的对比,从中不难看出买保险和没有买保险,给家人带来的结果是截然相反的。事实胜于雄辩,再好的分析和报表也不及事实更有说服力。

不仅名人明星需要买保险,普通人也需要买保险。

我的一位朋友晚上应酬之后开车回家,不幸出了车祸,抢救治疗花了十几万元,性命保住了却成了植物人。他妻子提前退休在家,仅有微薄的退休金,他还有个读高中的女儿,关键是他们的房子贷款还没有还完,母女俩的生活便陷入了困境。如果他之前购买了意外伤害保险,家人的境况应该会好得多。由此可见,一份保单确实能体现一个人对家庭的责任。

以上这些风险大多来源于自身因素,也就是人身风险,包括因生、老、病、死而产生的经济风险。此外,还有很多风险因素时刻潜伏在我们的身边。比如财产风险,包括因财产发生损毁或者贬值而导致的经济风险;还有信用风险,包括经济交往中的双方因一方违约或者犯罪而导致的经济损失的风险;还有责任风险,包括因人为的过失或者侵权行为造成他人财产损失或者人身伤亡,在法律上负经济赔偿责任的风险;还有社会风险,包括偷盗、抢劫等因素导致的风险;自然风险,如台风、洪水、地震、泥石流等自然灾害所导致的人身财产损失。

常见的保险的种类

以上诸多保险中,与每个人休戚相关的是人身保险。人身保险是关于人的身体本身、人的健康、人的生命的保险。

1.健康保险

健康保险也叫疾病保险,是以非意外伤害而由被保险人本身疾病导致的伤残、死亡为保险条件的保险。

2.人身意外伤害保险

人身意外伤害保险是以人的身体遭受意外伤害为保险条件的保险。

3.人寿保险

人寿保险简称寿险,是一种以人的生死为保险对象的保险,是被保险人在保险责任期内生存或死亡,由保险人根据契约规定给付保险金的一种保险。

人身保险的业务范围包括生存保险、死亡保险、两全保险。

1.生存保险

生存保险是以约定的保险期限满时被保险人仍然生存为保险条件,由保险人给付保险金的保险。如养老年金保险。

2.死亡保险

死亡保险是以保险期限内被保险人死亡为保险条件,由保险人给付保险金的保险。

3. 两全保险

两全保险是以保险期限内被保险人死亡和保险期满时被保险人仍然生存为共同保险条件,由保险人给付保险金的保险。如简易人身险。

风险无时不有,无处不在。随着人们生活水平的提高,风险意识的增强,居安思危不仅体现在对物质补偿的需求上,而且发展到越来越多的人寻求养老的保障、死亡的抚恤、伤残的给付等。俗话说,人有旦夕祸福。人的一生中无法避免疾病、年迈和死亡,人身保险可以起到有备无患的作用,无论对家庭还是个人,都可以提供各种保障,解决经济上的困难,解除后顾之忧,使人民安居乐业。

"保险的意义,只是今日做明日的准备,生时做死时的准备,父母做儿女的准备。儿女幼小时做儿女长大的准备,如此而已。今天预备明天,这是真稳健;生时预备死时,这是真豁达;父母预备儿女,这是真慈爱。"胡适先生的这段话,说出了保险的宗旨意义。

购买保险的基本原则

人的一生可以划分为三个阶段,参加工作前为成长期,参加工作到退休前为奋斗期,退休以后为养老期,这三个阶段都会遇到很多不确定的风险。有人总结出了几句话很形象:走得太早,责任未了;遭遇意外,拖累家人;罹患大病,费用太高;活得太久,没钱养老。面对无时无刻不在威胁我们的各种风险怎么办?唯一的办法就是把风险转移出去,转移到保险公司。那么,不同阶段应该买哪一类保险呢?

1. 首先要给家庭经济支柱买保险

对普通家庭来说,健康保险和意外伤害险应该为家里最重要的人买,这个人应是家庭的经济支柱。比如说,现在三四十岁的男人,上有老人需要赡养,下有孩子需要抚育,这个人就是最应该买保险的人。因为他一旦发生意外,对家庭经济基础的打击将是巨大的,尤其是对一些家庭理财计划较为激进的人来说更是如此。

2. 购买保险不是越多越好

按照家庭收入与保障的一般规律,通常家庭年收入的10%~20%用来购买保险最为适宜,并且要根据自身情况来选择具体的保险品种,特别要注意收入和支出的平衡，不要让买保险变成一种额外的负担。

3. 中年以前最应该买的是寿险

人寿保险应该在你不需要的时候才能买到，当你真正需要的时候你却很可能买不到了。也就是说："年轻健康的时候卖给你你不买，年老患病的时候你要买保险公司却不卖。"我们每天都在忙碌着所谓的重要事情，却把最重要的事情忽略了，40岁最迟50岁一定要买一份寿险，这就是最重要的事情。

4. 把保险当做消费的形式

很多人在购买一次性保险时，都心存侥幸心理，认为自己不会那么倒霉遇到意外，这是一个严重的误区。要树立保险就是消费的观念，把航空险、旅游险等一次性保险看成是一种消费形式，旅途完成就算消费结束，这样的心态才是最正确的。否则，一旦遇到意外一切都晚了。

曾经有一张真挚的保单摆在我面前，我没有签，直到失去才追悔莫及。如果上天再给我一次机会，我一定会在那张保单上签字，如果给这张保单加上一个期限，我希望是"一万年"！

储蓄与保险的本质区别在于：

（1）储蓄像爬楼梯，是一种逐步积累资金的方式，只有经过一定时间才能达到预定目标。保险像坐电梯，投保的同时就能得到约定的保障额。

（2）储蓄能算出利息，却算不出风险。保险能算出风险的补偿，并及时支付给你。

（3）储蓄的利率不会一成不变，2008年利率曾先后6次下调。保险的保障不会因外界因素而变更，而且赔付的额度远远高出银行利率。

（4）储蓄功能重在保值而不是增值，因为有时候利率低于通胀率。保险既能保值又有保障功能，不需要的时候看不到，需要的时候会及时出现在你身边。

分红险：现金分红不如保额分红

有一天，我和同事出去办事，回来的路上他忽然说要到保险公司去一趟，因为他投保的分红险派发红利已经过了三个月还没有取。我问他红利一共多少钱，他说一共600元，还说太少了取一趟不值得，又不能不取，当初投保"保额分红"就好了，现在后悔也晚了。

回到家里我就这个问题，特意咨询了在中国人寿做保险代理的表姐，她的一番话让我对分红险有了进一步的了解。

保险公司原本是为投保人提供一份保障，但随着人们保险意识的增强，人们投资的热情也随之高涨，更重要的是人们投资渠道的缺乏，导致了带有投资理财功能的险种应运而生。此类收益型险种不仅具备保险最基本的保障功能，而且能够给投资者带来不菲的收益，一经推出便备受人们追捧。

投资型保险中有一种叫做分红险，因为能在约定的时间里拿到红利而受到一些人的关注。分红险是投保人在享有一定保险保障的基础上，分享保险公司部分经营成果的保险形式，如果保险公司某一年度经营不好，投保人得到的分红会非常有限，甚至没有。所幸的是分红险一般设有最低保证利率，即保证你的基本收益，这样看来还是没有太大的风险。即使得不到分红，保户依然享有其他保险利益，至少和投保不分红险是一样的，不会完全化为乌有。从这一点上讲，保险已经不再只是单一地对付风险，它在某种程度上具有储蓄的特质，能防范风险也能保值增值，可以说是一种新型的受欢迎的家庭理财工具。

投保分红险需要注意的问题。

缴费的周期

分红险的缴费周期有趸缴、短缴和长缴三种。

趸缴是在投保分红险的时候一次性将保费缴清。如果手里有一笔富余资金暂时没有投资方向，一次性投保分红险未尝不可。自我控制能力较差的人，有钱就容易乱花的人,利用趸缴快速将现金转化为分红险,也是避免资金流失的好方法。

短缴一般要求在3~5年内将所有保费缴纳完毕,是趸缴和长缴间的过渡品种。

长缴一般缴费周期在10年以上,对于打算利用分红险来强制储蓄的人,无疑是最佳选择,可以在年承受能力不变的前提下通过拉长缴费周期来提高总保额。对于侧重保障的分红险,较长的缴费周期可以在初期以更低的保费获得更高的保额,这对需要依赖保险的保障功能来应对风险的人很重要。

三种缴费周期无所谓好与坏,关键要适合自己的实际情况。

分红的周期

分红险的分红有时间周期和生命周期两种。

时间周期是按照时间间隔,比如每两年或每三年派发保额的多少百分比作为红利返还。这样能让投保者及时拿到现金,这种形式对于那些将分红作为日常开销的"食息一族"更加适合。而对于有理财目标的人来说,不需要用钱的时候拿到了红利,需要用钱时派发的红利又不足够,未免让人有些尴尬。

生命周期是指在受益人特定年龄段派发红利,譬如针对少儿教育的可选从其高中至大学期间派发,而注重养老的可以在退休之际开始派发。如此看来,生命周期分红因为目标明确,派发时间与需求相匹配更受欢迎。

分红的形式

分红险的分红有现金分红和保额分红两种。

投保分红险的最终目标就是现金分红,但是真拿到返还和分红时却丝毫提不起兴致,因为最多也就区区几百元,根本派不上用场。与此相比,"保额分红"的分红险产品更为适宜。

投资上,有一个重要的概念叫"复利",还有一个概念叫"总回报",这两个概念遇到一起,强调的是将投资获得的分红再投资,通过复利效应获得更大的回报。"保额分红"就是不直接派发现金红利,而是为投保者增加保额,轻松实现红利再投资,享受到复利再投资的成果。

综合比较,现金分红险可以提取分红利息,有一定的灵活性,较为透明,适合用于家庭的理财规划。而保额分红(以增加保单现有保额的形式分配红利)

只有在发生保险事故、期满或退保时才能拿到所分配的红利。二者相比,现金分红比较灵活,但是投资收益率不如保额分红。如果对未来预期并不乐观,只是将分红型保险作为一种投资或规避利率风险的方式,现金分红的产品比较适合。

人们最关心的永远是分红水平问题,尽管保险业务员向你信誓旦旦,保证一定能获得多少收益,但是他心里比谁都清楚这是最不确定的因素。因为分红的水平要取决于保险公司当年的经营业绩,如果公司的年度赢利高,分红的水平就高,如果年度赢利低,分红的水平就低,这是不以人的意志为转移的。如果没有赢利或者亏损就不能分红,也就是说没有任何的收益。结合近几年来的国内经济形势,虽然长期仍然向好,但短期投资风险急剧增大,分红险的优势大大高于其他险种。另外,中国的保险市场正进入"黄金十年",各家保险公司发展势头良好,分红险的收益将非常可观,其投资价值绝对比其他险种高,也更适合中国的普通大众。

购买分红险的原则

购买分红险产品时不能单纯以分红返现等目的作为唯一标准,也不该将分红险产品当做储蓄品种,更不能与股票、基金或者短期银行理财产品相提并论,或者以它们的收益率当做评判标准,这是一种认识上的误区。分红险保单只有中长期持有才能发挥其"聚沙成塔"的累积效应。购买分红险有以下几个原则:

1. 险种选择上要把保障放在第一位

分红险涵盖的范围较广,主要有养老、教育、身故保障等,每个人的实际情况不同,需要的保障也不同,购买时首先要考虑的是能否满足保障需求,有选择地购买相应产品。分红险产品可以附加各种健康险、意外险或者定期寿险等,要充分加以利用,能很好地满足医疗和保障需求。

2. 购买分红险产品要货比三家

分红险的收益率不可能提前量化和固定,利率也只是一个预期的参考值,最后的收益要根据公司的经营状况来决定。这就需要对各家保险公司有一定的了解,包括公司的运营情况、行业评价、以往分红水平、投资经营风格、代理人的专业程度、公司服务水平等,总之信息越全面、越准确,选择的可靠性越高。

3. 缴费方式要注意流动性

选择时要考虑到目前和未来的现金需求,选择适合自己的缴费方式和红利

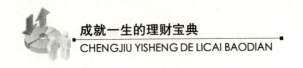

领取方式。当然,在众多方式中没有优劣之分,只有适合不适合,只要适合自己的就是好的。不急用钱的人可选择保额分红,增加保险金额;需要现金的人可选择现金分红,灵活性更高。

通过上面的介绍,相信你已经知道分红险的利弊了,不要忘记的一点是,投保分红险还是要考虑自己的真正需求:是想获利还是获得意外保障。

修炼秘诀

需要注意的是,分红险的保障功能始终是第一位的,投资理财功能始终是第二位的。不同保险公司在分红险提供的疾病保障上是不同的,有的除了行业规定的25种疾病外,还额外包括了5项重大疾病的保障;有的分红险只保障12种,相对于25种少了近一半。分红险保障的疾病多保费自然就高,所以,身体健康的年轻人可以考虑保障少一些的,中老年人或者身体不好的人应选择保障疾病多的为好。

◀◀◀ 万能险在某些方面确实是万能的

听说最近"万能险"非常受人们的欢迎,于是怀着好奇心了解了一下情况,却发现很多投保了"万能险"的人,对万能险并不十分了解甚至很不了解。比如一位刚参加工作不久、年薪仅6万元的年轻人竟然投保了"万能险",还有的人给自己四五岁的孩子投保了"万能险",其实这都是一种误区。

用专家的话来说,没有不好看的衣服,只有不适合自己的衣服。同样,没有不好的保险,只有不适合自己的保险。因此,要根据自己的实际情况购买适合自己的保险,否则花了钱却往往得不到应有的保障和收益。

"万能险"的全称是"万能型储蓄类寿险",其"万能"主要指可以任意支付保险费以及任意调整死亡保险金给付金额的人寿保险产品。也就是说,除了支付某一个最低金额的第一期保险费以后,投保人可以在任何时间支付任何金额的保险费,并且任意提高或者降低死亡给付金额,只要保单积存的现金价值足够支付以后各期的成本和费用就可以了。而且,万能保险现金价值的计算有一个最低的保证利率,这样就保证了最低的收益率(目前保监会规定的保底利率最高不得超过2.5%)。

如何为自己制订万能险计划

万能险是一款很复杂的险种,用一个实例来说明可能更一目了然。

30岁的金先生因为没有"社保",便为自己投保了一份万能险,每年缴纳6 000元保费,共缴纳20年。如果这20年中没有重大的变故,他可以在60岁的时候享受万能险带来的收益作为养老金。如果他发生意外身故,他的家人或者婚后的妻子可以从保险公司获得12万元的保险金。如果他患重大疾病,还可以获得12万元中的8万元作为医疗费用,余下的4万元待身故时给付。

当然,这个保险计划是可以根据实际情况进行调整的。金先生结婚有了孩子,其家庭责任提高了,这时他如果发生身故的风险,12万元肯定解决不了问题,此时他可以根据需要提高至20万或者30万元。保额增加了,保障成本也会水涨船高,如果一直保持在高位,势必对将来的养老收益产生影响。当金先生的子女独立了,家庭责任降低的时候,就可以将保障额度调整到12万甚至再低一些,从而降低保障成本,提高养老收益。

再者,金先生是做生意的,如果收益不好或者资金周转不开怎么办?万能险的另一个好处就是允许保费缓交甚至不交,如果一年不交对他的保障不会有任何影响。如果某年收益特别好,还可以在6 000元的基础上追加保费,追加的最高额度是保费的10倍。能灵活调整保费和保额是万能险最大的特色,也是其他险种所不具备的优势。

万能险虽好但费用较高

万能险是储蓄类产品,但是各个保险公司有保底利率,目前最低的是1.75%,但是万能险是按月复利滚存计算,实际年利率高于表面利率。还有一点要注意,万能险结算利率并不是针对全部保费,而只是针对投资账户中的资金,而且要扣除风险保费和经营管理费用。

这样看来,万能险确实非常灵活(缴费灵活、领取灵活、保额灵活),但是有很重要的一点不能忽视,那就是它的初始费用较高。任何一家公司、任何一种险种都有初始费用,一般来讲第一年度初始费用最高,为保费的50%,也就是说6 000元的保费中有3 000元会被作为初始费用扣除;第二年度初始费用为保费的25%,即1 500元;第三年度初始费用为保费的15%,即900元;第四、五年度初始费用为保费的10%,即600元;第六年及以后各年度的初始费用为保费的5%,即300元。

除了要扣除初始费用外,保障成本也是万能险要扣除的项目。这个成本是以生命表中的数据为系数,计算出每个年龄所需要承担每千元保障所需支付的成本,而每个年龄段所需要支付的保障成本是不同的。正因为要扣除这两项费用,因此没有考虑好的人不要轻易投保,一旦投保不要轻易退保,否则要扣掉初始费用,你的钱就损失了将近一半。

总之,买保险还是要考虑所选产品能不能满足自己的真正需求,而不能就险种谈保险,更不能别人说好自己就跟着买,然后发现不合适再退保,造成不应有的经济损失。同时还要综合考虑家庭收入与保费投入,要量入而出,一般从科学理财角度讲,每个家庭的年保费投入不能超过家庭年收入的20%。

还有一点需要说明,万能险适合那些有非常不错而且稳定的经济收入、并且随时都有一笔可观、可用资金的家庭,如私企老板、律师、艺人等。收入较低的人、年龄较小的人,不适合投保万能险。万能险是比较复杂的险种,投保前要认真研读相关说明。

万能险的保障额度设计一般有三种:保险费+投资账户价值,保险费、账户价值×系数后取值大者,保险费或账户价值之一×系数。需要注意的是,所有的投资型保险都不同于银行存款或者基金,不应该把投资收益作为首要功能。

万能险具有的"抗通胀"能力,主要表现在一旦央行加息,万能险资金在银行的大额协议存款收益必然也会增加,公司给投保人的结算利率也会随之提高。此外,万能险还有保底利率,能有效防止保险公司收益大幅下滑对投保人造成不利影响。

"投连险"带给你不一样的收益

十几年前上大学的时候就听说过"投连险",当时一个同学做兼职,每天站在街上向来往的行人分发宣传单,其中包括那种白纸黑字的"投连险"说明书。出于好奇,我曾经认真地看过,上面说的投资回报率非常诱人,但是据说这种新事物很多人却敬而远之。如今,"投连险"已经成为保险公司的一个常规险种,也让一些有头脑、愿意尝试新事物的人,获得了不菲的收益。

"投连险"是投资连结保险的简称,顾名思义,就是同时具有投资和保险双效功能的保险产品,既有保险保障,又有投资回报,一举两得。这种保险的正式名字是"变额万能寿险",其特点是身故保险金和现金价值是可变的。投连险是一种新形式的终身寿险产品,保障功能主要体现在被保险人保险期间意外身故,会获得保险公司支付的身故保障金,同时通过投连附加险的形式获得重大疾病等其他方面的保障。而投资功能是指客户直接参与由保险公司管理的投资活动,将保单的价值与保险公司的投资业绩联系起来。缴费大部分用来购买由保险公司设立的投资账户单位,由投资专家负责账户内资金的调动和投资决策,将保户的资金投入各种投资工具上。"投资账户"中的资产价值将随着保险公司实际投资收益情况发生变动,所以客户在享受专家理财好处的同时,一般也将面临一定的投资风险。

投连险的双向功能

投连险的费用主要包括初始保费、风险保费、账户转换费用、投资单位买卖差价、资产管理费、部分支取和退保手续费等,根据产品的不同,上述费用的收取也存在差异,一般开始几年的费用较高。

投资连结保险与传统人寿保险的最主要区别在于,投连险把缴付的保险费分成"保障"和"投资"两个部分,独立运作,管理透明。

1. 投连险为终身寿险产品

在被保险人身故时向受益人给付保险金,而且无论被保险人在保单生效之

后的何时死亡,只要死因不属于保单的除外责任范围,保险公司都会履行其支付义务,即提供所谓的"终身"保险保障。有的险种除了提供意外与疾病身故保险金、全残保险金等保障外,还有其他服务项目,如保证可保选择权和豁免保险费等。

投连险的保险费可以一次性缴清(趸缴),也可以分期缴纳,而每次缴纳的保费是相等的。正因为终身寿险收取水平保费,它可以累积起相当数量的现金价值,在退保的时候可以将累积缴纳的保费退回,这就使其兼具了储蓄功能。

2. 投连险为投保人提供多种投资选择

保费中的投资部分可以介入货币市场基金、普通股票基金、指数基金、债券基金等等,从中获得投资收益。投保人可把保费在风险保障账户和投资账户之间灵活配置,既可以"保障为主、投资为辅",也可以"投资为主、保障为辅",甚至"储蓄为主,保障为辅"等等。

3. 投连险投资账户的运作模式

一般而言,投资连结保险都会开设几个风险程度不一的投资账户供客户选择。如有的险种根据不同的投资策略和可能的风险程度开设三个账户:基金账户、发展账户、保证收益账户。每个人可根据自己的实际情况自行选择保险费在各个账户里的分配比例。

投连险还具有保费灵活、保额具有弹性的特点,仅用一张保单就能满足用户不同时期的不同需要,能为用户提供理财方便和"金融超市"服务,大大减少了用户的交易费用和时间成本,十分适合作为个人在整个生命周期内的综合性理财工具。目前,国内的十多家保险公司都有投连险产品,其中民生人寿和瑞泰人寿是较早进入投连险领域的人寿保险公司,也是国内少数专门从事投连险销售的保险公司,有着较丰富的投连险产品选择和科学的账户设置。

投连险的账户设立和匹配

每个投连险产品通常有几种投资账户供用户选择,用户可根据自身需求在资金配置上有所侧重。

1. 偏股型账户

投资股票类基金比例在70%以上,风险较高,适合拥有闲置资金且偏好高风险的长线投资者。因各家保险公司的投资能力不同、所甄选的基金池不同,导致最终收益上差异巨大。

2. 混合偏股型账户

除投资股票基金以外还配置部分债券,降低了投资的风险,比较适合中长线的投资者。

3. 混合偏债型账户

投资债券类基金比例较高,投资股票类基金比例相对较低,其风险介于混合偏股型账户和偏债型账户之间。

4. 偏债型账户

主要投资债券型基金,风险适中,适合短线投资者及风险承受能力较弱的投资者。

5. 货币型账户

主要投资货币市场基金,风险最小,但预期收益也低,适合资金有限、风险承受能力较弱的投资者。

以上各账户相比而言没有好坏之别,只有适合不适合之分,选择适合自己的就是最好的,控制好风险永远是投资的第一准则,也是最重要的准则。另外,还可以根据不同的时期,选择不同的账户,比如,股票市场呈上升趋势或牛市来临,就可以加大股票基金的投入比例;股票市场呈下降趋势或熊市到来,就可以减少股票基金比例,加大债券和货币基金的资金投入。如此,投资回报率将大大提高,风险则相对缩小。

投连险和分红险及万能险的比较

风险和收益永远是成正比的,收益高则风险高,风险低则收益低。分红险、万能险和投连险三个险种相比,其风险和收益最低的是分红险,其次是万能险,投连险收益最高但风险也最大。按照中国的具体国情,分红险比较适合普通大众,而投连险比较适合中产阶级以上、具有较强风险承受能力的人群。

(1)分红险的假设利率一般比投连险低,但实际运营后的结果是不同的,实际收益取决于保险公司的投资获利能力,所以投连险更重要的是选择哪家保险公司。

(2)分红险投资理念比较稳健,投连险比较积极主动,因此,投连险的收益风险一般比分红险大得多,甚至达到几倍、几十倍的差距。

（3）分红险分享的是公司与该类产品的成长收益，投连险分享的是该产品总资金的投资收益，两者的收益对象不同。

所以，在选择保险种类时，一定要因人而异，要区别对待，根据自己的资金实力、性格特点、家庭经济状况等来全面考量。综合分析后，投连险较为适合以下三种人：一是单身贵族。未成家的年轻人经济负担较小，且大多没有明确的理财规划，选择投连险既有保障又能有较高的收益。二是中产阶级。作为收入较高的社会中坚力量，风险承受能力较普通工薪阶层更强，作为"基金中的基金"的投连险，相对于股票更具有中长期投资价值。三是有闲置资金且具有一定专业技能的人。他们更注重长期稳健的回报。

修炼秘诀

投连险作为中长期投资，兼顾了平稳和较高收益，是目前中国市场易被接受的保险产品，在国际市场已比较成熟，但投连险更适合长线投资，那些喜欢快进快出、大起大落的投资者不宜投保投连险。一般情况下，在股票、债券市场向好的情况下，投连险的收益会得到放大；而一旦股票、债券市场走低，有保底收益的万能险的优势就凸显出来了。

什么时候最适合买养老险

时间是积累金钱的秘密所在，退休计划要尽早制订，最好搭配相应的保险产品组合，满足不同阶段的人生需求，这样即使年纪大了，也能享受高品质的幸福生活。从这个目的出发，投保寿险是一项为未来做打算的必要投资，同时，还要做最坏的打算，才能有最充分的准备，防患于未然。

38岁的晓帆在中国移动分公司工作，收入很稳定，唯一的遗憾是尚未成家。像她这个年龄段的女人对保险大多不感兴趣，她们觉得买保险是上了年纪或患病的人考虑的事,宁可将五六千元的收入还房贷、车贷和吃穿购物、美容减肥,也不愿意每月拿出几百元钱来投资保险,享受一种充满保障的生活。单身的晓帆和朋友们不一样,她是个充满忧患意识的人,也是一个愿意为长远考虑的人,虽然退休后可享受社保退休金,她还是为自己投保了一份年金保险作补充,每年保费投入在4 000元左右,待到55岁退休的时候,每月可以领取一笔养老金,只要她健在,这笔钱就永远给付。

什么时候最适合买养老险

在中国,退休养老是一个大问题,也是一生理财计划中的重要组成部分,随着老龄化社会的到来,养老保障已经越来越受到人们的关注。对于大多数人而言,退休后主要的经济来源就是退休金。一般情况下,退休金只相当于工作时薪水的40%~80%,如此一来退休后的收入大大缩水。现代人平均寿命已经接近80岁,假设工作到50岁退休,那未来还有30年的时间需要靠退休金来养老,在没有收入或者收入大大降低的情况下,究竟需要多少养老金呢?据调查,几乎所有人都大大低估了养老金的需求。

在城市里,如果以一天三顿快餐盒饭为最低生活标准,现在的市场价格接近10元/盒,随着通货膨胀而不断上升,假设以4%通胀率计算,10年后,每盒盒饭可能涨到14元左右,20年后可达22元,30年后则达到33元左右。10年后退休,一日三餐即便是盒饭,一天需42元,30年盒饭价格不变需要45万元;20年后退休,一天的盒饭钱是66元,30年的盒饭钱是72万元;30年后退休的人,30年盒饭钱就要花费100多万元,夫妻双方就要多出一倍来。这只是最低标准,所需的医疗费等花销还要更高。

如此高昂的养老费用,单纯指望退休金或者儿女是不现实的,微薄的社会养老金或许可以满足最基本的生活,但绝对无法保持工作时的生活水准。想获得有品质的退休生活必须像晓帆那样另做规划。另外,女性比男性要早退休几年,但普遍寿命又比男性长,所以女性需准备的养老金要超过男性三分之一左右。

美国社会的养老保障

欧美国家养老保障或者养老制度似乎更加完善和科学,很多人也愿意拿美国人来做比对。美国的养老保障确实有很多值得借鉴的地方,但它也有很多弊

端。与中国的情况一样,美国政府的养老保险体系是依靠领取工资的人所交的社会养老保险税来维系的,所以整个系统是盈余还是亏损,取决于人口的年龄构成。

　　总体来说,美国政府的公务员退休福利远远好于其他企业就业人员,按照公务员退休前的年薪、工作时间等计算出退休金额度。除了固定数额的退休金外,还可以进行一系列的养老储蓄计划。按照规定,联邦政府雇员每月拿出工资的10%加入退休储蓄计划,政府则拿出工资的5%投入他的退休储蓄计划,类似私营公司员工的退休金制度。

　　其次是公立学校教师。美国公立学校(包括大学和中小学)教师虽然不属于政府公务员序列,但他们的薪水是由政府支付的。因此,教师可以享受社会安全金退休福利和固定的退休金,但每月教师和学校要缴纳一定数额的资金用于退休金基金。美国各州对教师的退休金个人缴纳金额有不同的规定。另外,美国教师退休年龄没有统一规定,50岁、55岁、60岁乃至70岁都可以工作,工作的年限越长、退休越晚,能享受到的养老金水平就越高。还有一个"80"规定,就是教师的年龄和工作年限加起来是80以上就可以享受固定的退休金。比如,25岁就从事教师工作的人,工作年限达到28年,53岁就可以退休并享受固定的退休金了。

　　从事其他工作的人,其退休体系主要是由雇主和员工共同出资购买退休基金,员工退休后这些积累下来的钱就成为退休金。这一体系对员工的退休待遇主要看公司的情况,各行业差异会很大。美国的退休金体系因退休金来源不同,也可划分为社会安全金、个人退休账户、公司退休计划(401K)等。(401K)计划现已成为美国私人公司最主要的员工退休计划,它的运作方式是公司雇主每年按员工年薪3%~5%投入员工个人的退休账户,员工每年可以在退休账户自行投入一定数额的资金,从几百到上万美元都可以(但有上限)。员工如果离开公司,这笔钱归员工个人所有,如果员工在一家公司工作到退休,他工作期间所积累下来的这些钱就是他的退休金,到59岁半就可以从退休账户领取这笔钱。

　　参加(401K)计划是完全自愿的,但几乎每个有条件的人都会参加,企业会寻找投资公司帮助管理账户,而这个账户里资产的增长是免税的,这也是政府为养老计划提供的税收福利。

投保养老保险要趁早

中国人的养老问题也很艰难,"20 年后,拿什么养老"成为人们关注的话题,因为中国社会的老龄化也很严重,社会保障体系的负担将越来越重,所以中国人拼命储蓄或者热衷于买房是完全可以理解的。

养老是每个人都无法回避的现实问题,或许我们在年轻时衣食无忧、富足风光,但并不代表我们年老时仍能享受这样的生活。所以,养老的问题考虑得越早越好,千万不要等到快退休的时候才考虑。保证养老金的安全性也必须重视,储蓄的优势就在于安全性高、保本保息,且变现性强、存取方便,是风险偏好保守型人群养老的首选方式。其缺点是无法抵御通货膨胀风险。单纯依靠储蓄养老,无法维持购买力,将来退休生活将大打折扣。

长期基金定额定投是取得市场平均收益的理想工具,特点和优势是平摊风险、积少成多、复利增值,帮助工薪家庭实现长期的养老规划目标。30 岁以上的人,最好将每月收入的 10% 作为退休养老规划来进行投资安排。

养老保险也是很好的选择,此外应同时兼顾意外险、健康险等保障类商业保险,以抵御人生中各种意外发生。通常情况下,商业保险缴费应占家庭年收入的 15% 左右,而其中的养老保险提供的养老金额度应占全部养老保障需求的 30%。若选择具有分红功能的商业养老险,其复利增值作用,也具有抵御通胀风险的作用。

可供选择的养老保险种类

目前,国内大多数保险公司都推出了养老保险品种,大家可以根据自己的具体情况来加以选择。

1. 个人养老金保险

个人养老金保险是一种个人年金保险产品,年金受领人在年轻时参保,按月缴纳保险费至退休日止,从达到退休年龄次日开始领取年金直至死亡。

年金受领人可以选择一次性总付或分期给付的方式,如果受领人在达到退休年龄之前死亡,保险公司会退还积累的保险费(计息或不计息)或者现金价值,根据金额较大的计算而定。如果养老金领取规定年限后被保险人仍然生存,保险公司每年给付按一定比例递增的养老金,直至死亡。交费期内因意外伤害事故或因病死亡,保险公司给付死亡保险金,保险合同终止。

2. 定期年金保险

定期年金保险是一种投保人在规定期限内缴纳保险费,被保险人生存至一定时期后,依照保险合同的约定按期领取年金,直至合同规定期满时止的年金保险。如果被保险人在约定期内死亡,则自被保险人死亡时终止给付年金。

3. 联合年金保险

联合年金保险是以两个或两个以上的被保险人的生命作为给付年金条件的保险。它主要有联合最后生存者年金保险以及联合生存年金保险两种类型。它非常适用于一对夫妇和有一个永久残疾子女的家庭购买。由于以上特点,这一保险产品比起相同年龄和金额的单人年金需要缴付更多保险费。

4. 变额年金保险

变额年金保险是一种保险公司把收取的保险费计入特别账户,主要投资于公开交易的证券,并且将投资红利分配给参加年金的投保者,保险购买者承担投资风险,保险公司承担死亡率和费用率的变动风险。变额年金保险是专门为了应对通货膨胀,为投保者提供一种能得到稳定的货币购买力而设计的保险产品形式。

选择养老保险的基本原则

面对名目繁多、保障功能和范围各有不同的养老保险,该怎样选择呢?有专家提供了三个基本原则供参考。

(1)要"定额",即确定自己需要购买多少商业养老保险。据测算,商业养老保险金额应占全部养老保障需求的25%~40%,考虑到通货膨胀等因素,购买养老保险金额在20万元左右为宜。

(2)要"定型",即选择适合自己的养老保险产品。有养老功能的保险产品主要有传统型、两全型、投连型和万能型等几种。经比较分析,传统型和两全型保险回报额度明确,且投入较少,适合工薪阶层的养老需求;而投连险和万能险投入较高、风险较大,适合风险承受能力较强的高收入人群。

(3)要"定式",即确定养老金的领取年龄、领取方式以及领取年限。领取养老金的年龄一般限定在50岁、55岁、60岁、65岁等几个年龄段;领取方式则分一次性领取、年领取和月领取三种。对于养老金的领取年限,有的保险公司规定可以领20年,有的规定可以领到100岁,有的规定可以领到身故。总体而言,保险公司一般都会保证投保人领满10年或20年,每个人可以根据自己的身体状况和实际需要,选择适合自己的领取时间。

参加社会养老保险是每个人必须的选择,无论遇到怎样的情况都要如期缴纳,如果因故停止,也要尽快接续上,这样才能保证将来社会养老金的给付。平时可以查询社会养老保险参保信息情况:

(1)登录劳动保障网查询的方法:一是输入身份证号和社会保障号;二是输入社会保障号和密码。

(2)拨打劳动保障电话12333查询:输入身份证号和社会保障号(社会保障号印刻在社保卡也叫医保卡上)。原始密码以及各地的实际查询方法可咨询劳动保障电话12333。

手里有三招,养老"不差钱"

姑妈家的表姐前年退休,社保退休金和企业补贴加在一起仅有1 200多元,表姐夫下岗多年,工资也只有千元左右,生活难免紧张。别看表姐没念过大学,而且一直在企业工作,但是理财的意识却早于很多高学历的人。也许是未雨绸缪,早在13年前就为自己买了一份保险,每年交纳1 280元,20年以后可以一次性全部取出来,也可以每年分期领取养老金。10年前,她还为表姐夫购买了意外伤害和大病医疗险,每年交纳630元,30种大病全部囊括其中。

除此之外,表姐还继承了姑妈的那套一居室住房,她把房子租给了两个来市里进修的年轻教师,每月有1 200元的进账。这些钱加在一起虽然不是很多,但在表姐生活的城市里,基本上能保证她退休后生活衣食无忧。虽然她手里没

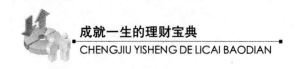

有太多的积蓄,但好在她有两套房产,一旦需要大的花费,卖掉其中一套完全可以解燃眉之急。

像表姐这样的人非常多,步入中年的人都在为自己未来的退休生活作准备。

如果把退休养老计划比做一座高山,那么你准备以怎样的方式到达山顶呢?是打算自下而上一步步地慢慢吃力攀登,还是运用智慧乘坐电动缆车轻松到达山顶呢?两种方式相比,显然后者更加科学、更加合理、更适合享受高质量生活。如果你想乘坐这种轻松便捷的缆车,就要及早进行规划,及早买下乘坐缆车的车票。

选择一份终身领取型的年金险

当人们的寿命达到 90 岁、95 岁,而不是 80 岁时,这无疑是一个大大的福音。但是随之而来的问题,却让人们在欣喜之余平添了一分忧虑,那就是要多准备出 10 年乃至 15 年的退休金。这些年的退休金大约在 15 万到 20 万元,对于中年人或者即将退休的人来说这是一笔不小的支出。值得提倡的办法就是提前购买一份年金险。

纵观各类保险中,以养老为目的年金险产品名目繁多,仔细比较之后,不难发现每款产品之间有很大的区别。比如,有的年金险产品没有保证领取的时间,只是从约定年龄开始每年或每个月领取一笔钱,直到身故。有的产品虽然保证可以领取 15 年或者 20 年的年金,但是期满以后却不能继续领取,只能在 80 岁、90 岁、100 岁时得到一笔贺寿金。还有的约定年金最多可以领取到 80 岁和 90 岁,具体细节还有各种条款限制。

如此看来,年金险的选择要因人而异,对于家族有长寿史或者对退休后的健康状况有足够信心的人,要提早买一份能够领取到终身的年金险产品,而尽量不要购买有年限或者有种种限制的年金险产品。

为自己留下一套房产

不论房屋的价格如何涨跌,在你退休之际如果能够有一套属于自己的房子,可以说是最佳状态。尽管人们对于疯涨的房价颇有微词,但是住房已成为中国百姓最大资产,这已是不争的事实,所以一套住房就是一笔丰厚的不动产。自己的房子就能够自由处置,一来在居住上不受其他因素的制约;二来可以帮助自己应付年老以后可能面临的突发重大经济困难。再退一步看,一旦退休后,发现自己原来准备的养老金难以维持今后岁月的生活花销,还可以卖掉房产换取一大笔资金,使你今后的生活得到一份保障。如果出现更大的困难,还可以把房产作为抵押,向银行或者其他金融机构换取资金,以此来支付余生的费用。

准备一份"浮动养老金"

在很多人眼里,前面提到的两种方法已经成为现实,并不是什么新鲜事了,那么提前准备一份"浮动养老金"可能会成为你当前最需要、最适用的建议。养老金的准备最好能多一些,以流动性较好的管理工具为主,在使用过程中用以支付退休后的生活和医疗开销,主要是消费资金性质,准备时可以将使用期限预估到80岁或者85岁。如果前一笔养老金已经消耗完毕,再打开来使用,可及时应对长寿风波。

要保证自己每年都有合理的钱可用,不求更多但求合理。曾经有人做过这样的调查,60岁退休的人假设正好再活20年,给出了两个养老方案供选择:第一个方案,每月支付给退休者2 000元,一共给足20年,共48万元。第二种方案,每个月支付给退休者3 000元,一共给15年,共计54万元。虽然第二种方案可以多得6万元,但是最后的5年没有任何的费用,调查的结果是没有一个人选择第二套方案。可见,大家更看重合理的分配方式,而宁愿忽略多得的收益。

现实生活中,影响养老生活品质的往往不是生活费用,而是要付出的医疗费用,如果有了一份"浮动的养老金",就可以大大提高生活品质。

这笔钱如何积累,方式很多,可以根据自己的实际情况来具体选择。购买保险是首当其冲的选择,其次还有储蓄、购买国债、投资理财产品、购买债券型基金……要看每个人资金的状况和个人理财能力而定。

避免进入理财的误区

很多中老年人进行各种投资,甚至在生活中省吃俭用、节衣缩食,其目的仅仅是为了给子女留下一些遗产。其实,大可不必这样做。有道是,儿孙自有儿孙福,你的人生已经过了大半,有生之年已经屈指可数了,你为了儿女、为了国家和社会已经尽了力,而今最主要的就是享受自己的晚年生活。要知道,你已经年过半百,身体健康状况江河日下,将来生病住院的费用是日常最大的开支

之一。因此,早一点做必要的准备是很重要的。

　　健康的身体才是生命的保证,无论何时何地都要把健康放在第一位,要舍得花钱买营养保健品,用以保养身体。还要参加一些有益的健身活动,或者出门旅游等,对身体的投资才是一本万利的投资,千万不能本末倒置。

修炼秘诀

　　中老年人理财要注意把握一个原则:稳健为主,防范风险,安全投资。也就是说,无论什么时候都要把投资安全放在第一位,最好坚持以银行存款、投资国债这些安全性高的工具为主,切忌好高骛远。尽管这是一种较为保守的投资,其利息的收益也不是很高,但却是从家庭实际情况出发的,可以保证其一生的积蓄稳妥且安全无风险。这样一方面可以保证财富的保值增值,另一方面也能减轻子女的负担,使晚年生活衣食无忧,且更加丰富多彩。

　　中老年人理财千万不能让情绪所左右,必须时时刻刻保持理智清醒,无论哪种方式都要保持一个平常心,不能过于兴奋,也不能极度悲观,这样才能达到投资保障两不误。

理财三段
债券及理财产品

债券和保本性理财产品是风险低、收益稳定、流动性强的投资品种，是排在储蓄之上的理想理财工具，也是年龄较大、缺乏经验、追求稳健的投资者的首选。但是，不同的债券其投资收益水平相差很大，需要讲究一定的方法和技巧。

"金边债券"——收益高风险小

去年夏天,我到离家不远的工商银行营业厅办理汇款,看到几十个老人在一个窗口前排队购买三年期的国债。特别注意了一下他们的购买数量,模模糊糊地感到买三五万的算少数,大多数人都在十万八万的。我在等候区坐着,看到了邻居李阿姨,她也是来买国债的,"年纪大了,玩不起心跳。"李阿姨说股票市场风险大,基金太多弄不懂,只能选择利率高又没风险的国债作为投资项目。遗憾的是李阿姨来晚了,国债已经全部售罄,她只好悻悻地走了。

我不禁感叹,中国的老人们也不容易,千辛万苦攒笔钱,还找不到好的理财方式,买国债还要起早来排队。

在银行存款利率较低的情况下,国债又受到了人们的青睐,尤其受到中老年人的追捧。国债又称国家公债,是国家以其信用为基础,通过向社会筹集资金所形成的债权债务关系,说得通俗点就是国家向老百姓借钱,到期限后还本付息。中央发行国债的目的大多是弥补国家财政赤字,或者为一些耗资巨大的建设项目以及某些特殊经济政策筹措资金,还有就是借新债还旧债。由于国债的发行主体是国家,由国家财政信誉作担保,具有最高的信用度,因此风险小、流动性强,被公认为是最安全的投资工具。

自1981年恢复国债发行,到目前为止,我国所发行的国债基本上以2~5年的中期国债为主,只有1994、1995、1996年发行过一年以内短期债券。1998年以后,发行了10年、15年、20年的长期国债。总体来看,2~5年期国债所占比重在80%以上,1年期以内短期与6年期以上长期国债所占比重均不到10%。

国债的利率根据其期限长短以及当时的经济环境而定,总的来看,有时比相同期限的定期储蓄利率高,有时比相同期限定期储蓄的利率低,但近年来新发行的国债都比储蓄利率高,因此受到追捧。经常看到银行没开始营业,门口

却有很多老年人排长队的场面,那大概就是发行新的国债了。

国债有哪些种类

老年人购买国债得图个踏实,没风险,利息收益又比银行高。实际上,国债同样有种类之分,有些国债并非只适合老年人购买。

1. 凭证式国债

类似银行定期存单,不能上市流通,利息高于银行存款,是一种纸质凭证形式的储蓄国债。可记名挂失,可随时到原购买地兑现。但要注意的是,提早兑取只能是一次性的,不能部分兑取。而且提前支取不仅不能得到利息,还要付1%的手续费,在半年内提前支取,其利息也少于储蓄存款。

凭证式国债适合资金长期不用者,特别适合用于养老的老年投资者。

2. 记账式国债

以计算机记账方式记录的债券,无纸化发行,主要面向机构投资者,可上市交易。最大的特点就是有较强的流动性,可随时进行买卖,很适合"低买高卖",实际收入要高出票面利率。记账式国债上市交易一段时间后,其净值便会相对稳定,持有期满的收益率也将相对稳定,但这个收益率是由记账式国债的市场需求决定的。其实,只要避开国债净值多变的时间段购买,任何一只记账式国债获得的收益率都相差不大。记账式国债适合机构投资者。

3. 电子式储蓄国债

随着网络的发展普及,银行推出了电子式储蓄国债,以前看得见摸得着的国债却放在银行卡里,确实让不少习惯买国债的老年人不太适应。此类国债没有信用与价格波动风险,年收益率一般高于银行定期存款利率,利息收入可直接用于日常所需或再投资。储蓄国债的发行对象仅限于个人,避免了机构投资者与居民抢购国债的问题。电子式储蓄国债到期后,代销试点承办银行自动将投资者应得本金和利息转入其资金账户,转入资金账户的本息资金,作为存款由银行按活期存款利率计付利息。

电子储蓄国债的安全性更强,但要求购买者在一家承办银行开立个人国债托管账户。

电子储蓄国债更适合于稳健的投资者以及老年人。

国债一般都是在各大银行发行,发行前一天各大新闻媒体都会有相关的报道,只要平时留心就能在第一时间里得到信息。另外,不同的银行销售额度不同,各个营业网点分到的额度也不一样,很多人为了能够买到国债,发行当日会早早到银行排队,即使如此很多时候很快就全部销售完了。

购买国债应根据自身需求和资金状况来计划安排。

如果你有短期的闲置资金,可购买上市流通记账式国债或无记名国债;如果有3年以上或更长时间的闲置资金,可购买中长期国债。如果你只想最稳妥地保值,可购买凭证式国债,到银行办理了购买手续后就可以高枕无忧了。凭证式国债可以记名挂失,其形式如同银行的定期储蓄存款,但利率却比银行同期储蓄存款略高,而且可以随时按一定条件兑现,如果发生丢失,只要及时到经办银行柜台办理挂失手续,便可完璧归赵了。

虽然购买国债和银行储蓄一样手续简便,但是也要注意以下几点:

(1)凭证式国债收益明显高于同期银行定期存款利率,但流动性相对较差,需要至少持有半年后才能提前兑现,适于进行中长期投资。

(2)"降息通道"中购买凭证式国债不妨早出手,以尽早锁定相对较高的利率和收益。

(3)二级市场上的记账式国债虽然流动性好,但收益却是浮动的,因此存在一定的投资风险,应尽量以中短期投资为主,并关注记账式国债交易的风险控制。

公司债券——收益高风险大

公司债券是股份制公司发行的一种债务契约,公司承诺在未来的特定日期,偿还本金并按事先规定的利率支付利息。

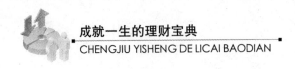

由于公司债券的发行是近几年的事情,因此很多人还分不清公司债券和企业债券,有人还将二者混为一谈,其实二者之间是有很大差别的。

企业债券发债主体是中央政府部门所属机构、国有独资企业或国有控股企业等大型国有机构,经中国银行和国家发改委审批,而且有大型银行、大型国有集团等对债券进行担保。所以,具有很高的信用级别,属于具有"国家信用"的准政府债券。

公司债券由发债公司提出申请,经中国证监会核准即可,没有严格的审批程序,其限制比企业债券宽松,范围比企业债券有所扩大,发债主体仅限于在沪、深证券交易所上市的公司及境外上市的境内公司。公司债券没有强制要求担保措施,其信用等级取决于发债公司的资产状况、经营管理水平、持续盈利能力等。由于不同公司的具体情况差异很大,公司债券的信用级别也会相差很多。如果公司发行债券后经营状况不好,连续出现亏损,很可能无力支付本息,投资者就面临着受损失的风险。所以,一般要对发债公司进行严格的资格审查或要求发行公司有财产抵押,以保护投资者利益。

公司债券与国债一样都是有价证券,只是发债的主体不同,国债的发债主体是中央政府,有政府信用担保;公司债券由股份有限公司发行,信用等级相对要差很多。2007年9月,我国首只公司债券——长江电力公司债券正式在上交所发行,一开盘就被抢购一空,受欢迎的程度可见一斑。自此以后,公司债券逐渐成为债券市场上的常客,受到很多人的青睐。

公司债券主要有以下几类

(1)按债券期限可分为短期公司债券、中期公司债券和长期公司债券。根据我国公司债券的期限划分,短期在1年以内,中期在1年以上5年以内,长期在5年以上。

(2)按债券是否记名可分为记名公司债券和无记名公司债券。记名公司债券上面登记有债券持有人的姓名,领取利息时要凭印章或其他有效的身份证明,转让时要签名,同时还要到发行公司登记。反之为无记名公司债券。

(3)按债券有无担保可分为信用债券和担保债券。信用债券仅凭筹资人的信用发行,没有担保。担保债券是指以抵押、质押以及第三方保证等方式担保发行人按期还本付息的债券。

（4）按债券可否提前赎回可分为可提前赎回债券和不可提前赎回债券。债券到期前有权定期或随时购回全部或部分债券，这种债券就是可提前赎回公司债券。反之则是不可提前赎回公司债券。

（5）按债券票面利率是否变动可分为固定利率债券、浮动利率债券和累进利率债券。固定利率债券在偿还期内利率固定不变。浮动利率债券的利率随市场利率定期变动。累进利率债券指利率随着债券期限的增加而累积。

（6）按发行方式可分为公募债券和私募债券。公募债券按法定手续、经证券主管部门批准、公开向社会发行。私募债券由特定投资者在非公开渠道发行，手续简单，不能上市交易。

（7）按持有人是否参加公司利润分配可分为参加公司利润分配债券和非参加公司利润分配债券。参加公司利润分配债券除可获得利息外，还可参加利润分配；非参加公司利润分配债券只能按事先约定的利率获得利息。

（8）按发行债券的目的可分为普通公司债券、改组公司债券、利息公司债券、延期公司债券。普通公司债券以固定利率、固定期限为特征，是公司债券的主要形式，目的是扩大生产规模。改组公司债券是为清理公司债务而发行的，也称以新换旧债券。利息公司债券是面临债务信用危机的公司经债权人同意发行的较低利率的新债券，用以换回原来发行的较高利率债券。延期公司债券是指债券到期后无力偿还，在征得债权人同意的前提下延长支付期限的公司债券。

公司债券的风险及其防范

相对于其他债券，公司债券的风险是最大的，因为公司的信用等级不同，所发行的债券风险也不尽相同。资信等级越高其发行的债券风险越小，投资的收益就越有保证；资信等级越低，其发行的债券的风险就越大，投资的收益很难保证，甚至发生无法收回的严重后果。除此之外，还具有以下几种潜在的风险：

1. 利率风险

利率是影响债券收益的重要因素之一，当利率提高时，债券的价格就降低，期限越长利率的风险就越大。防范的办法是分散债券的期限，长短期配合。如果利率上升，短期投资可以迅速找到高收益投资机会，若利率下降，长期债券却能保持高收益。

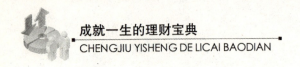

2. 经营风险

一旦发债的公司经营状况不好甚至失误,导致资产缩水或者倒闭,此时债券持有人不仅不能得到应得的利息,甚至连本金都无法赎回,造成损失。防范的办法是购买债券之前一定要对公司进行调查,通过对其报表进行分析,了解其盈利能力和偿债能力、信誉等详细咨询再做决定。

3. 流动性风险

当你需要资金的时候,无法在公开市场上交易的债券不能及时卖出,从而造成不必要的损失。其防范的办法是尽量选择交易活跃的债券,最好不要购买冷门债券。

4. 再投资风险

购买短期债券会有再投资风险。例如,长期债券利率为14%,短期债券利率为13%,为减少利率风险而购买短期债券。但在短期债券到期收回现金后,如果利率降低到10%,就丧失了再投资的好机会,还不如当时投资长期债券,可获得14%的收益。防范办法是分散债券的期限,长短期配合,如果利率上升,短期投资可迅速找到高收益投资机会,若利率下降,长期债券却能保持高收益。也就是说,要分散投资,以分散风险,并使一些风险能够相互抵消。

5. 通胀风险

遇到通货膨胀时,投资者实际利率应该是票面利率扣除通胀率。若债券利率为10%,通胀率为8%,则实际的收益率只有2%,这也是最常出现的风险。防范办法是分散投资,分散风险,用收益较高的投资收益来弥补通胀带来的风险。

购买公司债券要注意信用

公司债券最大的风险来自于公司自身的经营状况,一旦公司破产,债券持有人必定损失惨重。2008年9月,身陷美国次贷危机漩涡中的雷曼兄弟宣告破产,遍布全球的1 380亿美元高级公司债持有者陷入恐慌之中,直至今日这些债务依然没有得到合理解决。我国内地有二十多位富豪通过中国香港某银行购买了雷曼兄弟公司债,现在正在通过诉讼以求挽回损失。由此可以看出,公司债券的风险极大。但是很多投资者对此还缺乏了解和重视,只看到利率高就盲目投资,没有任何担保的企业债券依然受到热情认购,这不免让人担忧。

但是，公司债券在我国债券总量中所占的比例相当小，仅仅在3%左右，因此应该不会有特别大的风险。而美国的公司债券占全国债券总量的60%左右，一旦公司经营状况不好，就有可能面临破产倒闭的风险。所以，购买公司债券一定要有风险意识，但也不能心生恐惧、不敢尝试。

修炼秘诀

公司债券风险规避措施：

投资公司债有直接投资和间接投资两种方式：直接投资又分一级市场申购和二级市场投资；间接投资则是投资者买入银行、券商、基金等机构的相关理财产品，然后通过这些机构参与公司债的网下申购，或者在二级市场进行买卖来实现个人收益。

公司债的机构投资者可以在上证所竞价交易系统和固定收益证券综合电子平台进行交易，个人投资者则只能在竞价交易系统中进行公司债买卖。公司债实行的是"T+0"交易制度，即当日买入当日卖出，是机构投资者长期持有的品种，不太适合个人短线投机炒作。

另外，公司债券有固定的派息、兑付日期，要格外注意。

可转换公司债券享受双重利益

可转换公司债券是指上市公司的股东依法发行的，表明发行价格、利率、偿还和转换期限，持有人有权到期赎回或按照规定期限和价格将其转换为普通股票的债务型证券。

1843年，美国 New York Erie 铁道公司发行了第一张可转换公司债券，但此后100多年，可转换公司债券在证券市场中一直没有得到市场的认同和重视。直到20世纪70年代，美国经济极度通货膨胀使得债券投资人开始寻找新的投资工具，可转换公司债券由此进入人们的视野，并在全球迅速发展起来。

1992年1月,海南新能源股份有限公司成为我国第一家发行可转换债券的公司,当年共发行了3 000万元可转债。随后的几年里,又有多家公司发行了可转换债券,再后来实行了债权和认购权的分离,使得可转债有了更深层次的意义。

可转换债券提供了一般债券所能提供的稳定利息收入和还本保证,同时也提供了股本增值带来的收益可能,称得上是一种进可攻、退可守的投资工具,吸引了那些既想得到稳定收益又不希望错过股票升值的潜在受益的人。

可转换债券的发行审批非常严格,需要有担保或者抵押。发行要素通常有:票面价格、利率、换股比例、发行期限、可回售条款、可赎回条款等,债券中嵌入了看涨期权、修正转股期权、赎回期权、回售期权后形成的复杂衍生产品。

可转换债券的特征和收益

可转换债券具有双重选择权的特征。一方面,投资者可自行选择是否转股,并为此承担转债利率较低的机会成本;另一方面,转债发行人拥有是否实施赎回条款的选择权,并要为此支付比没有赎回条款的转债更高的利率。双重选择权是可转换公司债券最主要的金融特征,它的存在使投资者和发行人的风险、收益限定在一定的范围以内,并可以利用这一特点对股票进行套期保值,获得更加确定的收益。

进行可转换债券投资可以从三个方面实现利润:

1. 可转债的利息收入

通过可转债付给持有者的利息获得投资利益,这里需要注意的是,可转债的现价减去可转债的应计利息是否还有收益,也需要注意可转债的总利息收入是否高于现价超过面值的部分。

2. 盘中套利

可转债可以按照一定比例转换成股票,由于转债的价格和股票的价格不同步,在转换过程中可能会出现转债转股(行权)的价格低于股票的价格,即以低于股票现价的价格购买了股票,这时可以卖出手中的股票进行盘中套利,再买入相同份额的转债。

3. 资本利得收入

通过可转债的低买高卖的操作在二级市场获利。

例如,某上市公司发行可转换公司债券,债权人(即债券投资人)在约定时间(闭锁期)后,可以向该公司换取该公司股票,债权人摇身一变成为具有股东身份的所有权人。换股比例的计算为,以债券面额除以某一特定转换价格,例如债券面额100 000元,除以转换价格50元,即可换取股票2 000股。

如果该公司股票价格为60元,投资人一定乐于转换为股票,然后以市价60元抛售,每股可赚10元,共可获利20 000元。

反之,如果该公司股票市价跌到40元,投资人一定不愿意转换,如果真想持有该公司股票,完全可以用40元价购买,而不会以50元成本价格转换取得。即使这样,可转换债券还可以按票面利率获取利息收益,没有丝毫的损失。

可转债的价值在认股权证

原来的可转债券里包含着认股权证,现在实行的是认股权和债权分离,如此一来其价值由权证部分和纯债部分组成。对投资者而言,可转债的魅力更在于其附送的认股权证,其价值亦主要看认股权证部分。

2008年7月24日,四川长虹发行可转债30亿元人民币,发行价和债券面值为100元,债券期限为6年,每份转债附19.1份认股权证,总计5.73亿份权证,权证期限为24个月,行权价格为5.23元。四川长虹可转债发行公告前一交易日,股票收盘价为5.20元/股。专业人士以目前正股价格测算,其认购权证上市价格区间在2.12~2.76元,债券上市时预期收益率在5.8%~6.2%,则分离转债的整体价格大约在114.30~128.15元,转债总价估值中枢在121元左右。

然而,中国可转债发行增速远落后于其他的企业债品种,这主要是由于可转债的发行门槛要求较高,通常要求商业银行或上市公司大股东的全额担保。长虹可转债由绵阳市投资控股(集团)有限公司提供全额不可撤销的连带责任担保,这也是投资人踊跃购买的原因之一。

可转换公司债券交易费用:

(1)深市:投资者应向券商交纳佣金,佣金收取标准为总成交金额的2‰,佣金不足5元的按5元收取。

(2)沪市:投资者委托券商买卖可转换公司债券须交纳手续费,上海市每笔收取手续费人民币1元,异地每笔收取3元。成交后在办理交割时,投资者应向券商交纳佣金,佣金收取标准为总成交金额的2‰,佣金不足5元的按5元收取。

几千种银行理财产品任你选

某银行的营业厅刚开始营业,只见一位戴银镜的中年人急匆匆走进来,看见大厅里一位穿制服的业务员就说:"我一接到短信就赶来了,那款理财产品还有吗?"业务员笑着说:"您是我们的VIP客户,再紧张也要给您预留着啊。"原来,这位中年人刚收到客户经理的短信,说这款理财产品的收益率是3.6%,他不禁为之心动,特意请假来到银行购买。中年人笑逐颜开地推开玻璃门,径直走进VIP理财中心。

银行过去对个人只办理简单的存取款业务,后来发展到办理房贷、车贷以及小额贷款的金融机构,还可以进行基金的买卖,后来又多了一个最重要的功能,那就是帮助客户"理财"。如今,银行不但能为客户提供各类资产配置的解决方案,还可以设计出很多让客户有更高收益的理财产品。2004年2月,光大银行率先推出了第一款外币理财产品——阳光理财A计划,7月又推出了第一款人民币理财产品——阳光理财B计划。在光大银行的表率作用下,各家银行纷纷面向民众推出了各种理财金融服务业务,理财产品便如雨后春笋一般一发而不可收。时至今日,理财产品已达几千种,几乎每个月都要发行数百只,最多的时候,全国26家银行在一周时间里竟然推出了225款理财产品,当周还有197只理财产品到期。如此一来,理财产品便像股市里的股票一样被人们所了解和熟知,很多人也在理财产品上尝到了甜头,获得了不菲的收益。

人民币理财产品主要指商业银行自行设计并发行,将募集到的资金根据产品合同约定投入相关金融市场及购买相关金融产品,获取投资收益后,根据合同约定分配给投资人的一种新型理财服务。

一般根据本金与收益是否可以得到保证,将银行理财产品分为保本固定收益产品、保本浮动收益产品与非保本浮动收益产品三类。按照投资方式与方向的不同,新股申购类产品、银信合作产品、QDII 型产品、结构型产品等,也是常见的理财产品形式。

目前,国内银行提供一般投资者投资的银行理财产品,大都以 5 万元人民币为起点,部分外币理财产品,也是以等值 5 万元人民币为起点,相对于现在普通城市家庭的财富积累情况来说,还算是一个很容易参与的起点。

理财产品的种类及期限

理财产品名目繁多,但无论结构多么复杂,大多以是否保本与收益高低为标准,大致可分为债券型、信托型、挂钩型及 QDII 型。

1. 债券型

主要投资于货币市场,一般为央行票据与企业短期融资债券。因为央行票据与企业短期融资债券个人是无法直接投资的,而银行推出的此类产品便为个人投资者提供了机会。

2. 信托型

主要投资于有商业银行或其他信用等级较高的金融机构担保或回购的信托产品,也有投资于商业银行优良信贷资产受益权信托的产品。不过因此类产品安全性问题已经被银监会于 2010 年 7 月 2 日叫停。

3. 挂钩型

其最终收益率与相关市场或产品的表现挂钩,如与汇率挂钩、与利率挂钩、与国际黄金价格挂钩、与国际原油价格挂钩、与道·琼斯指数及与港股挂钩等。

4. QDII 型

具有海外投资资质的银行,将客户投资的人民币资金兑换成美元,再到境外投资,到期后将美元收益及本金结汇成人民币后分配给客户。

理财产品的期限也有很多种,最常见的是 1 年期,短期的还有 1 天、3 天、7 天、十几天、1 个月、2 个月、3 个月等,长期的有 2 年、3 年、5 年等。

理财产品之所以能够获得人们的青睐,主要是它的收益率大多处于同期定存利息收益之上,例如 1 年期银行理财产品预期年化收益率大都在 3%～4%,甚至有的还超过了 4%,比 2.25% 的 1 年期定存利率高出了一两个百分点。个

别高风险信托类理财产品,收益可达10%以上,当然此类产品可谓凤毛麟角。许多人错误地认为理财产品是高息存款,没有任何风险,其实不然。总体看,理财产品既然有高于银行定存的收益率,就意味着有比定存要高的风险。2008年,到期产品平均年化收益率为4.53%,有3 548款产品年化收益率为2.26%~10%,有24款年化收益率超过10%,有5款超过20%。2009年,共有到期理财产品6 824款,平均年化收益率为3.26%,比2008年明显下降。2010年,整体的水平还没有看出来,专家预计和2009差不多。

选择理财产品的基本原则

目前,国家经济形势尚不明朗,股市低位盘整,基金出现负增长,楼市更是扑朔迷离,银行理财产品受到了人们的关注和青睐。如今的银行理财产品多得让人眼花缭乱,究竟该如何选择呢?

1. 债券类理财产品最稳健

单纯从收益率来看,7天期限的债权类产品平均收益率为1.5%左右,1个月为2.0%左右,3个月为2.5%左右,与银行信托类产品的收益差距还是较大,但比定期存款要高得多。而且此类产品投资的主要对象是短期国债、金融债、央行票据以及协议存款等期限短、风险低的金融工具,安全性上有保障。此类产品的最大优势不在于收益,而在于其较好的流动性,它所投资对象的期限都较短,可以作为短期资金的临时"避风港"。此类产品较适合短期内有闲置资金、喜好投资组合、风格较保守的投资者。

2. 信托资产类理财产品受追捧

2010年信托类理财产品数量上大幅度下降,但整体信誉质量将会上升。目前,市场上发行的半年期信贷类银行理财产品年化收益率约为3.6%,1年期收益率可达到4.0%甚至更高,信贷类银行理财产品受到追捧理所当然。但要注意的是,尽量选择短期产品,避开长期产品,以免受加息影响而蒙受损失。此类产品较适合能够承受一定风险、追求稳健收益的投资者。

3. 结构性理财产品受关注

结构性理财产品在2008年、2009年曾盛行一时,去年到期的所有理财产品收益排行榜上,前20位中,结构性理财产品占了19款,年化收益率最高甚至达到了46.5%,在各类理财产品中独占鳌头。目前,各家银行推出的大部分结构性投资产品都是到期保本型,这种优势是股票、基金类投资产品所不及的。此类产品较适合喜欢高风险、又想获得高回报的投资者。

以上三大类产品只是一个大的趋向,具体在哪家银行投资哪一款产品还要亲自研读说明书,了解产品的投资方向、赎回的条件,不能只看预期收益率一个指标。

避免进入理财产品的误区

银行理财产品毕竟是新事物,很多人还不甚了解,难免因理解偏差而进入误区。

1. 误以为银行理财产品跟存款一样

理财的真正含义是个人资产的合理配置,理财的真正目的是让个人资产在抵御通胀的前提下实现增值,银行的理财产品就是帮助客户实现资产配置的一种工具。但理财产品又不能等同于存款,因为存款可随时支取,可以活期转定期,也可以定期转活期,如果损失也就是部分利息而已。而理财产品不可能每日开放赎回业务,一旦发生急需用钱的状况,即使你愿意承受收益的损失,也不一定能提前终止合同。

2. 误以为预期年化收益就是实际收益

因为"预期年化收益率"只是"预期"而已,并不等同于实际的投资收益率,要根据此款产品的投资类型来决定,除去固定收益类理财产品,很多保本型产品都是浮动收益。另外,对于1年期或1年期以上的银行理财产品来说,预期年化收益率的概念比较好理解,即一年到期后的收益率;而对于少于一年期限的理财产品来说,例如1个月、3个月或半年期的理财产品,其合约中标明的预期年化收益率仍是以一年的期限来标明,实际收益率则需要平均到相应期限来计算,例如,3个月期理财产品的收益率大致是合同中预期年化收益率的1/4,而半年期理财产品的收益率大致是合同中预期年化收益率的1/2。

3. 误以为到期日等于到账日

银行理财产品对于赎回期限有相应的规定,即在到期日赎回,方可获得合同约定的收益,而提前赎回则有可能不被允许,或需要支付一定的提前赎回手续费,倘若此时市场情况并不良好,提前赎回则有可能导致投资亏损,因此,如果并非急用,不要提前赎回银行理财产品。理财产品期满时,也不会当日对付,一般来说,银行理财产品的到期日和到账日都有一定时间差,少则2日,多则7日,这些都将在购买时在合同中标明,须密切注意。

4. 误以为长期比短期收益高

定存储蓄利息收益确实和存期关系密切,存期越长利息越高。但银行理财产品不能以期限长短来做收益的唯一考量,要根据资金和个人的情况来定。如果短期内有大笔闲置资金,可以购买超短期理财产品,如招行的"日日金"、"日日盈",工行的"灵通在线",中行的"七日有约——7天自动滚续理财"等等,如果资金量较小,还是不适合此类产品。购买超短期理财产品时,一定要仔细了解产品申购赎回的期限,避免需要资金的时候却无法赎回。

投资人民币理财产品时要注意四大风险:

(1)收益率风险:说明书中的收益率是年化收益率还是累积收益率,比如年化收益率4%的3个月产品,其收益率只是1%;说明书中的收益率是税前收益率还是实际收益率等。

(2)投资方向风险:该理财产品募集的资金将投放于哪个市场,具体投资于什么金融产品,这些决定了该产品风险的大小、收益率是否能够实现等关键问题。

(3)流动性风险:大部分理财产品的流动性都很低,一般都不能提前终止合同,少部分产品可终止或可质押,但手续费或质押贷款利息较高。

(4)挂钩预期风险:如果是挂钩型产品,应了解所挂钩市场或产品的表现,挂钩方向与区间是否与目前市场预期相符,是否具有实现的可能。

债券型理财产品帮你轻松赚钱

2008年夏天,我刚在某银行柜台办理完5万元存款业务,一位穿制服的业务员走到我旁边,亲切地向我介绍说,她们银行有一个"3个月确保本金"的理财产品,最低限额是5万元,希望我考虑一下,说着递给我一份彩色印刷的说明书。我向她表示了感谢,然后带有歉意地向她说明这笔钱很快就要转出去,不过我可以先了解一下。晚上回到家里,看了说明书,然后上网查了一下,发现各个银行都有很多理财产品,了解了一些理财产品的特点和收益情况。于是,我连忙打电话告诉了退休在家的老妈,让她去购买了这款年收益率为2.95%、名为"利得赢"的债券型理财产品。自那以后,我经常为亲戚和朋友推荐各类理财产品,看到他们获得了不菲的收益我心里也很高兴。

债券型理财产品是银行理财业务中的重要组成部分,主要投资于货币市场,投资的产品一般为央行票据与企业短期融资债券。

2009年虽然股市很牛气,但是债券类银行理财产品发行却很火爆,共计发行了976款债券类理财产品,最多的时候一周发行了57款。债券型理财产品中短期和超短期占了很大比重,周期最长的是7个月,最短的是1天,大部分为1~3个月。华夏银行、建设银行、民生银行都推出了投资期限仅为14天的产品,预期年化收益率为2.4%~3.8%。

从预期收益率来看,根据存续期长短不同收益差异较大。2009年11月发行的保本型理财产品中,预期收益率一般为1.6%~2.0%,这类产品存续期一般都在1个月以下。而存续期超过3个月产品的收益较高,一般能达到2%以上。

债券型理财产品帮你轻松赚钱

尤其是银监会已经叫停了信托类理财产品,目前各大银行都把债券类理财产品作为了主打。比如天津银行在2010年7~8月连续推出三款人民币理财产品,均投资于银行间债券市场高信用等级债券。其中7月21日至27日发行的"创富计划8期"理财产品,理财期限363天,预期年化收益率4%;7月27日至8月2日发行的"聚富计划1期"理财产品,理财期限181天,预期年化收益率3.2%;8月3日至9日发行的"创富计划7期"理财产品,理财期限261天,预期年化收益率3.6%。

投资债券型理财产品要注意

1. 买短不买长

在目前经济发展状况不明朗的局势下,如果用闲置资金购买理财产品,最好是买短不买长,短期投资既能获得比同期储蓄存款高得多的收益率,又能快速对政策变化做出反应。但是,也要注意,很多银行发行的短期理财产品流动性较差,提前赎回有较多限制,许多甚至不能提前赎回,所以要考虑紧急变现问题。

2. 保本最重要

目前在售的银行债券类理财产品中,有"浮动收益"和"保证收益"两种类别,部分产品可能并不保本。"浮动收益"型产品运作类似于债券型基金,投资主要获利于二级市场的买卖价差,而不是持有国债券到期所得的利息,因此存在一定的风险。保守型投资者应购买保证收益类产品,具备一定抗风险能力的投资者可购买浮动收益类产品。

3. 管理风险要注意

债券型产品的背后蕴含着管理风险,不同的产品资产配置带来不同的收益,在如今的债券牛市背景下,产品设计人员及管理者的水平往往成了导致收益分化的主要原因。

4. 选择银行很重要

2009年,北京银行、民生银行、天津银行北京分行和南京银行北京分行近期均发行了3个月期债券型理财产品,预期年化收益率分别为2.1%、2.1%、2.1%和2.44%。中国银行和交通银行也发行了这类产品,预期年化收益率分别为1.86%和1.9%。大小银行最多相差0.58个百分点。这主要是各银行的配置不同所造成的。收益高的小银行大多配置了风险较高的企业债,有的甚至配置风险更高的信托计划。相反,大银行多配置国债、央行票据和金融债等低风险的资产，基本不涉足企业债。

投资期限因人而异

　　投资债券和货币市场类理财产品比较适合流动资金或者短期资金，因此在选择理财产品时，资金的闲置期和理财产品期限需要做到相匹配，也就是说两者期限应相差较小。

　　值得注意的是，在考虑期限的基础上选择收益水平较高的理财产品时，主要在于选择银行，因为不同银行理财产品收益水平相差较大。本周收益水平前列的民生银行发行的非凡理财"财富新干线"第三期理财产品，其3个月和6个月理财产品收益水平均高于其他银行理财产品，预期年化收益率分别为2.1%和2.4%。具体来说，中国银行7天期理财产品收益水平高于中国建设银行28天期理财产品，地方性银行的理财产品收益水平高于部分国有以及股份制商业银行。

　　此外，需要关注理财产品的销售期，由于理财产品期限较短，如果销售期较长，由于在销售期银行一般支付活期利息，则投资者资金的获益能力会有所下降。例如，中国银行7天期理财产品，理财产品期限只有7天，但是理财产品销售期也长达7天，对于在销售期首日购买的投资者来说，资金的投资期限超过14天。

　　购买债券理财产品需遵循三个原则：

　　（1）匹配性原则。投资者必须根据自己资金的金额、投资期限、资金的稳定程度选择不同的债券投资方式。

　　（2）分散投资原则。俗语称："不要把所有的鸡蛋放在同一个篮子里。"

　　（3）组合投资原则。必须在确定自己的预期收益后，将风险分散到不同的投资组合中，以获得较高的综合收益。

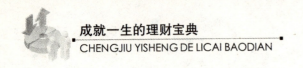

票据投资型理财产品安全又可靠

票据投资型理财产品具有期限短、收益高、本金安全的突出特点,其利率高于同期定期储蓄税后利率。在2010年通胀预期一浪高过一浪的时候,选择抗通胀能力较强的理财产品投资是为上策。

2007年下半年开始,随着资本市场的动荡加剧,一种新的理财产品——人民币票据型理财产品已悄然现世,且规模正在不断扩大。目前,银行设计的人民币票据型理财产品一般分为两类:一类主要是直接投资于货币市场的各类票据,如短期国债和央行票据;另一类投资于商业汇票。

直接投资于市场的各类票据多为央票、短债和短期金融融资债券,其风险性几乎为零,所以此类债券持有多的银行所做的理财产品多为保本保息型固定产品,利率较低,但也会比定期利率高,一般为2.8%~3.7%。银监局已明确要求,此类产品的说明书中不可以有保本和固定收益的字样。

另一类票据型理财产品是指商业银行将已贴现的各类票据,以约定的利率转让给信托中介,信托中介经过包装设计后出售给投资者。投资者购买了票据理财产品就成了理财计划的委托人和受益人,同时获得相应的理财收益。简单地说,就是银行将客户的资金用于投资各类票据。商业汇票是指由出票人签发的,委托付款人在指定日期无条件支付确定的金额给收款人或者持票人的票据。商业汇票一般可以分为银行承兑汇票和商业承兑汇票,前者是由出票人签发并由其开户银行承兑的票据,后者是由银行以外的付款人承兑的票据。在通常情况下,以银行承兑汇票作为投资标的物的理财产品风险要小于商业承兑汇票作为投资标的物的理财产品。

票据型理财产品的收益主要来源于已贴现商业汇票的利息收入,在未出现任何意外的情况下,投资者最终将得到已贴现商业汇票利息扣除银行和信托公司费用后的理财收入。票据类理财产品具备以下三大优势:一是流动性强,大部分产品的投资期限是2个月或者3个月,一般不超过半年;二是风险较低,收益可预计;三是收益较高,3个月产品的预期年化收益率达4.0%~4.5%,高于同档期储蓄存款收益,甚至超过一年定期存款。

尽管它的收益率很高,风险很小,与其他理财产品相比,所面临的最大风险是商业汇票到期无法回收票款,不过这种可能性微乎其微。因为这种收益高、风险小的特性,比较适合不愿承担风险的稳健投资者,尤其适合具有一定购买能力的中老年投资者。比如,中老年人积攒的养老钱,用来投资票据型理财产品应该是不错的选择。考虑到商业汇票的期限一般在6个月以内,因此投资票据型理财产品的期限也会小于6个月,一般在3个月左右,由于期限较短,即使遇到央行加息,也可以有效地规避利率风险。

各家银行推出的票据型理财产品名目繁多,收益率也各不相同,在选择时要注意把握三个要素:

(1)产品的收益率,投资者应选择利率高于同期限档次定期存款利率较多的理财产品,以获得最大的收益。

(2)在利率上升周期中尽量选择期限短的产品,以规避利率风险。

(3)要问清标的票据的种类,尽量选择由银行承兑汇票作为标的资产的人民币票据型理财产品。

(4)要考虑到资金的流动性风险,因为所有银行的理财产品,客户是没有权利提前终止的,所以一定要计划好自己的资金适应期限。

修炼秘诀

投资票据型理财产品要注意以下两点:

(1)票据型理财产品一般每期发行的规模都比较小,一般会在很短的时间内售罄。投资者应密切关注银行发布的各类理财产品信息,以便在第一时间购买。

(2)票据型理财产品大多设有起始金额,一般为5万元。

QDII 型理财产品想说爱你不容易

2007 年可谓全民理财年,很多关于金融和理财的知识都是那一年学到的,包括 QDII。

那年的五一节,大学同学举家来京旅游,几个同学携家带口地聚在一起,吃吃喝喝中谈起了股票和基金,一位男同学带着几分得意向大家说,他买的 QDII 赚了不少美元。大家纷纷询问什么是 QDII,他振振有词地来了一番演讲,让两个实力雄厚的男人为之摩拳擦掌、跃跃欲试。我一贯对新事物比较敏感,尤其是赚钱的好机会更是不愿意错过。回家后立即上网搜索,两个多小时过去了,却没有弄明白其中的关系。结果,没等我弄明白就发生了金融海啸,那位买 QDII 的朋友损失不小,QDII 也慢慢的在人们的口中消失了。后来,我手里有了些美元,想要在外币理财上下点功夫,于是开始对 QDII 作了较深入的研究。这才发现当时没弄明白的不仅我一个,其实很多银行的理财经理们也没有弄明白,另外就是运气不佳,刚刚诞生不久的 QDII 就遇上了金融风暴,否则就不会受到如此的重创了。

什么是 QDII

QDII(Qualified Domestic Institutional Investors)是在资本账项未完全开放的国家(地区),让当地投资者投资海外的机制,投资者必须通过该机制,才可进行买卖,以便国家监管资金流向及规模。QDII 可以通过成立闭端式基金(即基金到期后,方可一次性取回本金及回报,期间不可买卖),设定年期及投资金额上限,让投资者认购,并由基金经理负责投资。以上形式容许外汇管理局监管资金流向,保证资金重返国家。

QFII 是 Qualified Foreign Institutional Investors(合格的境外机构投资者)的简称,QFII 机制是指外国专业投资机构到境内投资的资格认定制度。作为一种过渡性制度安排,QFII 制度是在资本项目尚未完全开放的国家和地区,实现有序、稳妥开放证券市场的特殊通道。中国台湾、韩国、印度和巴西等市场的经验表明,在货币未自由兑换时,QFII不失为一种通过资本市场稳健引进外资的方式。

因此,通过引进QFII机制,吸引境外合格的机构投资者参与进来,将有利于进一步壮大机构投资者队伍;还可以借鉴国外成熟的投资理念,促进资源的有效配置;同时促进上市公司提升公司治理水平,加速向现代企业制度靠拢。

什么是QDII理财产品

这里所说的QDII,主要是指商业银行设计的一种外汇理财产品——投资人将手中的人民币委托给由外汇理财资格的商业银行,而银行把人民币兑换成美元,直接在境外投资,到期后将美元收益及本金结汇成人民币后分配给客户。

QDII产品2006年最先由工行推出,随后中行、建行、交行的QDII产品也相继亮相。当时该产品的收益预期为7%~8%。2007年,中国乃至国际资本市场出现一片繁荣景象,很多人在不了解这个产品的情况下,只是听说能够带来很高的收益就盲目地进入。很多银行见这类的产品有需求就迫不及待地推出,结果金融危机袭来,各家银行海外投资产品受到重创,投资者损失惨重。

而今,2007年下半年至2008年上半年发行的QDII产品面临集中到期,其大面积的亏损将成为众多投资者的噩梦。据统计,截至8月26日,正在运行的262款银行QDII理财产品中,累计收益率为正的仅有103款,不到总数的40%。其中,中资银行39款QDII理财产品中,累计收益率为正的只有5款;外资银行的223款产品中,有98款累计收益率为正。从运行期限看,运行期在6个月以上、2年以下的QDII理财产品有40款,自运行以来的平均累计收益率为3.78%。而运行期在2年以上的QDII理财产品共207款,自运行以来的平均累计收益率为-8.74%。在付出了高昂"学费"后,商业银行应该在产品设计、销售管控、风险警示等方面进行冷静反思。

值得欣慰的是,经过4年的不断实践探索,QDII理财产品设计已由原来清一色的稳健保守转向了非保本浮动收益,投资标的也从境外的股票基金和债券发展到可以直接投资境外股票。尽管面对的海外市场风险增大,但获益的机会也比原来高出许多。银行QDII产品的销售情况由早期经常出现的认购不足或者提前清盘,摇身一变成为银行高端客户的"宠儿"——单一客户起点销售金额必须高于30万元人民币或等值外币,吸引了一大批有一定风险承受能力、追求更高资金回报率的投资者。

另一方面,境外理财业务的投资范围逐渐拓宽,使得国内投资者可以进一步参与不同市场多品种、多层次的交易。截至2010年7月,中国"银行系QDII"产品的股市投资区域拓展到11个国家和地区,分别是中国香港、英国、新加坡、日本、美国、澳大利亚、韩国、卢森堡、德国、加拿大和马来西亚。除了相应境外监管机构所批准、登记或认可的公募基金、债券外,股票也在允许的投资范围内。

QDII型理财产品的风险和防范

1. 市场风险

由于境外理财产品的收益完全取决于所投资的市场或者是某一种货币的汇率表现,因此在这个市场出现巨大波动时,投资者购买该产品的收益率就会比较低;与汇率市场、黄金市场挂钩的产品,如果约定相关市场指数在事先划定的区间内波动,就可以按实际运行天数得到较高的收益率。实际情况是,汇率市场比黄金市场波动还要大,因此风险也就随之加大。

2. 汇率风险

人民币升值是人所共知的现实,过去几年里,其超过3%的升值幅度足以把QDII产品的收益抵消掉一半以上。全球经济确实开始回暖,不过究竟能到什么程度还有待市场考察。因此,人民币升值的预期仍然是QDII理财产品最大的风险。

3. 收益风险

QDII型理财产品所宣传的预期收益率只是一个估计值,不是最终收益率,而且是2年或者3年的总收益率,年收益率可能没有那么高。在购买产品时一定要认真阅读说明书,应注意累计收益与年收益的区别,注意到期是否归还本金,注意本金收益由谁兑付。

4. 流动性风险

QDII型理财产品大都规定不能提前赎回,所以,在购买产品前,应注意条款中关于双方提前终止产品权的相关规定。另外,一旦产品到期,要立即结算兑付,以避免错过资金使用和再投资的机会。

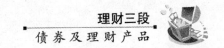

5. 信用风险

QDII型理财产品所投资的境外债券、票据等发行体,潜藏着到期日不能支付本息的信用风险。因此,购买前应仔细了解产品的投资方向,及时规避其中所蕴藏的风险。

修炼秘诀

与其他人民币理财产品相比,QDII型理财产品设计更加复杂,所面临的市场也更加多元化,没有一定外汇基础的人最好不要碰它,如果实在感兴趣,也要学习些外汇知识以后再来,以免真金白银地交无谓的学费。

QDII型理财产品投资与股票投资略有不同,更应该注重国际市场的大趋势、大方向,而不应该跟随一时的涨跌而动。尤其是在全球经济正在走出低谷的复苏阶段,QDII型理财产品只能作为资产配置的一部分,绝不能作为投资的主体。

理财四段

投资基金做基民

有专业人员管理、完善的服务、良好的收益、佣金低……它的收益在股票之上,而风险又在股票之下,这些无可替代的优点,使基金成为投资者非常喜欢的理财工具之一。如果你没有精力和时间到股市里搏杀,如果你没有足够的风险承受能力,基金是不错的选择。

开放式基金：随时买随时卖

2007年中国股市遇上了一次大牛市，随着股指的一飞冲天，基金也跟着大火特火了一把，基金这种集合性投资工具被更多的人所认识、所接受，那一年跟着火的还有股票和基金财经类图书以及股票软件。

记得那年春节的同学聚会，多年未见寒暄后，话题自然转到了股票和基金上。一位做财务的女同学兴奋地说自己买的基金涨了50%，比买股票省心多了。另一位做老师的女同学说自己买的是分红式基金，每隔一段时间就有一两千元红利到账，每次她都取出来买喜欢的衣服或用品。最让大家羡慕的是一位男同学，他2003年买的基金现在净值已经涨了四倍，他竟然遗憾地说，可惜当时只买了2万要是买20万就发了。

当然，下半年股市大跌，基金也受到了影响。

开放式基金随时买随时卖

1998年3月中国第一只封闭式基金发行，2001年9月第一只开放式基金公开募集，12年间，中国的基金业依托证券市场迅速发展起来，由涓涓的溪流变成了汹涌澎湃的江河。有统计表明，中国基金业自1998年诞生以来，除了个别年份外，基金管理份额和规模始终以每年50%以上的速度增长。其中，1999年、2000年、2004年、2006年和2008年，基金资产规模的增长速度都接近或超过了100%。1999年末，国内的基金管理公司只有6家，发行基金3只。2010年，基金管理公司已达61家（含28家合资基金公司），基金总数已超过500只，资产规模从最初的40亿元一路上升至目前的2万亿元，如此速度在其他行业中是异常罕见的。

2007年初，股票市场牛气冲天，买股票的人有赔有赚，但是买基金的人却赚得钵满盆满。于是，基金出现抢购狂潮，发行当天甚至几个小时就宣告售罄。建设银行销售的"中金策略"，要求10万元起步，总共15亿份在15分钟内售

馨。这一年基金的收益也异常的红火,整体利润达 1.1 万亿元,实现红利 8 000 亿元,仅派送的"红包"就超过 800 亿元。

随着金融危机的到来,股市从 6 000 多点一路下跌到 1 600 点,基金的收益可想而知。400 只基金大幅缩水,仅有少量净值在 1 元以上,大部分基金已经损失了一半,有的甚至损失了 2/3。然而,世界经济复苏缓慢,中国股票一直在低位徘徊震荡,楼市从政策优惠到政策调控,基金市场也出现了两极分化,股票基金全面亏损,货币市场基金和债券基金却业绩不俗。经历了基金市场的大起大落,基民们已经十分的理智,不再人云亦云,不再随波逐流,回归到理性投资的正常状态。

基金的种类和特点

基金是一种间接的证券投资方式。基金管理公司通过发行基金单位,集中投资者的资金,由基金托管人(即具有资格的银行)托管,由基金管理人管理和运用资金,从事股票、债券等金融工具投资,然后共担投资风险、分享收益。买基金和买股票一样,也需要最起码的基础知识。目前国内的基金产品种类繁多,功能齐全,类型多样,其风险大小和收益高低也有不同,买基金前首先要弄清楚基金的种类,然后才谈得上选择适合自己的一只或者多只基金,进而构建自己的投资组合。

按照基金规模是否固定划分

1. 开放式基金

开放式基金发行后,可以随时申购或赎回基金单位,基金规模不固定。

2. 封闭式基金

封闭式基金指基金规模在发行前已确定,在发行完后的规定期限内基金规模固定不变。

按照投资策略划分

1. 积极成长性基金

以追求资本的最大增值为操作目标,通常投资价格波动较大的股票,最具冒险进取特性,高风险高收益,适合冒险型投资者。

2. 成长型基金

以追求长期稳定增值为目的,通常投资素质优良的大型绩优股,其投资重点是未来的股价表现优于市场平均水平。

3. 价值型基金

以追求价格被低估、市盈率较低的股票为策略,预期股价会重返应有的合理水平。

4. 平衡型基金

以兼顾长期本和稳定收益为目标,一部分投资固定收益的债券等已控制风险,一部分投资股票已获得高收益。适合于稳健或保守型的投资者。

5. 保守型基金

以保障投资本金为目标,部分资金用于风险较低的国债,一部分资金投资于股票,此类基金一般都会有第三方担保。

按照投资对象划分

1. 股票基金

股票基金主要以股票为投资对象。

2. 债券基金

债券基金主要以债券为投资对象。

3. 货币市场基金

货币市场基金主要以国库券、大额银行可转让存单、商业票据、公司债券等货币市场短期有价证券为投资对象。

4. 期货基金

期货基金主要以各类期货品种为主要投资对象。

5. 期权基金

期权基金主要以能分配股利的股票期权为投资对象。

6. 指数基金

指数基金主要以证券市场的价格指数为投资对象。

7. 认股权证基金

认股权证基金主要以认股权证为投资对象。

封闭式基金只能在二级市场通过股票账户交易。开放式基金又分为货币基金、保本基金、债券基金、混合基金和股票基金,风险收益从小到大。股票基金中还有一种专门跟踪指数的指数基金,又分为主动式指数基金和被动式指数

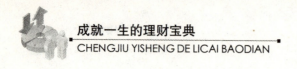

基金(即 ETF)。

选择了投资基金的种类(或者是不同种类的组合)之后,就该确定基金公司了。一般来说,建议选择管理团队稳定、管理规模中等以上、投研团队实力强、曾跨越牛熊、历史业绩稳定靠前的基金公司。选择具体基金时,明星基金经理掌舵的基金当然是第一选择,但不是唯一选择,因为明星经理也是普通基金经理成长起来的,而且这两年明星经理们跳槽频繁。基金的投资理念是否与自己的理念契合、基金经理的从业经历是否足够、基金的历史业绩是否稳定突出、基金的风险控制能力如何……都是投资者需要认真考虑的。

基金和股票一样可以交易,价格也在上涨或下跌,如果基金收益好,其净值就会很高,否则就会降低。基金的分配一般有两种方式,一种是现金派发红利,另一种是红利再投资。现金派发就是把分红所得直接打到账户上;红利再投资是按照红利派现日的基金净值转为基金份额,不收取申购费用,可产生"鸡生蛋,蛋又生鸡"的复利效应。

投资开放式基金"四不要"

1. 不要"分散投资"

"不把鸡蛋放在一个篮子里"的投资忠告大家耳熟能详,很多人买基金也坚持这一投资原则。从风险的概率来看,分散投资确实能减少风险,但基金与其他投资工具不同,运作和收益相对透明,随时可以看到每只基金的收益情况,好坏优劣一清二楚,完全没有必要投资多只基金,集中购买一只业绩优异的基金更好。另外,集中购买一家公司基金可以享受基金转换上的优惠,也便于资金管理,达到一定的金额还可能有积分奖励。

2. 不要"不管不问"

很多人炒股时喜欢"捂股",买基金的时候也习惯延用这种方式,结果在基金市场或单只基金净值出现较大变化时造成损失。目前,基金与股票联动的趋势非常明显,股市涨跌起伏变化,投资者如果不能经常关注所购买基金的持股情况和净值走势,很可能被基金套牢。因此,购买基金后要通过基金网站、报刊等渠道及时关注基金的走势和运作情况,以免造成损失。

3. 不要"犹豫不决"

很多人在基金净值上涨的时候仍犹豫不决,眼睁睁看着基金上涨,失去投资机会;基金下跌的时候又害怕没有到底,结果基金掉头向上,错过最佳投资时机。所以,投资开放式基金经分析和研究后应果断采取行动,因为机会总是偏爱出手快的人。

4.不要"急功近利"

开放式基金不像股票那样有"涨停"、"跌停",其净值在短期内可能只有几厘钱的涨跌,很多人对此难以忍受,便把基金赎回了。其实,投资基金要"放长线钓大鱼",只要这个基金运作稳定,结构不错,每年的回报都会在10%左右。如果持有三五年,好的基金净值可能会翻番。

修炼秘诀

选择开放式基金还应该了解其特点,不同品种适合不同的人,可根据自己的特点作合理的选择:

(1)债券型基金主要受通货膨胀和加息降息的影响,因此收益和风险相对较小。

(2)偏股型基金投资股票的比例较大,相对来说风险和收益都较大。

(3)平衡型基金会根据市场形势在股票和债券中做出合理的比例分配,收益和风险都比前者小。

(4)货币市场基金由于不涉足证券市场,风险最小,收益也最低。

封闭式基金:虽好却买不到

2009年12月9日,华夏盛世基金公开发行一日售罄,以120亿的规模提前结束招募,很多没有买到的人感到遗憾。相比之下,有几家公司的基金销售情况却不尽如人意。华夏基金之所以如此受欢迎,是因为华夏基金管理公司在过去的三年时间里,整体业绩骄人,华夏基金的品牌和美誉度得到了投资者的广泛认可,使得公司牢牢占据了基金业龙头老大的地位。

统计数据显示,截止到2009年12月,华夏基金管理公司旗下成立满两年的15只偏股基金中已有9只超越了2007年12月时的净值水平,尚处亏损的6只基金中有4只亏损幅度在5%以下,这意味着华夏旗下基金整体业绩已率先回到股市6 000点时的水平。其中,华夏大盘精选基金在2009年混合偏股型基金中收益排名第一,华夏策略精选基金位于混合配置型基金中名列第二,华夏复兴基金则名列股票型基金第四,这样的业绩自然吸引了投资者的目光,新基金受追捧也就不足为奇了。非常遗憾的是,华夏基金都是封闭式基金,尽管它的业绩在业内屈指可数,但是大家只有羡慕的份,因为发行募集的时候买不到以后就更买不到了。

封闭式基金的特点

封闭式基金是与开放式基金相对的,顾名思义就是有较长封闭期的、发行数量固定、持有人在封闭期内不能赎回,只能在二级市场上买卖。但是一只好的基金每年都有很好的收益,谁会卖呢,即使有人因为需要资金而不得不忍痛割爱,也是可遇而不可求。凡事都有好坏两面。正是因为封闭式基金不用担心赎回,投资者的钱几乎等于借给了基金公司,5年、10年或20年后才能还钱,业绩好能有分红,业绩不好恐怕本金都会损失掉。这样的基金你想卖的时候,恐怕也没有人愿意买。

封闭式基金因在交易所上市,其买卖价格受市场供求关系影响较大。当市场供小于求时,基金单位买卖价格可能高于每份基金单位资产净值,投资者手里的基金资产就会增加,即产生溢价;当市场供大于求时,基金价格则可能低于每份基金单位资产净值,即产生折价。现在封闭式基金折价率仍较高,大多在20%~40%,其中到期时间较短的中小盘基金折价率相对低些。对同一只基金来说,当然是在折价率高时买入较好,但挑选基金不能只看折价率,最好选择折价率适中、到期时间较短的中小盘基金。因为封闭式基金到期后要按净值偿付或清算,所以折价率越高的封闭式基金,潜在的投资价值就越大。

封闭式基金的收益

此外,根据相关规定封闭式基金每年至少分红一次,这种强制性的规定使封闭式基金的分红备受人们的关注。经研究分析得知,2009年第三季度26只封闭式基金中有19只有分红能力,可分配收益高达115亿元,每个基金单位可分配收益在0.2元以上的有12只,超过0.3元的有5只,其中最高可分配收益达0.5元,而这个基金的价格才1.5元。

纵观基金市场,500余只开放式基金占据绝对主力的地位,随着封闭式基金的陆续到期,数量只能越来越少,目前的33只封闭式基金越发显得弥足珍贵。有数据表明,5年间有12只封闭式基金价格涨幅超过550%,也就是说,几乎每年投资收益都会增长一倍,如此高的回报率,更是市场中的稀缺品种。

封闭式基金和开放式基金的区别

开放式基金和封闭式基金的主要区别有:

1. 期限不同

封闭式基金有固定的存续期,通常在5年以上,一般为10年或15年,经持有人大会通过并经主管机关同意可以适当延长期限。开放式基金没有固定期限,持有者可随时向基金管理者赎回,若业绩不好遭遇大量赎回甚至会导致清盘。

2. 发行规模限制不同

封闭式基金的基金规模是固定的,在封闭期内未经法定程序认可不能增加发行。开放式基金没有发行规模限制,持有者可随时提出申购或赎回申请,基金规模随之增加或减少。

3. 基金份额交易方式不同

封闭式基金份额在封闭期限内不能赎回,持有人只能在证券交易场所出售给第三者,交易在基金投资者之间完成。开放式基金的持有者则可以在首次发行结束一段时间后,随时向基金管理者或销售代理者提出申购或赎回申请,绝大多数开放式基金不上市交易,交易在投资者与基金管理者或销售代理者之间进行。

4. 基金份额的交易价格计算标准不同

封闭式基金与开放式基金的基金份额除了首次发行价都是按面值加一定百分比的购买手续费外,以后的交易计价方式不同。封闭式基金的买卖价格受市场供求关系的影响,常出现溢价或折价现象,不必然反映单位基金份额的净值。开放式基金的交易价格则取决于每一基金份额净值的大小,其申购价一般是基金份额净资产值加一定的手续费,赎回价是基金份额净资产值减去一定的赎回费,不受市场供求影响。

5. 基金份额净值公布时间不同

封闭式基金一般每周或更长时间公布一次,开放式基金一般每个交易日都有公布。

6. 交易费用不同

买卖封闭式基金时,在基金价格之外要支付手续费;买卖开放式基金时,则要支付申购费和赎回费。

7. 投资策略不同

封闭式基金在封闭期内基金规模不会减少,因此可进行长期投资,基金资产的投资组合能有效地在预定计划内进行。开放式基金因面临基金份额随时赎回的现实,所募集的资金不能全部用来投资,更不能用于长期投资,必须保持基金资产的流动性,在投资组合上会选择高流动性的金融工具。

按国内和国外的经验来看,封闭式基金交易的价格存在折价是一种很正常的情况。折价幅度的大小会影响到封闭式基金的投资价值。除了投资目标和管理水平外,折价率是评估封闭式基金的一个重要因素,对投资者来说,高折价率存在一定的投资机会。

由于封闭式基金运行到期后是要按净值偿付的或清算的,所以折价率越高的封闭式基金,潜在的投资价值就越大。

挑选基金要看公司更要看经理人

随着股市规模的不断扩大,基金的整体规模也在急速扩大,据统计,2010年基金资产总规模已达到2.44万亿。面对基金市场上的600多只新老基金,究竟应该买哪一只呢？——看基金管理公司和基金经理人。比如，说到基金业的龙头老大华夏基金管理公司，就不能不提及金牌经理人王亚伟，他所参与管理的"华夏大盘精选"、"华夏策略精选"、"华夏复兴基金"都是基金中的佼佼者。

基金管理公司，就是管理投资者所购买的基金产品的专门机构，投资者的基金资产将由他们来负责投资运作。因此，基金管理公司的好坏直接关系到投资者委托其管理的资产能否保值增值，从这个意义上讲，挑选一家好的基金管理公司和经理人至关重要。因为挑选一家优秀的基金公司，比挑选个体基金更高效，因为管理完善、专注核心能力建设的基金公司及基金产品，更有可能长期为投资者带来稳定、领先的回报。

挑选好的基金公司是关键

如何挑选好的基金公司，主要遵循以下几个步骤：

1. 看基金管理公司的管理和运作是否规范

基金行业是赚取阳光利润的行业，投资运作非常透明，证监会的监管力度很大，违规违法事件的发生率很低。通过招募说明书、公司官方网站了解公司管理层的基本信息，察看旗下的基金管理、运作及相关信息的披露是否准确、全面、及时，了解公司管理层有无明显违法违规现象，如果有"老鼠仓"出现的公司，其管理水平和经理人素质堪忧。

2. 看基金管理公司历年来的经营业绩

基金管理公司业绩的高低主要通过旗下的基金净值增长和历年分红的情况来体现。众所周知，2008年的股市大跌，基金净值表现也大相径庭，有的基金净值几乎跌去2/3，有的基金净值跌幅却很小，在股市回升后净值回复得也很快。至于基金的分红，只要看看基金分红的排名就一目了然了，认真比较后不难做出最后的选择。

3. 看基金整体表现

单只基金业绩的涨跌有很多偶然因素，而只要其中一个因素发生重大变化，就会不可避免地导致基金的业绩出现起伏。但一家基金管理公司所有的基金如果表现出较强的协同性和一致性，就说明这家公司整体的投资研究水平较高，管理机制和决策流程相对更加完善，其业绩具备可复制性，不会因偶然因素造成业绩波动。

4. 看基金管理公司的市场形象和服务水平

最近两年中国股市和基市经历了大起大落,2009年的基金公司排名又有了新的排序,资产规模前五名分别为华夏基金、嘉实基金、博时基金、南方基金、易方达基金。

此外,国内外一些评级机构的评测结果和主要证券媒体的评选活动,也会提供一些相关数据和信息,比如"最佳基金回报公司"、"投资者最信赖的基金公司"等,都可以成为投资者的参考依据。

选基金要看基金经理人

挑选优秀的基金经理人也至关重要。好的基金公司是优质经理人成长的土壤,而优秀的基金经理人是基金公司的核心竞争力,是他们使公司处于常胜不败的境地。

1. 王亚伟

华夏基金投资决策委员会主席,华夏大盘精选、华夏策略精选基金经理,经济学硕士,有13年证券从业经验。王亚伟管理的基金在牛市中高收益,在熊市中抗跌,他所表现出来的前瞻性策略判断,被称为行业内的传奇。王亚伟的特点是不买基金重仓股,而是善于广泛挖掘被忽视和被冷落的个股,灵活运用多种投资策略,牢牢把握住股市阶段性机会。

2. 王卫东

宗新华优选成长基金经理、现基金公司副总经理,有16年证券从业经历。他管理的新世纪成长基金是2009年度最大的基金黑马,令业内人士刮目相看。他的特点是实战经验丰富,投资风格灵活,对市场走向有独到眼光。最近将出任新华中小市值基金经理。

3. 王勇

泰达荷银成长类(合丰成长)基金经理,9年证券从业经验、5年基金从业经验。王勇是近两年来最令人瞩目的基金经理人之一,他管理的基金在弱势中有很强的抗跌能力,表现出了他谨慎、缜密的处世风格,尤其是在精选个股方面有独到的见解和眼光,在挖掘内在价值上下功夫。

4.侯清濯

易方达基金公司旗下易方达平稳增长基金、易方达科讯基金经理,工学硕士,2001年加入易方达基金管理公司。侯清濯始终坚持理性、理智的原则,面对瞬息万变的市场果断采取客观有效的策略,在规避风险的前提下不放弃任何能够获利的机会,在资产配置比例上的审慎态度让他的基金能够获得好的收益。

投资者要根据自己的投资偏好、风险承受能力以及对基金公司、基金经理的了解信任程度和对大市的长期判断结果来决定买什么样的基金。

判断基金好坏的依据并不是净值的高低,一只基金的净值如果能够始终领先反而说明该基金盈利能力较强。如果你觉得高净值的基金"贵",可以申购一些通过分红、分拆等方式净值降低的绩优老基金,这类基金通常经过很长时间的运作,投资风格比较成熟。相对于新基金来说,更容易为投资人把握。

基金操作实战方略妙招

国庆节回家与家人团聚,发觉妹妹似乎有些郁闷,闲下来一问才知道她买了两只基金,没想到买了以后就开始下跌,现在已经损失了不少钱。我忙问她是哪两只基金,她告诉我说是中邮核心成长和博时价值增长贰号,天哪,妹妹怎么会这么倒霉,600多只基金买哪个不好,偏偏买了个最赔钱的那个公司的基金。问她当初为什么要买这两只,她说是同事推荐的,她想也没想就买了,现在埋怨人家也没有用啊。我只得安慰她说,今年的股市在震荡中向上,属于慢牛行情,这两只基金还有希望解套,如果年底前有分红,也可以弥补一下损失,待它们升到差不多的价位就赎回,然后再挑一个好基金长期持有吧。

其实,妹妹买得那只基金是2007年8月招募的,吸纳资产规模达到300

多亿元,没想到它生不逢时,刚刚过了建仓期,就遇到股市雪崩使得下挫,这只先天营养不良的基金无法摆脱亏损的命运,成为2008年基金中最赔钱的基金。

任何投资都是有风险的,投资基金也不例外。虽然基金投资的风险相对而言比较低,但基金经理人会将基金资产的80%用于股票市场和债券市场,而股票的价格有很大的不确定性,一旦股市大幅下跌,基金的收益就会受到很大的影响。同时,基金还有运行的风险,一旦内部出现问题也会给投资者带来损失。

如何才能在获取收益的同时规避风险呢?重点在了解基金的真实状况,还要掌握一些操作基金的要领。

1. 找准最佳的购买时机

妹妹第一次投资基金就亏损,其根本原因是在错误的时间买了错误的基金。俗话说"买得早不如买得巧"。炒股票的人都知道,应该在低价时买、在高价时卖,但基金却不能完全遵循这一原则。因为基金的价格波动很小,适于长线投资而不适于作短期波段,否则赎回和申购手续费会抵消原本的收益。如果想要投资基金最好在股市和基金行情处于低谷的时候进入,也就是"买跌不买涨"。封闭式基金最好选择即将要到期的、折价率很低的购买,一旦到期就会按基金的净值偿付和清算,应该有很高的收益回报。

2. 注意分散投资风险

一般来说,偏股型基金的获利空间要大一些,而债券型基金和货币型基金的安全性和流动性要大一些,每个投资者要根据自己的实际情况来进行两种以上的组合,这样才能规避风险兼顾收益和安全性。也就是不要把所有的钱都买一只基金,"不把鸡蛋放在一个篮子里"。至于组合的比例,要根据个人的特点以及资金状况来决定,资金实力雄厚、承受风险能力较强的人可以侧重股票型基金,反之就可以以债券型基金为主。

3. 注意观察基金市场的变化

基金的价格变化虽然没有股票大,但也是会有变化的,买了以后不能束之高阁不闻不问,应该密切关注基金投资方向的变化,做到心中有数。最关键的是基金经营好的时候可以静候收益,但是如果发生异常波动,就要尽快做出退出的抉择,以避免不必要的损失。目前的基金运作都是透明的,在网上就能看到基金规模、经理人、所投资的股票和数量,一次能看到基金的动向和水平,这些信息都可作为投资者参考的依据。

4. 注意基金经理人的变动情况

基金经理人直接关系到基金投资的业绩,一个优秀的经理人会运用他的智慧使基金的投资达到最佳状态,因而给投资者带来较好的收益,有人说投资基金要选对经理人,这不无道理。所以,投资基金之前不仅要对基金有所了解,还要对经理人的状况作一番了解,途经可以到基金的官方网站,也可以打电话到基金公司询问,以免使自己的投资蒙受损失。

经营管理基金的是基金公司,而具体运作的是基金经理,因此要对基金公司和经理以往的业绩和操作风格有所了解,跟着公司和经理人走可以说是比较好的选择。所有的投资都是投资未来,而未来又有很大的变数和运气的成分,就好比炒股票,即使把握准了大盘涨跌的节奏,投资者也不能保证手里的股票一定涨。

5. 看准基金早出手

同样一只基金,发行时认购和出封闭期之后申购,手续费率是不一样的,认购费比申购费要低,二者通常相差3个百分点左右。如果单从节省手续费的角度考虑,看好某一只基金,应尽量选择在发行时认购。而且,由于认购期资金产生的利息将按金融行业存款年利率计算,这部分利息将在基金成立时转换成为基金份额,同时这部分利息不征收个人所得税,因而越早认购越早受益,可以充分利用每一分钱。

另外,有的基金发行后和股票一样可以交易,价格也在上涨或下跌,如果基金收益好价格就会很高,那时购买就要花更多的钱。

6. 要选择"红利再投资"

买入基金后一般有两种分红方式,一种是现金派发红利,另一种是红利再投资。红利再投资时是不收取申购费用的,红利部分将按照红利派现日的每单位基金净值转化为基金份额,直接增加到投资者的账户中。这种方式不仅能节省再投资的申购费用,还可以发挥"鸡生蛋,蛋又生鸡"的复利效应,从而提高基金投资的实际收益。当然,打算选择红利再投资需要注意的是,事先主动选择

红利分配方式,对没有选择的系统会自动默认为现金分红方式。

7. 网上购买省时省力

现在各大银行、基金公司都推出了"网上基金"业务,因为网上交易不用投入太多人力物力,因此网上基金交易有一定优惠。节省费用还是其次,最关键的是网上购买基金可以节省大量时间,节省时间也相当于节省了金钱。当然,第一次还是要到银行办理设立基金账户等一系列的手续,同时开通网上业务。

8. 要长线持有

买基金分前端和后端两种收费模式,在购买时就支付了认购费或者申购费的叫前端收费;在购买开放式基金时不支付任何手续费,而在申请赎回时补缴费用的方式就叫后端收费。在后端收费模式下,认购费用不在认购基金时扣除,所有投资将全部转换为基金份额,你投入的每一分钱都立即参与赚钱。而且,后端费用一般来说会随着持有基金时间的延长而减少,一定时期(通常为4~5年)后可以免去申购费,相当于零成本买基金。所以,基金不能像股票那样,快进快出短线操作,而是持有的时间越长越好。

以上几条只是最基本的方法,基金和股市一样是瞬息万变的,要注意学习各类知识,以提高自己的水平和能力,毕竟投资理财是一生的事情,很多人几年也没有掌握要领,说明需要理论联系实际,还要有悟性,不断总结经验教训不断改进,这样才能慢慢走上常胜不败之路。

基金投资不同于股票投资,最忌讳像炒股票一样低买高卖,即使是股市高手也难以成功把握每一个波段,也不能避免踏空的可能,更不要说一知半解的普通投资者。如果在基金市场上追涨杀跌、断线出进,莫不如直接去炒股更加实际。

投资基金就是要借助专家的智慧和能力博取收益,如果想自己拼杀就没有必要投资基金了。

钱少的人应首选保本型基金

如果你没有很充裕的资金,如果你没有任何理财的经验,那么推荐你先投资保本型基金,让你在确保本金的前提下,得到收益的同时获得初步的理财经验,为将来做更高级的理财打好基础。

保本型基金在国外风行多年,因为不论市场上涨或下跌,都不会影响日常生活或既定计划。但由于保本基金有投资期间的限制,提前赎回不但无法保障本金,还必须支付赎回费用,因此在投资这类产品时,必须注意赎回手续费的比例与相关赎回条件。

保本型基金,主要是将大部分的本金投资在具有固定收益的投资工具上,像定存储蓄、债券、票据等,让到期时的本金加利息大致等于期初所投资的本金;另外,将孳息或极小比例的本金设定在选择权等衍生性金融工具上,以赚到投资期间的市场利差,因此保本型基金在设计上提供了小额投资人保本及参与股市涨跌的投资机会。

保本型基金的种类

保本型基金在保本的范围上大致区分为:"完全保本但不保息"、"完全保本及保障利息"及"只保障部分本金及固定利息收入"三种,因此并非所有保本型基金都提供100%的保本设计。

简单来说,以100万元、保本比率100%的保本基金为例,基金公司为了提供百分之百的本金保障,在初期时购买利率为5%的一年期零息票据,期初支付95万,一年后可以拿回100万,达到保本目的;另外将剩余的5万元用于购买指数选择权,假设一单位的选择权要10万元,5万元只可以买到0.5个单位的选择权,若到期时选择权获利30%,由于该契约只能购买0.5个单位,因此可以获得报酬率为30%×0.5=15%,此0.5就是契约上所说的参与率。所以,保本比率越高参与率就越低,相对的投资风险就越低,因此保本比率的设计对于投资报酬率及投资风险有相当重要的影响性,投资人在投资保本型基金时,可以视自己的风险需求来决定保本的比例。

投资保本型基金要注意

1. 注意保本基金的期限

因保本型基金是经组合设计而成,不论是固定收益或是选择权投资,都有一定的期限规定,以免投资者赎回频率过于频繁,影响到基金的操作成本及绩效,目前一般的保本型基金大都为2~3年。

2. 注意赎回的期限

保本型基金所约定的归还本金只能在到期时兑现,若提前赎回不但无法保本,还需承担赎回费用。不过,新发行的保本型基金大都可定期赎回,最常见的以季或月来开放赎回。所以,投资前最好按照自己的资金需求,视情况选择期限合适的保本型基金。

3. 注意保本的额度

在选择购买哪只保本基金时,要看清楚"保本"条款中保本额度是多少,是80%,90%,还是100%。高保本额度意味着低风险但收益有限,与此相反,保本额度低则意味高风险但收益也高。要根据自己的风险承受能力,选择投资适合自己的保本额度基金。

4. 注意选择优秀的基金经理人

基金经理人的能力是决定保本基金最终收益的关键因素,所以要重点考虑。要仔细阅读招募说明书中对基金管理公司和公司高管的情况介绍,以及拟任基金经理的专业背景和从业经验介绍。优质专业的基金管理公司和投资研究团队是基金得以良好运作的保障。

5. 要注意选择时机

保本型基金中大部分投资于固定收益证券,少部分投资于股票或衍生工具,这决定了它在股市比较低迷的时候往往有较好的抗跌性,能保持一定的净值增长率。在股票市场低迷时,投资保本型基金是明智的选择。

6. 要注意手续费用

基金涉及的费用主要有认购费或申购费、赎回费、管理费和托管费等。这些在招募说明书中都有详细列明,不难得到各基金的费率水平。费率往往跟基

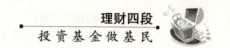

金持有的期限长短有关,持有的期限越长费率越低甚至全免。

保本型基金不是无条件的保本,一般都会设置一个持有期限,只有投资者持有该基金达到这一投资期限才能享受保本。以南方避险增值基金为例,该基金要求持有3年到期后才能享受保本条款,如果未到3年提前赎回是不能保本的。

◀◀◀ 比储蓄收益高的货币型基金

2007年5月25日,薇薇在网上银行开通了电子商务功能之后,把手中的股票型基金全部清仓,在第4天资金到账后又购买了货币基金。当天晚上,她老公知道后埋怨她太感情用事,不该卖那么早。

20天以后,薇薇把货币基金卖了,虽然时间不长却得到了3.25%的收益。申购货币基金,等待基金公司确认要2个工作日,赎回并等待基金公司确认到账也需要2个工作日。由于她是在电脑上操作的,所以非常的简单,一分钟之内完成。当然,货币基金也不是随随便便买的,薇薇在网上认真查找了工商银行代理的基金业绩排名后,挑其中比较靠前的基金购买的。她觉得,如果有一笔钱在短期内没有用,但随时都有可能使用的话,还是非常适合购买货币型基金的。薇薇的那笔钱是准备买房子的,在没有买房子的时候就购买了货币基金,虽然回报并不多,但她还是很欣慰!

货币型基金的特点

货币型基金被称为"准储蓄产品",其主要投资于现金、银行存款、债券、央行票据、回购等安全性极高的短期金融品种,特征是"本金无忧、活期便利、定期便利、定期收益、每日记收益、按月分红利、免税免费"。一般情况下,投资者盈

利的概率为99.84%,预计收益率为1.8%~2%,且可随时申购和赎回。

货币市场基金除了具有一般基金的专家理财、分散投资等特点外,还具有如下一些投资特征:

(1)货币市场基金与其他投资于股票的基金最主要的不同在于基金单位的资产净值是固定不变的,通常是每个基金单位1元。投资该基金后,投资者可利用收益再投资,投资收益就不断累积,增加投资者所拥有的基金份额。比如某投资者以100元投资于某货币市场基金,可拥有100个基金单位,1年后,若投资报酬是8%,那么该投资者就多8个基金单位,总共108个基金单位,价值108元。

(2)衡量货币市场基金表现好坏的标准是收益率,这与其他基金以净资产价值增值获利不同。

(3)流动性好、资本安全性高。这些特点主要源于货币市场是一个低风险、流动性高的市场。同时,投资者可以不受到期日的限制,随时可根据需要转让基金单位。

(4)风险性低。货币市场工具的到期日通常很短,货币市场基金投资组合的平均期限一般为4~6个月,因此风险较低,其价格通常只受市场利率的影响。

(5)投资成本低。货币市场基金通常不收取赎回费用,并且其管理费用也较低,货币市场基金的年管理费用大约为基金资产净值的0.25%~1%,比传统的基金年管理费率1%~2.5%低。

投资货币型基金的技巧

出于对经济前景的担忧,越来越多的投资者开始青睐安全性高、流动性好的货币型基金,许多人购买时不像投资其他类型基金时那样精挑细选。其实,货币型基金的选择同样也有很多技巧。

1. 是否开通"T+0"

货币型基金的赎回到账时间一般为T+1或T+2个工作日,部分基金公司还与银行联手,推出了"T+0"快速赎回业务,投资者在缴纳一定手续费后,赎回货币基金时资金可以即时到账。目前仅有工行和招行开办了此项业务,对流动性要求较高的投资者可以通过工行的"利添利"账户或招行的"溢财通"智能理财平台购买那些开通快速赎回业务的货币型基金。

2. 是否便于日后转换

为了避免客户流失，许多基金公司对旗下货基型基金的转换有费率优惠。因此，投资者可以在股市行情不好的时候，将股票型基金转入货币型基金，规避投资风险；待投资机会来临时，再将货币型基金转换为股票型基金或其他类型产品。在有这样规定的公司买基金，无疑为将来转换基金创造了条件。

3. 资产规模是否适中

规模较小的货币型基金会保持一定数量的现金，以便于客户赎回，用于投资的资金少了收益就会受到影响。规模较大的货币型基金，在有限的市场上难以买到合适的投资品种，特别是央行票据可能停发的情况下，大规模基金将受到很大冲击。所以，要尽量选择资产规模适中的货币型基金。

4. 是否完成建仓

新基金成立时间短，持有的高收益资产较少，因此收益率较低。老的货币型基金持有较多的高收益投资品种，收益自然较新基金更为可观。所以，最好选择那些成立一段时间并建仓完毕的货币型基金。

货币式基金因为风险较小，所以各个基金公司净值差距不是很大，可以选择大一点的以往业绩比较好的基金公司，例如南方、广发、景顺等等。可以直接在基金公司的网上购买，想买哪只基金就在百度在搜索哪家基金公司的名字，然后进入基金公司网站开户，直接购买就可以了。不经常使用计算机的人，最好直接去银行柜台或者理财区购买办理，专业理财经理还会给投资者提供一些建议。

在购买货币型基金时，建议投资者坚持以下原则：

（1）买旧不买新的原则。一只货币型基金经过一段时间的运作后，其业绩的好坏已经经受过市场的考验，而一只新发行的货币型基金能否取得良好业绩还需要时间来检验。

（2）买高不买低的原则。尽量选择年化收益率一直排在前列的高收益货币型基金。

(3)就短不就长的原则。货币型基金比较适合打理活期资金、短期资金或一时难以确定用途的临时资金；而对于一年以上的中长期资金，应选择债券型或股票型基金等收益更高的理财产品。

债券型基金适合保守型投资者

很多人可能对债券型基金很陌生，但它却曾经给我们带来惊喜，虽然惊喜不是很大。去年春节过后，我把手里的钱申购了债券式基金，但却没有在赎回货币式基金的同时赎回，这是因为我为债券式基金的回报惊讶。跟货币型基金随时都是"1"元的净值不同，债券型基金也跟大家熟悉的股票型基金一样，每天的净值都在改变，但这个改变却没有像股票型基金一样大起大落。

同样，债券基金申购日期也是2个工作日，申购的第二天，我在网上银行看到已经有45元的收益，但第五天的时候，我的收益忽然变成了负5元，我很惊讶，原来债券基金也是有风险的呀！但我是没有收益不收手的，鉴于我的债券式基金要收手续费（大部分货币型基金没有手续费），也就是说是有购买成本的，所以只能继续持有。结果第8天，我得到了99元的分红，这钱是直接打到现金账户里的，同时总的基金值也赚了5元钱。在没有其他更好的投资工具的情况下，我决定继续持有它直至年底。

债券型基金，主要以国债、金融债等固定收益类金融工具为主要投资对象，因为其投资的产品收益比较稳定，又被称为"固定受益基金"。根据投资股票的比例不同，债券型基金又可分为纯债券型基金与偏债券型基金。两者的区别在于，纯债型基金不投资股票，而偏债型基金可以投资少量的股票。偏债型基金的优点在于可以根据股票市场走势灵活地进行资产配置，在控制风险的条件下分享股票市场带来的机会。

债券型基金的种类

根据债券基金的期限结构和类属资产配置结构的不同,可以细分为:

1. 短期债券型基金

短期债券型基金还可以细分为超短期债券基金和中短期债券基金。这类基金是货币基金的升级产品,交易规则与货币基金大同小异,最大的不同就是投资债券的期限。

2. 普通债券基金

普通债券基金是最常见的基金,投资方向大部分是低风险的固定收益产品,也可以投资股票,投资股票的部分占总资产的比例很小,一般都低于20%。现在大多数债券型基金可以申购新股,还可以参与可转债和股票的增发,能给基金带来不错的收益。

3. 偏债型基金

债券类基金的持股比例如果超过35%,那么就被认为是一种偏债型股票基金,有时也称为平衡型基金。从长期的业绩看,属于攻守兼备的投资品种。

4. 可转债基金

可转债是非常好的投资品种,在股价有利的时候,可转债所附的认购权证,可以获得丰厚的投资回报,而当股价不利的时候,可转债成为本金安全的固定收益产品。

如果打算长期投资,又不想承担太多的股票市场风险,可以选择普通的债券基金;如果想对本金的安全有特别要求但又可以进行较长时间的投资,那么保本基金是很好的替代品;如果只想提高短期闲置资金的收益率,可以选择短债基金。

选择债券型基金时应考虑

(1)在目前的形势下选择债券型基金,应尽量避免选择风险高的企业债,可以选择信用等级相对高、风险相对低的国债、金融债和货币市场基金,尽量避免投资债券型基金所带来的风险。

(2)投资含股票类的债券组合时,应从公司的多方面进行考察,可以根据自己的实际情况和风险承受能力进行选择,切忌盲目进行投资。

(3)降低各种费用。基金投资的主要费用有基金管理费、基金托管费和其他费用。其中,封闭式基金如果提前赎回也需要付出一些费用。在目前的经济条件下,有些债券型基金为了吸引投资者投资,不收取申购费,对于投资者投资债券型基金来说可以降低成本。

债券基金的表现也取决于基金公司的整体实力水平,只有投资管理能力强、风险控制体系完善、服务水平高的基金公司所管理的基金,才更有可能取得长期稳定的投资业绩。

2009年债券型基金排名排行榜(仅供参考)

2008年10月~2009年10月一年中前三位:

(1)国投瑞银融华,基金单位净值1.396,年增长率24.09%。

(2)银华增强,基金单位净值1.194,年增长率19.40%。

(3)兴业可转债,基金单位净值1.265 8,年增长率15.85%。

2009年第三季度前三位:

(1)银华增强收益债券,基金单位净值1.194,年增长率6.80%。

(2)国泰双利债券A,基金单位净值1.076,年增长率6.16%。

(3)国泰双利债券C,基金单位净值1.073,年增长率6.07%。

2009年10月前三位:

(1)易方达增强债券A,基金单位净值1.108,年增长率5.04%。

(2)易方达增强债券B,基金单位净值1.14,年增长率98%。

(3)招商安心收益,基金单位净值1.11,年增长率4.23%。

一般来讲,银行降息对债券型基金属于利好,如果宏观经济处于降息周期内,那么持有债券型基金可能获得较高收益,反之如果进入升息周期,债券型基金的收益率则可能降低。

一般而言,低风险承受能力的投资者应当选择纯债基金,这种基金只投资债券市场。中风险承受能力的投资者可以选择强债基金,这类基金除投资债券外,还可以打新股。而具有较高风险承受能力的投资者,既希望主要资产投资

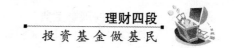

于债券,又希望将部分资产投资高风险、高收益的股票市场,可以选择可投资二级市场的债券基金。

股票型和偏股型基金赶上牛市才赚钱

股市可以说是经济发展的风向标,因此它的涨涨落落是一种常态,在股海里的人沉沉浮浮也算正常了。只是股民更新换代也很快,那些股市里伤亡惨重的人、那些厌倦了无序中寻找有序的人,便渐渐转身加入了基民的行列。

张伟在股市里拼杀了三年,虽然遇到了大牛市,最后算下来却赚得少赔得多。想到每天晚上心急火燎地等着看电视台的专家推荐个股,每天上午雷打不动地在计算机前看股票行情,涨了担心错过了最佳卖机,跌了又怕赔钱。于是他把手里的股票卖了,转而把目光投向了基金。开始的时候,张伟像炒股票一样来做股票型基金,看到波段就不肯放过,没想到赚的钱都变成了手续费。仔细一算账,他明白了如果这样做波段还不如直接炒股呢。只要抓住大波段就行了,否则明知股市低迷还做股票基金,很不合适,更何况还有机会成本呢。

虽然股票基金在所有的基金里风险是最大的,但和股票比起来还是小很多,张伟没费什么劲,便获得了28%的收益。还有他买的都是封闭型基金,封闭期结束的时候申请时间是2天,是按照基金公司确认的前一天的基金净值价格买入的,赎回是按照当天的基金净值价格计算的。

股票型或者偏股型基金,也就是那种把全部或者大部分资金投资在股票市场上的基金,在整个基金市场中,此类基金占60%以上。以投资股票为主的基金收益很大,一般年可达20%左右,但风险也很大,也许一年下来收益却是负数。2007年A股市场经历了大牛市,2008年A股市场则是大熊市,2009年A股市场又迎来了大反弹。在这三年间,沪深300指数上涨了75.18%,偏股型基金也显示了相当的盈利能力。根据统计数据,纳入统计的187只基金中,有107只基金成功的超越了沪深300指数同期的涨幅,开放式偏股型基金华夏大盘精

选三年的涨幅更是达到了359.26%。封闭式基金中,华夏兴华、华安安顺、博时裕隆三只基金排在了前三位,净值增长率分别是149.46%、136.82%、130.43%。尽管行情这么好,但还是有亏损的基金,中邮核心优选被列为最不赚钱的基金,因在2007年大跌时成立,可谓生不逢时,造成的巨额亏损至今没有回补,基金净值依然是负数。

据统计,标准股票型基金中,排名第一位的银华价值优选股票基金的业绩达到了116.08%,第二位的新华优选成长股票基金业绩为115.21%,第三名的兴业社会责任业绩为108.57%。排在最后一位的基金业绩仅有33.2%,与排在第一位的差距超过了80%。

投资基金5年以上的投资者,收益更加让人振奋。统计数据显示,截至2009年,纳入统计的开放式基金中共有58只偏股型基金成立年限超过5年(剔除指基)。这其中,有13只基金自成立以来的复利增长率超过了30%,而华夏大盘精选基金以57.73%的复利增长率高居榜首。排在第二位的上投摩根中国优势混合型基金有39.33%的复利增长率。截至2009年12月31日,华夏大盘精选的份额累计净值为10.355元。

另有11只偏股型基金成立5年来的复利增长率超过了30%:富国天益基金为37.96%、景顺长城内需增长基金为35.74%、泰达荷银精选基金为35.28%、华宝兴业多策略基金为32.38%、鹏华中国50基金为34.04%、嘉实增长基金为31.11%、华安宝利基金为36.22%、易方达基金成长基金35.27%、易方达策略成长基金为35.05%、广发稳健增长基金为33.6%、广发聚富基金为30.18%。

投资股票型基金的技巧

股票型或偏股型基金虽然盈利能力较强,但是并不是买入后就可以高枕无忧了,还有许多技巧需要掌握。

1. 不能固守长期持有的理论

许多人都说基金需要长期投资,但是股票型基金却不适合这个理论。如果2007年9月买入股票型基金一直持有到今天,亏损可达30%,甚至接近60%。所以,股票型基金应该紧跟股市的起伏,适当进行低买高卖的操作,收益会比"长期不动"高得多。

2. 不要随波逐流

大家都不看好基金的时候,可以试探性地陆续买入;当大家蜂拥抢购基金的时候,则要考虑陆续赎回了。另外,学会设立止盈点和止损点,对于心理承受能力较弱的人来说是非常必要的。

3. 不是分红越多越好

基金分红并不是衡量基金业绩的标准,真正的标准是基金净值的增长能力,以赚取更高的资本利得(买卖差价)。对于开放式基金,想要实现收益,只要赎回一部分基金就可以了;至于封闭式基金,由于基金价格与基金净值常常并不相同,因此要想通过卖出基金来实现收益是不可行的。在这种情况下,分红就成为实现收益的唯一方式。

2009年初至第三季度,共有129家开放式基金分红,最多的分红5次,最少的分红1次,大多数基金每10份分配红利不超过1元,中信公司旗下中信经典配置基金每10份基金份额分配红利11.40元,是2009年以来分红水平最高的一只基金。大成策略基金分配红利7元,工银价值基金分红6.90元,景顺内需基金(二)为6.20元,建信精选基金为5元,分别列前五名。其中,第一名的为混合型基金,其他四家均为偏股型基金。在这129家开放式基金中绝大多数是偏股型,其中,债券型57家,混合型29家。债券型基金的分红集中在后面。

基金定投关键是选好基金

我认识一个年轻人,他刚参加工作不到一年,薪水也就3 000元,去除个人所得税和三险一金的缴纳,余下也就2 600多元。考虑到自己将来还要结婚、生子,而他又不想增加父母的负担,就向一位在证券公司工作的同学请教,那位同

学建议他每月拿出500元来做基金定投,这样就能在几年后获得一笔钱。就这样,他定投了一个指数基金,两年过去了,这笔基金已经有了很好的回报。尝到甜头以后,随着他薪水的增加,又把定投的数量增加到1000元。

在他的带动下,他的几位好朋友也都开始了基金定投的投资积累。

基金定投是指定期定额投资基金——在固定的时间(如每月5日)把固定的金额(如每月500元)购买某种开放式基金的理财方式,类似于银行的零存整取储蓄,是一种中长期投资积累资金的方式。由于基金"定额定投"起点低、方式简单,所以它也被称为"小额投资计划"或"懒人投资法"。因为定投方式与股票投资或基金单笔投资追高杀跌相比,风险明显降低,还能平摊投资成本,降低整体风险。它有自动逢低加码、逢高减码的功能,无论市场价格如何变化总能获得一个比较低的平均成本,因此定期定额投资可抹平基金净值的高峰和低谷,消除市场的波动性。只要选择的基金有整体增长,就会获得一个相对平均的收益,不必为何时购买、买多买少的问题而苦恼。

比如,你每两个月投资200元购买一只开放式基金,1年6次,总金额为1 200元,每次申购基金价格分别为1.00元、0.95元、0.92元、0.90元、1.05元和1.1元,6次购买的份额数分别是200份、210.6份、217.4份、222.2份、190.4份和181.8份,累计份额数为1 222.4份,则平均成本为1 200÷1 222.4=0.982元,而投资报酬率则为$(1.1 \times 1 222.4 - 1 200) \div 1 200 \times 100\% = 12.05\%$,比一开始以1元价格投资1 200元报酬率10%为佳(各银行对定投金额有限定,一般为500元,此处的200元只为计算方便)。

另外,基金定投十分简便,因为是自动扣款,所以不用每月亲自去银行,省去了劳顿之苦。目前开展基金定投业务的有工商银行、建设银行、民生银行等多家银行,可定投的基金包括华安、博时、中融、华夏、招商、湘财、银华、海富通等基金公司的众多开放式基金产品。基金定投办理十分方便,只要到银行柜台或通过网络银行或者电话银行办理即可。

基金定投的特点

基金定投适合年轻人和其他年龄段收入较低的人,但这一投资方式必须经过一段长时间才比较容易看得出成效,据中国台湾地区某项统计显示,定期定额只要投资超过10年,亏损的几率几乎接近于零。这种"每个月扣款买基金"

的方式比投资股票或整笔购买基金的投资方式,更能让花钱如流水的年轻人在不知不觉中存下一大笔资金。除此之外,基金定投还有以下特点:

1. 自动扣款,手续简单

定期定额投资基金只需投资者去基金代销机构办理一次性的手续,此后每期的扣款申购均自动进行,一般以月为单位,也有以半月、季度等其他时间限期作为定期的单位的。

2. 省时省力,省事省心

办理基金定投之后,代销机构会在每个固定的日期自动扣缴相应的资金用于申购基金,投资者只需确保银行卡内有足够的资金即可。

3. 不用考虑投资时点

投资的要诀就是"低买高卖",但却很少有人在投资时掌握到最佳的买卖点获利,为避免这种人为的主观判断失误,"基金定投"不必在乎进场时点,不必在意市场价格,无需为其短期波动而改变长期投资决策。

4. 平均投资,分散风险

资金是分期投入的,投资的成本有高有低,长期平均下来比较低,所以最大限度地分散了投资风险。

5. 复利效果,长期可观

"基金定投"收益为复利效应,本金所产生的利息加入本金继续衍生收益,随着时间的推移,利滚利的复利效应越发明显。定投的复利效果需要较长时间才能充分展现,因此,不宜因市场短线波动而随便终止。

"基金定投"的基本原则和方法

1. 首选新兴市场和小型股票基金

中长期基金定投最好选择波动性较大的新兴市场或者小型股票型海外基金,由于股市回调时间一般较长而速度较慢,比较容易积累较多的基金份额,一旦股市回升就能获取较好的投资回报率。根据资料显示,最近三年定投任一新兴市场或小型公司股票类型基金的投资者,至少有23%的平均回报率。

2. 选择投资经验丰富且值得信赖的基金公司

基金公司的运作主要依靠基金经理人,选对了敏锐头脑、经验丰富的基金经理人,才能占有先机,取得较高的收益率。

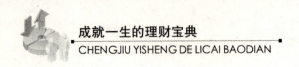

3. 投资期限决定投资对象

并不是每只基金都适合以定投的方式投资,要根据自己的投资期限综合考虑。如果较长期的理财目标是5年以上至10年、20年,选择波动较大的基金能获得更高的报酬率;如果是5年内的理财目标,选择绩效较平稳、波动不是很大的基金为宜。

4. 把握解约时机

基金定投的期限要根据市场的变化来决定,比如计划投资5年,但在投资2年的时候,市场已经上升到非常高的点位,并预示着未来行情可能进入大的下跌空间循环,此时最好解约获利了结。如果面临资金需求或者退休年龄将至,更要关注市场状况,随时决定解约时点。

5. 善用部分解约,适时转换基金

开始基金定投后,发生紧急情况或对后市把握不了,也不必完全解约,可赎回部分份额取得资金。紧急情况处理完毕或市场趋势有所改变,可继续进行定期定额投资。

6. 因人而异,量力而行

基金定投要做得轻松、没负担、没压力,如果设定的金额较高,比如3 000元月薪却拿出2 000元定投,一旦遇到资金紧张需要把定期存款取出来投资,这样就得不偿失了。一定要做好每月收支计划,计算出固定的闲置资金,不要太多也不要太少。

7. 根据收入弹性调整投资金额

随着就业时间拉长、收入提高,个人或家庭的每月可投资的金额也随之提高。因此,适时提高每月扣款额度也是一个缩短投资期间、提高投资效率的方式。尤其是在原有投资的基金趋势正确、报酬率佳,只要依照原有的投资比重重新分配投资金额即可。

8. 根据实际情况选择扣款时间

一般情况下,定投只能按月投资,不过也有基金公司规定,定投可按月、按双月或季度投资。大多数人每个月有固定工资,有的人还有季度奖。如月工资仅够日常之用,季度奖可以投资,适合按季投资;如果每月工资较宽裕,或年轻人想强迫自己攒钱则可按月投资。

9.坚持不懈,持之以恒

长期投资是定期定额积累财富最重要的原则,至少要持续三年以上才能得到好的效果,如果不能坚持始终,半途而废,不如选择其他理财方式。

"基金定投"首选指数基金

定投首选指数型基金,因为它较少受到人为因素干扰,只是被动地跟踪指数,在中国经济长期增长的情况下,长期定投必然获得较好收益。而主动型基金则受基金经理人影响较大,且目前我国主动型基金业绩在持续性方面并不理想,往往前一年的冠军,第二年则表现不佳,更换基金经理人也可能引起业绩波动,因此长期持有,选择指数型基金较好。若有反弹行情指数型基金当是首选。

下面是几个表现较好的指数基金,可供选择。

1. 深100ETF指数基金

在牛市阶段,深100ETF可谓"牛市中跑得最快的基金",2009年以来多数时间内一直领涨开放式基金,并且两度率先实现年内收益翻番。截至2009年11月6日,收益达104.24%,在所有股票基金中排名第4位。

好指数基金即使遇到熊市也具有"不领跌"的优势。分段测算,该基金在2007年牛市、2008年熊市、2009上半年牛市的收益率分别为185.35%、-63.43%、76.55%,均高于上证综指和沪深300指数。

2. 易方达上证50基金

这是一款增强型指数股票基金,投资风格是大盘平衡型股票,属于高风险、高收益品种,符合指数型基金的风险收益特征。基金经理人林飞除了担任上证50基金经理外,还担任指数基金深证100ETF的经理人,具有较强的指数跟踪能力和主动管理能力。

3. 上证50ETF基金

上证50指数由上海证券交易所编制,于2004年1月2日正式发布,指数简称为上证50,指数代码000016,基日为2003年12月31日,基点为1000点。上证50指数是根据科学客观的方法,挑选上海证券市场规模大、流动性好的最具代表性的50只股票组成样本股,以综合反映上海证券市场最具市场影响力的一批优质大盘企业的整体状况。

4. 华夏中小板基金

华夏中小板 ETF 的标的指数为深圳交易所编制并发布的中小企业板价格指数，主要投资于标的指数成分股、备选成分股。为更好地实现投资目标，还可少量投资于新股、债券及相关法规允许投资的其他金融工具。

对于以上指数基金只是简单介绍，具体投资与否，还要认真了解它们以往的业绩来做综合判断。

按照国外成熟资本市场的惯例，一个市场周期一般为 3~5 年。只有经历了至少一个完整的市场周期，定投的优越性才能得到比较充分的发挥。一般我们建议定投在 5 年以上为宜。

基金全部赎回后，之前签署的投资合同仍然有效，只要你的银行卡内有足够金额及满足其他扣款条件，银行就会定期扣款。所以，要想取消定投计划，除了赎回基金外，还应到销售网点填写《定期定额申购终止申请书》，办理终止定投手续。此外，如果连续三个月无法满足扣款要求，银行会自动终止定投业务。

理财五段

股票和期货赚大钱

投资资本市场是一门深奥的学问,如果想获得投资的成功,就要有足够的知识储备和实战经验,还要有灵活的头脑和足够的智慧。在这个战场上,你的敌人不仅仅是对手,还有你自己。认识到这一点,成功的大门就已经敞开了一半。

投资股票——运用自己的智慧赚钱

2007年夏天,朋友带着女儿到北京来度假,到处游玩的时候还不忘看股票行情。我知道她1998年那次大牛市没有跑出来,股票套在里面快10年了,这次又逢大牛市,估计是赚到了。没想到,她手里的那些股票还没有解套,为了减少损失她还在32元价位买了不少的"中石油"。我劝她早点抛掉,从900多点涨到6 000多点,太夸张也太可怕了,还是早出来为好。她却坚持说,某经济学家预言能涨到10 000点,现在还差得远呢!

两天以后,朋友走了,这期间没有再联系,直到春节才有机会团聚。问到她手里的股票,得知不仅原来的没有解套,后买的"中石油"也被套在里面,这样一个大行情让她白白错过,不知道下一个牛市要等到什么时候。

爱恨在股市

股市作为资本市场,为上市公司提供了融资的渠道,同时给人们提供了参与公司经营的渠道,也给股民提供了博取差价的获利机会。新中国的股票市场只有30多年的历史,与欧美等经济发达国家的股票市场相比,实在是太年轻,几乎相当于儿童期。目前只有上海、深圳两个交易所,共有A股、中小企业版、创业版等1 862只股票,其中沪市1 067只,深市795只。股民的数量2007年已达到8 000万。

股票市场是一个机构与机构、机构和散户相互博弈的战场,股价的上涨能让人赚钱,股票的下跌能让人赔钱;低价买到股票再高价卖出去,就有了利润;高价买到股票低价卖出去,就造成了亏损。要把握股市的脉搏,要掌握股市的动向,要做到战无不胜,就要知己知彼,就要有火眼金睛,就要有绝杀他人的功力,否则只能成为"他人的提款机"。

投资股市了解基础常识是必修课,但是有关股票的理论知识太多,这里只能讲点皮毛。

了解股票的种类

(1)普通股。目前在股市上流通的股票都是普通股,普通股具有股票的一切基本性质。它的股息视公司的经营状况而定,公司经营得好红利就多,经营得不好红利就少,如果没有盈利就没有红利,如果公司破产倒闭,在优先股之后得到补偿。

(2)蓝筹股。蓝筹股是指收益好、股价不断攀升的优质股票——绩优股。这种股票在手里可以得到分红收益,需要变现的时候可以卖出获得差价收益。

(3)红筹股。红筹股是指内地企业以控股公司的名义在香港联交所上市的公司股票,红筹股的业绩普遍较好,因此很受海外投资者的青睐。

(4)A股、B股、H股、N股、S股。A股是境内的公司发行,供境内机构、组织或个人以人民币认购和交易的普通股股票。B股是在中国大陆注册、在中国大陆上市的股票,交易对象是使用外币的境外法人和自然人,以人民币标明面值,只能以外币认购和交易。H股是内地企业在香港联交所上市的股票;N股是内地企业在香港以外的海外证券交易所发行上市的股票,比如在美国纳斯达克上市的有网易、盛大网络等公司。S股是核心业务在中国大陆、而企业注册地在新加坡或者其他国家和地区,在新加坡上市的股票。最近又有了中小企业板、创业板等不同性质的股票。

(5)绩优股和垃圾股。上市公司的业绩决定了其股票的优劣,业绩好的股票必然受到股民和机构的青睐,给予一定的上涨空间,成为大家争相购买的股票,因而价格不断地飙升,这就是绩优股。反之,上市公司的业绩不好,股民和机构对其发展前景没有信心,因此纷纷抛售,因此价格不断下降,即便如此依然没有人接手,这就是垃圾股。

(6)大盘股、中盘股、小盘股。根据上市公司流通股总股本数量可分为大、中、小盘股,流通盘在2亿元以上的公司为大盘股;流通盘在3 000万至1亿元之间的为中盘股;流通盘在3 000万元以下的称为小盘股。流通盘大的股票需要的资金必然大,股价波动及活跃的程度必然受影响;流通盘小的股票需要的资金要少,大资金控制股价相对容易。目前最大的流通盘是中石油,共计30亿股,是中国股市中的超级航母。最小的流通股是永生数据,共计1 113万股。

(7)新股票的申购。新股申购是股市中风险最低而收入最稳定的投资方式,投资者可根据招募公告上的发行价格和申购限量,在申购的当天进行购买。新股的发售采用摇号抽签的形式,自申购日起资金便被冻结,直至第四日中签结果公布之日未中签的资金方可解冻。每个中签号码可认购1 000股新股,每个账户只能认购一次,资金足够多可申请数量也多,但不能超过申购上限。因为参与申购的人太多,目前中签率已经非常低。

(8)T+1交易规则。按照沪深两个交易所的规定,当天买入的股票只能在第二天卖出,当天卖出的股票确认成交后,返回的资金当天就可以再买入股票,这就是T+1交易,T是Trede(交易的意思)的简称。

(9)涨停板、跌停板。为了防止股价的非理性上涨和下跌,规定了每日股价最高涨幅(跌幅)不能超过上一日收盘价的10%,如果是ST股票(被)涨跌幅度为5%。新股上市首日股价上涨幅度为发行价×(1+1 000%),下限为发行价×(1-50%),但是第二天就要遵循涨跌停板规则。

(10)股票交易代码和时间。股票交易的国际惯例是不用名称而用代码,代码中的阿拉伯数字表示不同的含义,沪市A股的代码以600或601开头,沪市B股的代码以900开头,沪市新股申购的代码以730开头;深市A股的交易代码以000开头,深市B股的代码以200开头,深市新股申购的代码与深市股票买卖的代码一样。中小板块的股票代码以002开头,创业板块的股票以300开头。

炒股是要学习的

股市的交易时间是每个周一到周五,上午9:15~11:30,下午13:00~15:00,周末和法定假日休市。

至于股票的开户、买入价、卖出价、分红派息、增股配股等等一系列的环节,都有很多的学问。要知晓每只股票所属的行业,这家公司的股本结构和经营业绩,上市以来的基本走势状况,历史最高价和最低价……还要了解在市场里的主要的大机构,他们的资金状况和行事风格,历史上的最好成绩……要学会看股票的走势图——日K线、周K线、月K线、年K线,要知道什么是市盈率、什么是换手率和盘口、什么是买盘和卖盘、什么是涨停和跌停,什么是"ST"、什么是"大小非"……没有这些基本知识,很难在股市里赚到钱,如果赚到了也很难长期赚下去。尤其是股票的涨跌背后有很深层次的原因,只看表面是看不出来的,即使是老股民也有"走麦城"的时候。

如何进入股票市场成为股民呢？方法很简单：

(1) 选择营业部。选择一家工作或居住地附近的、有良好信用和交易环境、有完善的系统设备、有畅通信息通道的证券营业部。

(2) 注册开户。带着你的身份证原件和一个活期存折到营业部柜台窗口，填报开户申请登记表、委托交易协议书、指定交易协议书等，业务员就可以帮你办理相关的手续了。最好同时开设沪市和深市两个账户，可同时在两个交易所进行交易。如果想要炒B股也可以一并办理。

(3) A股是先开户后转账，B股是先转账后开户，拿到股东卡后注入了资金就能进行股票的买卖了。注册登记的时候，还可以办理网上交易和电话交易的手续，这样就可以在网上或者通过电话进行交易了。

投资股票的原则和策略

为什么股市能吸引无数人来投资，因为在一些人看来股市里的钱太好赚了，轻松得似乎信手拈来，君不见每一个大牛市都能诞生一些百万甚至千万富翁。然而，巨额亏损的例子也不少，资产转眼间消失得让人心惊胆战，遗憾的是根本没有人去往那看、往那想。为什么？就像牌桌上的人总说赢钱不说输钱一样，炒股的人也只说赚不说赔，所以人们听到的都是赚钱的信息，听不到赔钱的信息。股市里没有百战百胜的常胜将军，每一个成功的股民都是在"血雨腥风"中拼杀出来的，他们的勇敢、坚韧、智慧和努力是他们获取财富的利器。

一只股票从最低点涨到最高点，一路上不知道要换多少手，低价买入高价卖出赚到钱就算幸运，但是谁都无法预料哪里是最高点，所以千万不要奢望买到最低、卖到最高。进入股市的人都想赚钱，都盼望自己手中的股票一涨再涨，但是越想赚钱越不一定能赚到,保持平常心才能保持清醒的头脑,所以千万不能太贪心。上涨的时候你的股票能卖出去,但是你舍不得卖,因为你想赚更多的钱。下跌的时候你想卖却根本没人买,这就是赔钱容易赚钱难的真正含义。

怎样在变化莫测的股市里淘到属于自己的那份收益呢?有以下的原则和规律可以遵循。

1. 关注宏观经济的同时关注微观经济

股市是一个国家经济运行的晴雨表,它反映了各个行业的基本运营状况,哪个行业处在最好的发展阶段,哪个板块的股票就会有较好的表现。在中国,股市还是国家政策的最终体现,哪个行业受到国家政策的倾斜,哪个行业就会有好的发展前景,这个板块的股票就会受到追捧。比如前一阵子的西部开发的经济政策、海南国际旅游岛的规划方案、上海世博会的举办,都带动和影响了一些相关股票的上涨。而抑制高房价的"国十一条"出台后,直接导致了地产股的下跌。所以,要想在股市里游刃有余,知其然并知其所以然,就要了解和掌握国际市场的风云动向,还要知晓和把握国家的宏观经济政策,这样才能知道那些股票涨和跌的真正原因。

2. 不要不懂技术也不要太看重技术

在股市里有很多理论技术分析工具,还有很多软件及分析图表,要想掌握这些知识需要理论和实践的长期积累,不是一朝一夕的事情。但是,对于这些理论技术起码应该掌握一点,应该能够看懂 K 线图和均线图,许多时候股票的涨跌是由大机构操作造成的,即背后有庄家在操纵。大机构手中有雄厚的资金,他们在你毫不察觉的时候悄悄建仓,然后再伺机拉升,它们在需要的时候会做一些假动作,诸如一边卖一边买的对倒,给人一种交易活跃、量价齐升的错觉,诱惑一些中小散户们上船。他们想让你买的时候就慢慢拉升,不想让你买的时候就一下子拉到涨停;想让你卖的时候也会反向的操作,几个跌停板就把胆小的人吓跑了。这就是不要不懂技术也不要太看重技术。

3. 把握买进和卖出的机会

进入股市的人根据个性和资金的不同,会选择长线投资和短线搏杀的不同策略。如果是长线投资就要关注长期的走势,一般来说三年是一个小的起伏周期,每隔 8 年就可能出现一轮大牛市。当大盘长期下跌几乎处于历史低点的时

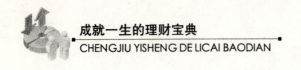

候,当人们都失去信心的时候,也许牛市正在悄悄到来,此时就要毫不犹豫地进去。那时,所有的股票都在涨,只是有的涨得多,有的涨得少,你买的股票赚钱的几率会很高。反之,股市达到顶峰时,当街头巷尾的人都在议论股票时,很可能就是股市下跌的前兆,此时要尽早把手中的股票全部卖出去。

短线投资者只要把握阶段性的趋势既可,在K线图的箱体底部进入,在箱体顶部卖出就可获利。

4. 抓住与庄共舞的机会

庄家就是潜伏在一只股票里能够把握和左右股价的机构,如果能够找到有庄家进入的股票,就要毫不犹豫地跟进去,直到庄家出货的时候再卖出,这样就能得到极高的收益。要想得知庄家进入哪只股票,在资金流向中就可发现其足迹。其实很多散户的资金加在一起也没有一个庄家的资金多,所以看到大庄家出现的时候尽情与庄共舞,跌的时候迅速逃离现场,这才是最明智的做法。

5. 设定止盈点和止损点

初涉股市不知道里面的深浅,不能单凭知觉来操作,更不能相信小道消息和专家的言论,最好的最简单的办法就是设定止盈点和止损点。止盈点就是当手中的股票涨到股价的10%~15%就要卖出,这样也可能没有赚到最高点,但是终究还是赚到了钱,留下一些空间让别人来赚。止损点就是手中的股票跌到股价的10%~15%就要卖出,这样做的目的是避免更大的损失,这叫做"大赢小赔"。还可以把止盈点设在30%,止损点依然是10%,这叫做"进三退一"。

6. 不要投资要"投机"

中国的股市有很多"投机"成分在里面,想在1 500多家上市企业中,寻找像可口可乐那样具有长期投资价值的股票比较困难。"三十年河东,三十年河西",中国的企业想要长盛不衰太难了,所以只看重业绩和发展前景及长期投资价值,即将重组的ST股票、被借壳上市的垃圾股、受国家政策优惠的行业股都有短期的上涨动力,选择此类股票的获利机会要远远大于长期持有绩优股。

7. 不要想着能赚到大钱

你的资金、你的人生阅历、你的人脉支持、你的性格秉性,这一切都和你能否赚钱息息相关。大牛市几年和十几年才能碰到一次,大多数时候是不温不火的涨涨跌跌行情,所以要长期保持平和的心态,保证每个月能赚到钱就好。经过长期的实战锻炼,才能慢慢修炼成股市里的高手,手中财富也势必会逐渐增加。

股市里的风险随处可见,要想处处规避谈何容易,只能告诉你一些戒律:

(1)切忌贪心。不要想着要卖到最高点,如果卖掉后股票还在上涨也不要后悔,钱是大家赚的,给别人留些赚钱空间也是好事。

(2)切忌追涨杀跌。不要看到哪只股票涨就马上去买,更不要看到手里的股票跌就马上卖,因为任何一只股票都不能只涨不跌,也不能只跌不涨,要看它的长期趋势。

(3)少听股评多听新闻。不要迷信股评专家的意见,不要每天都看电视上的股评分析,更不能轻信那些收费的机构推荐的股票,这其中很可能有骗子在借机行骗。

初级"菜鸟"炒股实战技巧

有一个初入股市的人曾问资深投资专家,"什么时候买股票、什么时候卖股票最合适",专家微笑着回答,"我只能告诉你,在低的时候买、在高的时候卖"。这句话可谓股市的金科玉律,它说起来容易做起来难,很多人都是高的时候买、低的时候卖,也就是犯了追涨杀跌的通病。有人感慨说:"我买哪只股票哪只就跌,我卖了哪只股票哪只就涨。"这就是没有经验的人在股市里的表现。

股市里面有各种各样的机构,也有各种各样的自然人,国际上的热钱还

时不时地进来浑水摸鱼。作为散户,没有一定的功力是难以在股市中立足的,没有经验的初级"菜鸟"应该掌握一些实战技巧,这样才能在投资中取得成效。

1. 买股票前要对大盘做研判

大盘是指整个股市的涨跌情况,最直观的数据就是每天沪市和深市的综合指数,这是分析和把握大盘趋势的指标。大盘提供的项目有开盘价、收盘价、最高价、最低价、卖出价、买入价、成交量和涨跌幅度等,这些数据是判断股价走势和趋势的重要参考资料。通过这些数据分析:大盘是否处于上升周期的初期,宏观经济政策、舆论导向有利于哪一个板块,该板块的代表性股票是哪几个,成交量是否明显大于其他板块。从中确定5~10个目标个股。收集目标个股的全部资料,包括公司地域、流通盘、经营动向、年报、中报、股东大会(董事会)公告、市场评论以及其他相关报道。剔除流通盘太大、股性呆滞或经营中出现重大问题暂时又无重组希望的品种。了解了这些信息后加以比较,就能做出买进或者卖出的决定。

2. 买股票前寻找主力资金的动向

可以通过成交量来寻找主力的蛛丝马迹,主力的介入会使股票出现价升量增的态势,主力为了给以后的大幅拉升扫平障碍,不得不将短线获利盘强行洗出去,洗盘行为在K线图上表现为阴阳相间的横盘震荡。主力洗盘时K线组合往往是大阴线不断,且每次收阴时都伴有巨大的成交量,好像主力在大量出货。仔细观察就会发现,巨量大阴时股价很少跌破10日平均线,这就是人们所说"巨量长阴价不跌,主力洗盘必有涨"。另外,成交量的量化指标OBV在股价高位震荡期间,始终保持向上,即使瞬间回落,也会迅速拉起,并能够创出近期的新高,这说明单从量能的角度看,股价已具备大幅上涨的条件。如果此时介入,一定会有好的收益。

3. 区分主力震仓洗盘还是出货

庄家出货的目的是尽量吸引买盘,通过各种手段稳定其他持股者的信心,而自己却在尽量高的价位上派发手中的股票。区分两者是十分关键的,直接关系到投资者的获利收益。实际操作中,许多投资者却把庄家的震仓当出货,出货当震仓,结果卖出的股票一路狂升,死捂住的股票却一跌再跌,深度被套。如何区分庄家出货与震仓呢？庄家出货时是不挂大卖单的,下方买单反而大,造成买盘多的假象,但上方某价位却有"吃"不完的货,或成交明细中常有大卖单卖出而买单却很弱,导致价位下沉无法上行。

若庄家对倒下挫时分不清震仓还是出货,但在关键价位卖盘很大而买盘虽不多却买入且成交速度很快,笔数很多股价却不下挫,此多为震仓洗盘。庄家出货则以力图卖出手中大量的股票为目的,所以关键位是不会守护的,导致股价一味下跌。无论如何,对于连续放量的股票都应该引起注意。

4. 观望领涨股,介入初涨强势品种

股市的每一波上涨行情,都有一两个领涨板块中的龙头股,龙头股太引人注目,完成任务后过就会被暂时放弃,下一个领涨板块很快就要诞生。要冷眼观望领涨龙头股,相反可短中线积极介入尚处于上涨初期或主力机构新增持的品种。在板块轮动中把握操作节奏很重要,要坚持买入并持有策略,避免在同一只股票上频繁波段操作。要冷静对待热点,避免出现被动跟着热点走,忘记了自己的初衷。手中有强势股不追涨杀跌,只要大盘向上的格局不发生突变,就不要畏惧调整。选择强势股的方法是,上市首日换手70%以上,或当日大盘暴跌,次日跌势减缓立即收较大阳线,或收复前一日阴线2/3以上,这样的股票说明主力非常强势,择机介入一定会有很好的收益。

5. 选择市场性优异的股票

每个股票都有其特性即股性,股性好的股票非常活跃,在大势升时它升得多,大势跌时它也震荡较大,这种股票群众基础好,其股性也越来越活跃。而股性不好的股票往往股价呆滞,只会随大势作小幅波动。每种股票都有习性,这种习性是长期炒作形成的,一般很难改变。几乎所有的热门指标股都有良好的市场性,这些股票的筹码锁定好,容易大起大落,投资者高度认同这些股票,一有风吹草动就会大胆跟风,往往造成股价疯涨。这类股票最容易被市场主力介入,在其中推波逐浪。小盘股最容易成为主力炒作的目标,容易控制筹码,容易拉升,利于操作。

与此相反的是一些冷门股,平时默默无闻却突然有惊人的表现,从前大多有过突然爆发的经历,它的股性就是喜欢突然拉升。冷门黑马股大多流通筹码很少,股本小,所以一旦筑底完成发动攻击,其升幅往往十分可观。

6. 不要奢望买得最低、卖得最高

有的人总想买入最低价而卖出最高价,这种想法是不现实的,庄家都不能完全控制走势,何况你我。以前我也奢望达到这种境界,但是现在我早转变观念了,股票创新低的股票我根本不看,新低下面可能还有更低。我只买入大约离底部有10%左右升幅的个股,还要走上升通道,这样往往能吃到"最有肉"的一段。

7. 量能的搭配问题

有些人总把价升量增放在嘴边,其实无量创新高的股票更应该受到关注,而创新高异常放量的个股反而应该小心。越跌越有量的股票,应该是做反弹的好机会,当然不包括跌到地板上的股票和顶部放量下跌的股票,连续上涨没什么量的反而是安全系数大的,而不断放量的股票大家应该警惕。

8. 要学会空仓

有些人很善于利用资金进行追涨杀跌的短线操作,有时会获得很高的收益,但是对散户来说,很难每天看盘,也很难每天能追踪上热点。所以,在股票操作上,不仅要买上升趋势中的股票,还要学会空仓,在感觉股票很难操作、热点难以把握、大多数股票大幅下跌、涨幅榜上的股票涨幅很小而跌幅榜上股票跌幅很大时,就需要考虑空仓了。

炒股箴言:

(1)即使赢不了也绝不要赔,即使赔钱也尽量要少赔。

(2)当你不怕输你就不会输,当你只想赢你却不会赢。

(3)留一点空间给别人去赚,也留点空间给别人去套。

(4)不要让获利变成亏损,也不要放任亏损继续。

(5)主动止损提前获利,顺势而为中庸之道。

申购新股的操作及方法

当一家公司的上市申请被证监会批准后,其股票就会在指定的交易所、指定的日期,由其承销的证券公司向全体股民正式发售,这就是人们常说的一级市场。股民根据招募公告上的发行价格和申购限量,在发售当天申请购买。新股申购是股市中风险最低而收入最稳定的投资方式,因为发售的数量有限,而申购的人数众多,因此采用摇号抽签的形式,中签的几率非常小,所以,申购上还是要讲究些方法和技巧。

申购新股有以下优点:一是如果申购成功,在上市的第一个交易日最少可以得到10%的收益,多者200%甚至更多,基本上属于只赚不赔的交易。二是网上发行不收取任何佣金和印花税,比如A股在买卖交易时要收取12‰的手续费,这样投资者就会少了一部分收益。

申购新股方法很简单但有严格的规定。上交所申购单位为1 000股,每一证券账户申购数量不少于1 000股,超过1 000股的必须是1 000股的整数倍。深交所申购单位为500股,每一证券账户申购数量不少于500股,超过500股的必须是500股的整数倍。每一有效申购单位对应一个配号,申购时间为发行日上午9:30~11:30,下午1:00~3:00,自申购之日起到申购完成、资金解冻一共要历时4天。

那么具体的申购过程是怎样的呢?

假设郑先生的账户上有50万元资金,他想参与某只新股的申购,申购程序如下:

1. 申购

这支股票将于6月1日在上交所发行,发行价为5元/股。郑先生在6月1日(T日)下午1:30通过委托系统用50万元最多申购10万股这只股票,参与申购的全部资金随之被冻结。

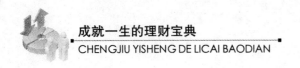

2. 配号

申购日后的第二天（T+2日），上交所将根据有效申购总量，配售新股：如有效申购量小于或等于本次上网发行量，不需进行摇号抽签，所有配号都是中签号码，投资者按有效申购量认购股票；如申购数量大于本次上网发行量，则通过摇号抽签，确定有效申购中签号码，每一中签号码认购一个申购单位新股。一般来讲，申购数量都会大大超过发行量。

3. 中签

申购日后的第三天（T+3日），公布中签率，并根据总配号由主承销商主持摇号抽签，确认摇号中签结果，并于摇号抽签后的第一个交易日（T+4日），在指定媒体上公布中签结果，每一个中签号码可以认购1 000股新股。

4. 资金解冻

申购日后的第四天（T+4日），对未中签部分的申购资金进行解冻。郑先生如果中了1 000股，那么将有49.5万元资金回到账户中，若未能中签则50万元资金全部回笼。

申购新股看似很简单，好像全凭碰运气，实则不然，申购的过程中有一定的方法和技巧。

1. 全仓出击一只新股

由于参与新股申购，资金将被锁定一段时间，如果未来出现一周同时发行几只新股，那么就要选准一只，并全仓进行申购，以提高中签率。首先，优先申购流通市值最大的一只个股，中签的可能将更大。其次，由于大家都会盯着好的公司申购，而一些基本面相对较差的股票，则可能被冷落。此时，中小资金投资者如果申购这类行业较不受欢迎的、预计上市后涨幅较低的品种，中签率则会更高。

2. 选择下单时间很重要

由于计算机抽号具有随机性，中签号码在整体上是均匀分布的，当数字处于中间区域时中签的几率最大。要使申购号码处于中间区域，需捕捉大多数投资者，尤其是大的机构投资者下单的动向。就以往的情况来看，下午是机构投资者下单的高峰期，如果想使申购号码处于中间区域，则在下午1:30～2:00下单比较合适。

3. 耐心等待资金枯竭

选择申购时间相对较晚的品种，比如连续三天每天各有一只新股发行，此时应该申购最后一只新股。因为人们一般会把钱用在申购第一天和第二天的新股上,第三天时很多资金已经用完,申购第三天新股的资金相对前两天要少很多,这样一来中签几率会更高。

4.凑足资金能提高中签率

对不同新股而言,当申购资金达到一定数目时,中签率就会有保障,在事先约定好如何分割收益的情况下,散户也可齐集亲朋好友的资金一起申购新股,以获取平均的收益率。上交所发行的新股要求最低申购1 000 股,超过1 000 股的必须是1 000 股的整数倍;深交所发行的新股每申购500 股就能获取一个号码,相比之下如果其他条件相同,申购深交所新股更容易中签。

5.散户申购新股要持之以恒

尽管对资金量较小的投资者而言,在申购某一只新股时,中签情况存在很大的偶然性,申购新股的收益看起来似乎取决于运气,但事实上,散户和机构投资者的中签几率是一样的。千万不要因几次失败就轻易放弃,只要持之以恒地申购,收益水平也可以不断接近平均水平,如果运气好还可能获取超额收益。

新股发行成功以后,过一段时间就会正式上市交易。股市低迷时,庄家很少在新股中坐庄,由于当前市场上的平均市盈率仅有15倍左右,而新股发行的市盈率普遍在25倍以上,价格明显偏高。但上市首日的价格无论如何也会比发行价高,所以中签新股上市当天就要卖掉,这是一个必须遵循的规律。

期货做空也能赚钱

经常听人说,炒期货能赚大钱,最形象、最简单的说法是:炒期货就如同打麻将,牌桌上的四个人,有人赢就有人输,赢的人赚输的人的钱,有人赚的多,有人输的多,有人不赚不赔。期货市场亦是如此,它并不能创造财富,只是在不停地转移财富,从交易者的角度看,有人赚钱必然有人赔钱,你赚的钱是赔钱人的钱,少数人赚钱是以大多数人赔钱为基础的,这话听起来好像很残酷,但这确实是不争的事实。进入这个市场的人,都抱着赚钱的目的而来,但是百分之九十的人都会经历赔钱的痛苦。即便如此依然有很多人乐此不疲地投入其中。

期货市场为什么吸引人?因为期货是保证金交易,用很少的钱就可以进行很大额度的交易,这样就难免会吸引一些敢于冒险的人进场一搏。此类人完全是抱着赌博的心态而来,在期货市场上的结局不是一夜暴富,就是瞬间一贫如洗。一位在期货市场鏖战了三年战绩不佳的投资者曾感叹:"期市之道有如蜀道难,难于上青天。"

所谓期货市场是指由期货交易所统一制定的、规定在将来某一特定的时间和地点交割一定数量标的物的标准化合约进行交易。目前,中国可以进行交易的期货共分两种,一是商品期货,其中有农产品期货:如棉花、大豆、小麦、玉米、白糖、咖啡等;金属期货:如铜、铝、锡、黄金、白银等;能源期货:如原油、汽油、燃料油等。二是金融期货,主要品种包括汇率期货、利率期货、国债期货和股指期货。人们比较熟悉的是股指期货,国际上比较知名的有英国 FTSE 指数、德国 DAX 指数、东京日经平均指数、中国香港恒生指数期货等,中国内地在 2010 年 4 月 16 日刚刚推出了沪深 300 股指期货。

炒股票和炒期货的区别

如今,股票市场已经为大多数人所熟知,但是对于期货市场,大多数人还很陌生,二者的区别还是很大的。

(1)股票是全额交易,即有多少钱只能买多少股票,而期货是保证金制,只需缴纳成交额 5%～10% 的资金,就可进行 100% 的交易。比如投资者有 10 000 元,买 10 元一股的股票能买 1 000 股,而投资期货就可以成交 10 万元的商品期货合约,也就是说用少量资金做大生意,以小搏大。

(2)股票是单向交易,只能先买股票之后才能卖出;而期货既可以先买进也可以先卖出,这种双向交易提供的机会更多。

(3)第三,股票交易无时间限制,如果被套可以长期持仓;而期货必须到期交割,否则交易所将强行平仓或以实物交割,这样就会造成较大的损失。

(4)股票即使套牢还可以有分红,期货在交易中是实际盈亏,没有其他任何弥补的机会。

(5)期货商品是有成本的,期价的过度偏离都会被市场所纠正,风险主要来自参与者对仓位的合理把握和操作水平高低;股票是可以摘牌的,股价也可以跌得很低,即使投资者有极高的操作水平,也不容易看清楚内幕,也无法预料政策什么时候出台。

(6)期货有保证金制、追加保证金制和到期强行平仓的种种限制,使其高报酬、高风险的特点更加突出。

期货是以小搏大的艺术

很多人进入期货市场的初衷除了想获取高额利润外,还有对自己智商和能力的高预期,尤其是在股市上有所收获的人更想到期货市场上一展身手。其实,在期货市场上的成与败,与一个人的学历高低、智商高低、勤奋程度、本金多少都无关,与之相关的是悟性以及执行力。如果你有足够的悟性,你与一个期货高手其实就是一个转身的距离。

"买空卖空"是指不动用资金的"空手道"投机,想想看,动用5%的资金几乎就是等于零了,而这在期货市场里却是一种常态。正因为如此,才吸引了无数人来这里一试身手,试图达到以小搏大的成效。

期货与股市不同,股票投资会随着企业成长、盈余配股,使每位股东都赚钱,但期货则是标准的你亏我赚的零和游戏。这就好像是场擂台赛,每个人要交报名费当赏金,前三名的赢家才能将赏金通吃。想从别人的口袋里淘金,技术的分析的功力只是基本配备,更需要正确的观念与心态。

七条心法助你赢多输少

1. 累积实战经验

经验是投资或者投机能否获利的关键,积累经验难免要交纳学费,为了避免学习过程中亏损过大,建议可以采取仿真下单或小台指作为起步。

2. 赚钱前先学会停损

停损也是基本课程,除了用技术指针、均线、前波高低点作为停损依据外,资金停损更是关键。例如100万元的资金,实际下单不能超过20万元,亏损30

点或者50点就先砍出再说,如果累计亏损达到五成还不能掌握获利之道,最好另寻其他致富渠道为好。

3. 摊平只能一次

以做多为例,担心行情已激活,会追加抢建第一口基本仓,价位或许不太理想,如果后来又有回撤到原先想进场的价位,可以用股票摊平的观念,增加多单摊平成本。不过,这种操作只能有一次,再跌破价位以先出场为宜。

4. 没获利避免押大仓

即使对行情十分有把握,也不要抱着孤注一掷的心态押大仓。说起来容易做起来难,在盘整的过程中,不断加码放空后自然是被迫停损出场。

5. 用赚来的钱加码

加码技巧是期货操作的艺术,也是大学问,要掌握原则,即将波段行情的利润放到最大,行情上涨之初谁也无法掌握趋势,因此最好是处于获利状态才加码,这样心理压力不会很大。加码时不要一口气加足,而是慢慢加。

6. 想想趋势往哪走

可以将季均线视为大方向趋势,如果一直屡创新高,尽可能采取先买后卖的策略。

7. 赚钱要适时落袋为安

一旦成为获利的期货赢家,守住获利是门新学问,可以采取账户定额制,如设置300万元的最高投资上线,超过部分即提取至银行。或每月设定只投入50万元,赚到的部分再用来加码。

不要把所有资金都投入期货交易中,因为一旦交易失败,你便将自己的人生推向了悬崖绝壁的境地,因为谁也保证不了自己永不失败。风险较小的做法是你只用自己的"闲散资金"进行期货投资,并严格控制使用比例,使你的资金始保持较大的生存活动空间。

"十人九亏"似乎是期货交易中无法改变的定律,而大多数投资者都品尝过

"九赢不抵一亏"的苦果,不论你盈利了多少,只一次满仓的爆仓就前功尽弃了。所以,保护好自己的本金和赢利,是立足期货市场的基础,也是谋求更大发展的前提。

期货投资的实战技巧

不同性格的人在期货市场里表现的风格也不同,有人喜欢炒单,以秒和分钟线为时间基准;有人喜欢日内交易,以分钟线和小时线为时间基准;有的人喜欢隔夜,但拿单不过一周;有的人是基本面分析的高手,一年交易不超过三次。每个人都有适合自己的风格,适合自己的才是最好的。期市由于有外盘的介入,各利益方的搏杀比股市里更加惨烈,动荡也更加剧烈。

与股票交易一样,期货交易中也有主力庄家,期货交易也需要看大盘,最重要的环节是观察买盘和卖盘。期市中的主力经常挂出巨量的买单或卖单,然后引导价格朝某一方向运动,并时常利用盘口挂单技巧,引诱投资人做出错误的买卖决定,因此注意盘口观察是实时盯盘的关键,可以发现主力的一举一动。

从盘面看主力动向

(1)从上压板、下托板看主力意图和期价方向。大量的卖盘挂单俗称上压板;大量的买盘挂单俗称下托板。无论上压下托,其目的都是操纵期价,诱人跟风,且商品处于不同价区时,其作用是不同的。当期价处于刚启动不久的中低价区时,主动性买盘较多,盘中出现了下托板,往往预示着主力做多意图,可考虑介入跟风追势;若出现了下压板而期价却不跌反涨,则主力压盘吸货的可能性偏大,往往是大幅涨升的先兆。当期价升幅很大并且处于高价区时,盘中出现了下托板,但走势却是价滞量增,此时要留神主力诱多出货;若此时上压板较多,且上涨无量时,则往往预示顶部即将出现,期价将要下跌。

(2)隐性买卖盘与买卖队列的关系。在买卖成交中,有的价位并未在买卖队列中出现,却在成交一栏里出现了,这就是隐性买卖盘,其中经常蕴含主力的踪迹。一般来说,上有压板,而出现大量隐性主动性买盘(特别是大手笔),期价不跌,则是大幅上涨的先兆;下有托板,而出现大量隐性主动性卖盘,则往往是主力出货的迹象。

(3)对敲,即主力利用多个账号同时买进或卖出,人为地将期价抬高或压低,以便从中获益。当成交栏中连续出现较大成交量,且买卖队列中没有此价位挂单或成交量远大于买卖队列中的挂单量时,则很可能是主力刻意对敲所为,此时若期价在顶部多是为了掩护出货,若是在底部则多是为了激活人气。

(4)大单,即每笔成交中的大手笔单子。当买卖队列中出现大量买卖盘,且成交大单不断时,则往往预示着主力资金活跃。

(5)扫盘,即在涨势中常有大单从天而降,将卖盘挂单悉数吞噬。在期价刚刚形成多头排列且涨势初起之际,若发现有大单一下横扫了买卖队列中的多笔卖盘时,则预示主力正大举进场建仓,是投资人跟进的绝好时机。

要重视盘面分析

1. 看量价匹配情况

通过观察成交量柱状线的变化与对应价格的变化,判断量价匹配是正匹配还是负匹配。如果成交量柱状线由短变长,价格也同步走高,表明推高动能不断加强,是正匹配,可跟进。反之,价格上涨,成交量柱状线却在萎缩,是负匹配,无量空涨,短线还会回调。同样,当成交量柱状线由短逐步趋长,价格不断下滑,表明有大户、机构在沽压,是危险信号,通常大势短期很难再坚挺。成交量柱状线不断萎缩,指数却飞速下滑,是买盘虚脱的恐慌性下跌,在弄清原因的情况下,短线介入,获利丰厚。另外,当成交量柱状线急剧放大,期价既未上攻又未下滑,则可能是主力在洗仓,此时可观望。当期价处在高位,成交量柱状线放大,期价逐步下滑,说明主力在减磅;反之,当成交量柱状线放大后持续萎缩,期价却不断下滑,此时有可能是主力在震仓,此时应"抱紧自己的仓位"。

2. 看主力控盘情况

开盘阶段一般要消化外盘走势和国内市场的最新消息,在5分钟之内会表现得淋漓尽致,大约半小时后会形成一种平衡格局。但由于趋势惯性的影响,中小资金仍会继续进场参与,并将这种热情保持一段时间。续盘阶段的走势完全由市场主力操作风格和操作思路所决定。单边市中的成交量会比平时大很多(开盘即封停板除外),这是由于市场价格幅度的扩大引来短线资金的积极参与而造成的。振荡市是指在市场中没有哪一家能掌握盘面的主动权,而价格在争夺下呈现区间振荡的格局。振荡市的成交量往往没有单边市大,而持仓量会呈明显上升的特点,显示出多空双方对抗拉锯局面的升级。牛皮市是指在续盘阶段市场上主力资金没有活动,而成交几乎都是由中小资金的成交构成的。在这种情况下,由于没有主力资金的参与,市场的成交量急剧萎缩,价格变动极为低迷,市场没有明确的行情走势。各种状况要综合分析,才能得到准确的判断。

3. 看期价异动情况

有时事先没有任何征兆,盘口分时图会突然出现飙升或跳水,这种情况被称为异动走势。遇此种情况要尽快通过各种途径查明原因,不能仅凭分时图走势作投资决策。比如节假日就会对交易行为和心理预期产生影响,进而影响盘中走势。由于中国市场的假期与国外并不相同,在中国市场放假期间国外市场仍处于交易状态,而这段真空期的外盘价格走势会影响国内市场,使其走势充满不确定性。有时你费了很大的劲,也没弄清楚到底是什么原因导致行情异动,只找出一些看似牵强附会的解释,这往往预示着下一步行情发展的真正方向。

投资期货交易有三宝:好心态、好眼光、好技术。

要摆脱十分之九的输家命运,成为十分之一胜算高手,至少要拥有这三宝中的两宝。心态代表着让自己内心安定的力量;眼光代表着思考力、对宏观经济和基本观的趋势分析和思辨能力;技术代表着计算力、对具体品种量价时空的判断能力。

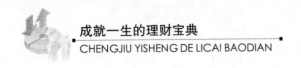

牢记期货交易的25条黄金法则

期货市场只有赢家和输家,可靠的交易计划结合稳健的资金管理,就是投资者成为赢家的诀窍,但是如果投资者没有办法遵守纪律,自觉地贯彻执行这些理念,那么仍会失败。期货投资看似一买一卖的简单表象下蕴含着对投资者极高的要求。

有关期货的各种理论知识复杂,有基本面的,有技术面的,有政策面的,不一而足。任何投资都有一些成功人士和专业人士的探索和总结,他们概括梳理出来的定律是用很高的代价换来的,这些定律是法则,是规律,是智慧,是财富,这些定律可以让那些后来者少走弯路,使他们能在更短的时间里更快地接近自己的目标。

牢记下面这25条黄金法则,会让投资者的期货投资之路更加顺畅。

1."闲钱投机,赢钱投资"

投资者用来投机的资金,必须是可以输掉的闲钱,不要动用其他资金或者财产,如果是用生活开支投资期货,则可能由于较多的牵挂而无法做出正确的判断,最终导致投资失败。还要记住,赢钱后一定要拿出赢利的50%去投资不动产,千万不要把它们全部用于期货再投资。

3. 从小额交易开始

对于初入期货市场的投资者而言,必须从小额规模的交易起步,且选择价格波动较为平稳的品种入手,此时安全性是第一位的。逐渐掌握交易规律并积累了经验后再增加交易规模,并选择价格波动剧烈的品种,否则在你尚未体会胜利果实的时候就全军覆没了。

4. 交易中不要随意改变计划

当操作策略决定以后,切不可由于期货价格剧烈波动而随意改变操作策略,因为紧张状态中很多感性的东西并不一定正确,一时的冲动决定可能错过获取更大赢利的时机。同时,由于可能导致不必要的亏损,或者仅获得较小的盈利,还要承担频繁交易所发生的交易手续费。

5. 选择相关商品中价格偏差较大的商品进行交易

要时刻关注相关商品之间的价格差异情况,并以此作为决定抛售和吸纳的参考依据。当某一商品价格与其他相关商品价格偏离较多,则该商品价格相对于其他价格升水较大即是抛售的时机,如果该商品价格相对其他相关商品贴水较大即是吸纳的时机。

6. 设立严格且合理的止损点

每天在交易之前必须设置严格的止损点,将可能发生的亏损控制在可以接受的范围之内。止损范围设置过宽将导致亏损严重,止损范围过窄将导致持仓被较小的亏损轻易震荡出局,从而失去赢利的机会,一般来讲设置在10%比较合理。设定之后还要坚决执行,一旦下跌到止损位置就要毫不犹豫地离场。

7. 持仓时间一般不宜进入交割月

持仓后应在合约交割月或者交割月之前一个月的期限内逐渐平仓,撤离资金,否则可能由于持仓保证金的提高而增加持仓成本,还可能由于合约持仓规模逐渐缩小而难以平仓,从而导致平仓盈利缩小抑或平仓亏损,甚至会承受不必要的实物交割的风险,那样就更加得不偿失了。

8. 辩证地对待季节性因素

农产品产销季节性因素是影响价格走势的最重要的条件,随着季节变化价格将出现周期性波动,但季节性因素往往也成为资金实力较强的主力反向建仓的良好时机。因此,操作上既要顺应季节性因素而为,又不能仅仅凭借季节性因素而为,要考虑季节性因素在所有影响因素中的比重和权数,然后再作最终的判断和决策。

9. 不要期望在最好价位建仓和平仓

和股票一样,谁都不可能买到最低价、卖到最高价。任何期货商品在顶部抛售和在底部买入都是极小的概率事件,而逆势摸顶或抄底的游戏更是危险至极,千万不要一失足成千古恨。应在确认大势后随即进入市场交易,获取波段盈利应是投资者追求的合理投资目标。

10. 建仓数量一般不宜过大

操作上一般最好动用资金1/3开仓,必要时还需要减少持仓量以控制交易风险,由此可避免由于开仓过大、持仓部位与价格波动方向相反而蒙受较大的资金损失。

11. 重大消息出台后应立即平仓退场

买于预期、卖于现实是期货交易的不二法门。当市场有重大利多或利空消息传出来后,应果断地分别建多或见空。当上述消息正式公布于众的时候,市场极可能反向运行,因此要随即回吐多单或回补空单。

12. 积极介入利润大损失小的商品

当商品价格较多地跌破生产成本抑或较多超过销售盈利时,应在合理控制资金的前提下,分别考虑逢低之时建多或者逢高逐渐建空,以获取价格反向运行而导致的较大盈利。

13. 不要以同一价位买卖交易

建仓交易之际,较为稳妥的方法是分多次建仓,以观察市场发展方向。当建仓方向和价格波动方向一致时,可以用备用资金加码建仓;当建仓方向和价格波动方向相反之际,即可回避由于重仓介入而导致较大的交易亏损。

14. 亏损持仓一般不宜加码

炒股票遇到下跌会补仓以降低持仓成本,这个招数最好不要用到期货交易里。当持仓方向和价格波动方向相反、持仓处于亏损之际,除了准备好充足的资金进行逆势操作外,一般来说不宜再加码,以免导致亏损继续加重、风险不断增加的不利局面发生。

15. 要学会急流勇退

当市场价格走势与投资者建仓方向相反时,应果断退出交易,以保证亏损处于尽可能低且可以承受的范围之内。一般而言,亏损的持仓不应超过两至三个交易日,否则将会导致亏损越来越大。

16. 有暴利要立即平仓

如果在短时间内获得暴利,应首先考虑获利平仓,再去研究市场剧烈波动的原因,否则将错失获利良机。

17. 选择交投活跃的合约进行投资

应选择成交量、持仓量规模较大、较为活跃的合约进行交易,以确保资金流动的畅通无阻,既方便开仓也方便平仓。

18. 不要同时交易多种商品

投资者对各种商品的熟悉程度有所差异,而多种商品同时出现投资机会的可能性很小,投资多种商品容易分散注意力,难以在多种商品交易中同时获利,如果顾此失彼就得不偿失了。

19. 价格趋势发生变化应立即交易

当价格有效突破上一交易日、上周交易日、上月交易日的高点或低点时,一般预示着价格将形成新的趋势,此时应当机立断进行买卖。

20. 金字塔式交易

当投资者持仓获得浮动盈利之际,如加码持仓必须逐步缩小,已逐渐摊低持仓成本,风险逐渐缩小。反之,将逐渐增加持仓成本,即逐渐提高多单均价或者将低空单均价,风险逐渐扩大。

21. 交易中不能急功近利

交易中不能根据自己主观愿望入市。成功的投资者一般应将自身情绪与交易活动严格分开,以免市场大势与主观意愿相反而承受较重风险。

22. 学会观望,稍事休息

每天交易不仅增加投资错误概率,而且可能由于距离市场过近、交易过于频繁而导致交易成本的增加,观望休息能使投资者更加冷静地分析判断大势发展方向。在缺乏信心的时候也应该坐壁观望,以等待重新入市的机会。

23. 天马行空我行我素

不要轻易让别人的意见、观点左右自己,一旦确立了初步的概念,就不要轻易改变,否则会对大势的判断摇摆不定,并可能错失良机。

24. 学会控制自己的情绪

期货市场和股票市场一样,瞬息万变,投资者必须保持心平气和的状态,要学会控制自己的情绪,对于市场上出现的突如其来的变化,必须冷静应对,否则将由于举棋不定而错失良机,或因盲目冲动而蒙受损失。

25. 随时准备接受失败

期货交易是高风险、高盈利的投资方式,投资失败是不可避免的,也有利于逐渐吸取教训、积累经验,面对失败只有仔细总结才能逐渐提高能力,才能最终获得成功。

进入期货市场要做好以下几项准备:

(1)心理准备:期货价格每时每刻都在上下波动,判断正确可获得利润,判断失误可造成亏损,这里永远是机会与风险并存,所以要有足够的心理准备。

(2)知识准备:要想在期货市场有所收获,就必须学会相关的基本知识和技巧,了解期货交易的规律,使自己的投资之路更加顺畅。

(3)资金准备:根据自己的资金情况确定账户的金额,雄厚的资金实力往往意味着成功的机会更多,但是最低5万元即可。

(4)拟定计划:为了将损失降到最低、把利益最大化,要有节制地进入市场,交易的时候要事先拟定计划,作为参加交易的准则。

新期民"四步速成法"

在我国,期货市场的发展可谓一波三折。在只有三家交易所、1 200多家期货公司的市场上,从最开始的内部人游戏到全国范围内的大市场,从少量的期货品种到今日的上百个品种,从最初的几万亿的交易量到如今的10万亿交易量,已经成为资本市场上不可忽视的力量。

随着期货市场的繁荣和发展,越来越多的人对期货交易产生了浓厚的兴趣。但是,期货毕竟是较为专业的所谓"贵族投资",平民百姓要想介入还要从最基本的知识学起。那么如何参与期货交易呢?

1. 选经纪公司

　　进入期货交易市场,第一件要做的事是选择一家能进行交易的场所。由于期货交易必须集中在交易所内进行,而在场内操作交易的只能是交易所的会员,所以普通投资者在进入期货交易市场之前,首先要选择一个具备合法代理资格、信誉好、资金安全、运作规范和收费比较合理的期货经纪公司并成为它的会员。经纪公司所处的办公位置也要加以考虑,最好在居住地或办公地附近,这样可以省却交通费用和路途上耽搁的时间。

2. 开户

　　在选定了某个合适的经纪公司后,下一步就是开一个期货交易账户。开户手续很简单,经纪公司的工作人员会非常热心地为投资者提供帮助。填写《期货风险揭示书》、《委托交易协议书》、《期货交易登记表》,并在上面签名,经纪公司会为投资者开设一个独一无二的期货交易代码,并编制一个期货交易账户,最后把"账户卡"交给投资者。至此开户工作全部完成。期货交易账户号码和期货交易代码,在期货交易中要频繁使用,一定要牢牢记住。

　　还有一个问题是究竟在账户里存入多少资金。尽管期货交易的准备金是10%,但是账户里的资金额度大小会直接关系到将来交易的成败,事实表明,资金在1万元或1万元以下的人很容易亏损,而5万元以上的账户更有助于成功。

3. 如何下指令

　　掌握如何在合理有利的价位上使交易指令得以执行,这是期货交易获得成功的重要环节。

　　交易之前首先要在委托指令上书面注明客户名称、交易账户号码、交易商品名称、合约到期月份、买进或卖出的数量、买卖价格、执行方式、下单日期、客户签名。经纪公司报单员解答指令后会打电话将委托通知期货交易所场内代表。经纪公司派驻交易所的场内出市代表将委托指令输入交易所交易系统,参与集中竞价交易。委托执行后,场内交易终端立即显示成交结果,报单员会把结果通知投资者。

　　目前国内期货市场只允许限价指令和取消指令两种指令。限价指令是按特定价格买卖的交易指令。如"卖出限价为2 188元/吨的2000年5月大豆合约10手",那么,当市场的交易价格高于2 188元/吨的时候,投资者的指令就成交了,而且,买入的价格一定是等于或高于2 188元/吨。限价指令对交易价格要求明确,但能否执行取决于指令有效期内价格的变动。如没有触及限价水平,该指令就没有机会执行。

在限价指令下达后,没有成交或只有部分成交,此时,投资者有权下达取消指令,使原来下达的限价指令失效或部分失效。如投资者下达限价指令"卖出限价为2 188元/吨的2000年5月大豆合约10手"后,只成交了5手,这时,投资者可以下达取消指令。撤单后,投资者原来下达的限价指令就部分失效了,另外的5手就不会成交了。

4. 保证金与结算

所有的买方和卖方均须交存保证金方能进入期货市场。保证金是一项履约担保金,证明买方或卖方的诚意,有助于防止违约并确保合约的完整性。保证金可以是现金,也可以是交易所允许的国库券、标准仓单等有价证券。每一位客户都必须向期货经纪公司缴存一定数量的交易保证金,经纪公司把客户的保证金存入专门的账户。然后,由经纪公司统一将保证金存入交易所。买卖期货合约通常只占合约价值很小的比例,一般在合约价值的5%~15%。保证金的多少在期货合约中载明,一般而言,期货合约的价格波动越大,所要求的保证金就越多。

期货与股市不同,股票投资会随着企业成长、盈余配股,使每位股东都赚钱,但期货则是标准的你亏我赚的零和游戏。这就好像是场擂台赛,每个人要交报名费当赏金,前几名的赢家才能将赏金通吃。想从别人的口袋里淘金,技术的分析的功力只是基本配备,更需要正确的观念与心态。

沪深 300 股指期货：投资要谨慎

1997 年，以国际炒家索罗斯为首的量子基金冲击了泰国金融体制后，又把目标锁定了中国香港。当时中国香港正处于主权移交的敏感时间，早于 1997 年 5 月起，量子基金联同老虎基金等对冲基金，先以低息大量借入港元作为弹药，企图沽空香港期指。同年 10 月，对冲基金在市场上大肆抛售港元，中国香港金融管理局大幅调高隔夜拆借利息至 300 厘，透过大幅提高融资成本令国际炒家知难而退。

国际炒家意识到香港政府捍卫汇率的决心，故只要在外汇及期货双边操作下，必有利可图。1998 年初至 7 月期间，索罗斯故伎重施，企图透过抛港元而从股指期货上图利。他们在证券市场上大幅打压恒生指数和期指指数，使恒生指数从 1 万点跌至 8 000 点，并直指 6 000 点。当时市场上利空消息满天飞，炒家们趁机大肆造谣，扬言"人民币顶不住了，马上就要贬值，且要贬 10% 以上"，"港币即将与美元脱钩，贬值 40%"，"恒升指数将跌至 4000 点"云云，其目的无非是扰乱人心后趁机浑水摸鱼。8 月 13 日，恒生指数一度下跌 300 点，报收 6 600 点。国际炒家在恒指期货市场积累大量淡仓。恒生指数每跌 1 点每张淡仓合约即可赚 50 港币，此前 19 个交易日，恒生指数急跌 2 000 多点，每张合约赚 10 多万港币，足见收益之高！

恒生指数被打压到了 6 660 点后，香港政府调动港资、华资及英资入市，大量买入投机资本抛空的 8 月股指期货合约，将价格由入市前的 6 610 点推高到 24 日的 7 820 点，涨幅超过 8%，高于炒家们投资资本 7 500 点的平均建仓价位，取得初步胜利。但国际炒家们仍不甘心，8 月 16 日他们迫使俄罗斯宣布放弃保卫卢布的行动，8 月 17 日欧美股市全面大跌。然而 8 月 18 日的恒生指数有惊无险，收市时只微跌 13 点。

28 日是股指期货的结算日，香港政府和国际炒家展开最后的决战。27 日，国际炒家在股票现货市场倾巢出动,企图将恒生指数打压下去。香港政府一天内注入了200亿港元,将恒生指数稳托上升88点。在股市死守的同时,在期货市场上将8月合约价格推高到7 990点,结算价为7 851点,比入市前高1 200点。香港政府将所有卖单照单全收,交易金额高达200亿港币。

28日结算期限这一天,炒家们手里有大批期货单子到期必须出手。若当天股市、汇市能稳定在高位或继续突破,炒家们将损失数亿甚至十多亿美元的老本,反之香港政府投入的数百亿港元将扔进大海。当天,双方交战场面之激烈堪称惊心动魄。全天成交额达到创历史纪录的790亿元港币,创历史上的最高纪录。香港政府全力顶住了国际炒家空前的抛售压力,闭市时恒生指数为7 829点,比入市前的8月13日上扬了1 169点,增幅达17.55%。

在连续10个交易日中,香港政府在股市、期市、汇市同时介入,构成立体防卫网络,令国际炒家无法施展其擅长的"声东击西"或"敲山震虎"的手段。具体而言,港府方面针对大部分炒家持有8 000点以下期指沽盘的现状,冀望把恒生股指推高至接近8 000点的水平,同时做高8月期指结算价,而放9月期指回落,拉开两者之间空档。即便一些炒家想把仓单从8月转至9月,也要为此付出几百点的入场费,使成本大幅增高。在具体操作上,香港政府与国际炒家将主要战场放在大盘蓝筹股上,主要包括汇丰银行、香港电讯、长实等股票。这些股票股本大、市值高,对恒生指数涨落举足轻重。以汇丰银行为例,该股占恒生股指的权重达到30%,故成为多空必争之股。至1999年8月底,当时购入的股票经计算账面盈利约717亿港元,增幅60.8%,恒生指数又回升至13 500点。此次较量国际炒家损失惨重,据说仅索罗斯一人就赔了8亿美元。

诞生不久的沪深300股指期货

看了上面的故事,是否对什么是股指期货有了一个初步的了解。我国在精心准备了四年之后,于2010年4于6日正式推出沪深300股指期货,首批四个合约挂牌交易,分别是2010年5月、6月、9月和12月的合约。股指期货的推出丰富了期货市场的品种,改变了单边股票市场的格局,同时也会影响中国股票市场的未来走势。

股指期货的全称是股票价格指数期货,也可称为股价指数期货、期指,它是指以股价指数为标的物的标准化期货合约,双方约定在未来的某个特定日期,可以按照事先确定的股价指数的大小,进行标的指数的买卖。作为期货交易的一种类型,股指期货交易与普通商品期货交易具有基本相同的特征和流程。

股指期货的独特之处

股指期货与其他金融期货、商品期货的共同特征外,还有自身的特征:

(1)股指期货的标的物为特定的股票指数,不是真实的标的资产,报价单位以指数点计。

(2)合约的价值以一定的货币乘数与股票指数报价的乘积来表示。

(3)股指期货的交割采用现金交割,不通过交割日通过结算差价用现金结清。

(4)股指期货合约到期日都是标准化的,一般到期日在3月、6月、9月、12月。

(5)股指期货的持有成本主要是融资成本,其成本低于商品期货。

(6)股指期货对外部因素的反应比商品期货更敏感,价格的波动更为频繁和剧烈,因而具有更强的投机性。

(7)股指期货有利于合理配置资产。如果投资者只想获得股票市场的平均收益,或者看好某一类股票,如科技股,如果在股票现货市场将其全部购买,无疑需要大量的资金,而购买股指期货,则只需少量的资金就可跟踪大盘指数或相应的科技股指数,达到分享市场利润的目的。而且股指期货的期限短(一般为三个月),流动性强,这有利于投资者迅速改变其资产结构,进行合理的资源配置。

另外,股指期货为市场提供了新的投资和投机品种,股指期货还有套利作用,当股票指数期货的市场价格与其合理定价偏离很大时,就会出现股票指数期货套利活动,股指期货的推出还有助于国企在证券市场上直接融资。股指期货可以减缓基金套现对股票市场造成的冲击。

为什么要推出股指期货?编制股票价格指数的原意是让众多的投资者,对股市的走势有个系统的了解,但是指数后来却发展成了一种对冲风险的有利投资工具。此外,股指期货也和其他类期货品种一样,可以利用买进卖出的差价进行交易获利。由于股指期货的交易比直接买卖具体股票来,有着成本低、抗风险性强的优点,很受广大投资者的欢迎。

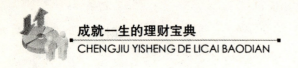

股票指数期货的功能可以概括为四点:
(1) 规避系统风险。
(2) 活跃股票市场。
(3) 分散投资风险。
(4) 可进行套期保值。

有人认为,在中国这样一个股票市场尚不成熟的环境中,股指期货有助于降低市场的缓收率,延长市场的波动周期。但也有人认为股指期货不能给股票市场带来稳定,只能加剧其动荡。最终结果如何,人们只能拭目以待。

股指期货推出以来,投资者大部分为机构,个人投资者较少,因为进入门槛较高,需要巨额的资金和过人的胆识以及丰富的经验,不是一般人能介入得了的。没有足够的资金和经验的人,最好不要轻易尝试,先观望一段时间,待时机成熟了再介入也不迟。

股指期货投资技巧和方法

对于股票指数期货的推出,人们的心里是既紧张又欣喜,紧张的是不知道会给未来的股市带来怎样的变化,欣喜的是可以有一个新的投资工具。股指期货确实为证券投资风险管理提供了新的手段,并从两个方面改变了股票投资的基本模式。一方面,投资者可以通过指数期货把投资组合风险控制在浮动范围内;另一方面,指数期货保证了投资者把握入市时机,以准确实施其投资策略。

股指期货与股票、债券相比,具有专业性强、杠杆高、风险大的特点,有关部门已从制度层面对投资者参与股指期货业务设置了"门槛",要求投资者必须满足"三有"要求并通过综合评估才能获得准入资格,即有较强的经济实力和风险承受能力,有股指期货基础知识,有一定的期货经验或者仿真期货经验,并在一个反应其综合情况的评估中拿到足够的分数。

股指期货资金门槛较高

这些硬性指标要求是投资者参与股指期货的前提条件,即便如此也不是所有符合条件的投资者都适合参与股指期货投资。比如,股指期货交易规定的准入"门槛"之中有一条资金要求:保证金账户可用资金余额不低于人民币50万元,也就是说对资金的要求比较高。那么是不是有50万元资金就可以参与股指期货了呢? 不是的。从风险角度考虑,不能把50万资金全部拿出来参与股指期货,应该有一个合适的比例。这样,投资者的资金至少应有一二百万元甚至更多,再从这些投资总额中拿出其中一部分(50万元)参与股指期货。如果只有50万元或者超过不多,最好选择观望。

假如现在沪深300指数在3 400点,但是由于投资者普遍对于未来股市判断乐观,故2010年6月交割的股指期货价格在3 500点,那时如果投资者看空股指,便在3 500点时开仓卖出股指期货6月合约。假如投入资金50万元,保证金率15%,每手合约为300份股指,那么投资者的合约总金额为300×3 500=105万元,需要缴纳保证金15.75万元。其后如果股指下跌,6月合约价格变为3 300点,那么投资者将每手盈利200×300=6万元,同时由于6月合约交易价格下跌,锁定的保证金也降为300×3 300×15%=14.85万元。

股指期货赢得多亏损也大

在了解了股指期货做空的盈利方式和计算方法后,应该知道如何防范风险。如果股指没有出现下跌,6月合约反倒一路上涨到4 000点,那么,投资者将承担每份股指500点的损失,每手合约的损失将达500×300=15万元,同时需要锁定的保证金也变为4 000×300×15%=18万元。

对于股指期货可能带来的巨大亏损,股民们会感到疑虑,这笔账也很好算。如果股指下跌500点,幅度大约10%多一些,50万元的资金便亏损了30%,即15万元。这15万元的亏损是有所保留的前提下,如果满仓操作,在3 500点时做空3手合约,那么当股指上涨到4 000点时,亏损的将是45万元。

如果在3 500点做空3手合约,保证金占用47.25万元,此时尚属于合格范围。但是当合约价格上涨到3 600点的时候,便亏损100×3×300=9万元,剩余41万元,而需要锁定的保证金为48.6万元。合约总价值为3 600×300×3=324万元,41万元的保证金折合约12.65%的保证金率。按规定最低保证金率为12%,当保证金率不足12%的时候,必须增加资金或者减少合约,否则,期货公司将会进行保护性平仓,即强行平仓。如果真是如此,将来股指下跌到2 000点,也无法获得预期收益。

作为个人投资者究竟能不能参与,还要看自己在"三有"方面是否符合要求。

投资"期指"要注意

要想参与股指期货交易还要了解一些具体的规定,《股指期货交易规则》及其实施细则修订稿,以及《沪深300股指期货合约》也已经正式挂牌交易。从公布的规则以及几个月的运行情况来看,主要有以下十大要点值得关注:

(1)交易时间是"上午9:15~11:30,下午13:00~15:15",也就是说,除了最后交易日外,沪深300股指期货开盘较股票市场早15分钟,收盘较股票市场晚15分钟。这样安排更有利于期货市场反映股票市场信息,便于投资者利用股指期货管理风险。

(2)涨跌停板与股市和现货市场保持一致,均为10%,取消熔断。

(3)最低交易保证金的收取标准为12%,当前点位单手合约保证金大约需要15万~20万元。

(4)交割日定在每月第三个周五,可规避股市月末波动。

(5)遇涨跌停板,按"平仓优先、时间优先"原则进行撮合成交。

(6)每日交易结束后,将披露活跃合约前20名结算会员的成交量和持仓量。

(7)单个非套保交易账户的持仓限额为100手,当前点位账户限仓金额约在1 500万元左右。

(8)出现极端行情时,中金所可谨慎使用强制减仓制度控制风险。

(9)自然人也可以参与套期保值。

(10)规则为期权等其他创新品种预留了空间。

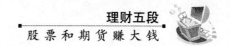

对股指期货感兴趣的人,可重点关注沪深两市的券商股,由于融资融券推出初期仅限于券商自有资金和自有证券,资本金越多受益就越大。"中国中期"这样的期货股票,也会因此受益。股指期货的推出,也会为沪深300权重股带来一定的投资机会。大盘蓝筹股是股指期货的标的,股指期货和融资融券的推出会激发投资者的抢筹热情,从而提升蓝筹股的投资价值。

理财六段
投资房地产惊喜无限

面对金融危机和通货膨胀预期，财富持有者"货币资产化"的倾向十分显著，以房产为代表的资产成为争相购买的主要对象。所谓的资产是指一切既不是本国货币同时又具备保值功能的东西，土地、房产、私人股权、艺术品、黄金及外币都是资产，手里有了这些资产，财富缩水的几率将大幅降低。

盛事购房,房产成为最赚钱的投资

2009年3月,一位中年人来到位于北京方庄的某房地产中介公司,对经纪人辛伟说想买一套三居室120米左右的房子。当时,北京的房地产市场还处在浓烈的观望气氛中,卖家和买家都不太踊跃,中介公司的生意也很冷清。辛伟见来了一位买房的客户,自然竭尽全力地为其提供全方位的服务。经过十几天的看房、选房、比较、谈判之后,这位客户以175万总价买了一套123平方米的三居室住宅。这个月,辛伟只做了这一单,接下来的四月和五月的生意却慢慢地开始发生了变化。

再往下的事情大家都很清楚了,北京二手房市场火爆异常,辛伟每天忙得不亦乐乎,每个月的销售额都有10%的增长。12月中旬的一天,年初买房的那位中年人又来找辛伟,说要把年初买的那套房子卖了,挂单的价格是300万元。辛伟觉得价格有点高,但是那位先生不同意降下来,辛伟只好按照他的要求办。第一天有几个人对这套房子感兴趣,第二天辛伟在领着客户看房的时候,那位先生却提出要把价格涨到315万元。价格涨上去了,来看这套房子的人依然不少。第三天,经过辛伟给买卖双方做工作,最终以310万成交。

这是一件真实的事情,辛伟是朋友的同学,从他那里知道了这件事的原委。短短9个月,175万元换来了310万元,增值77%。

投资房地产保值升值

投资房地产也叫投资不动产。买来自住的房产不能算是投资,通过买卖或者出租带来收益的房产才能算投资。房地产投资在目前各种投资方式中,是投资潜力极大的、使资本快速积累的一种理财方式。世界上很多富翁是通过房地产投资致富的。在2008年胡润中国富豪排行榜中,房地产经营在其中占据了很大的比重。据说,中国各地有很多"炒房团",尤其是温州的炒房团更是名声在外,他们三五十人聚集在一起,怀揣巨额资金,到全国各大城市的房展会和新

楼盘,像在菜市场买菜一样几套十几套地买房,然后在适当的时候卖出去,短时间内就能获利三五成,运气好的甚至能够翻番。

选择好投资的房产类型

买房子根据性质不同分为自住型和投资型,如果用来自住,只要根据自己的实际需求来考虑即可,因为人的情况千差万别,没有统一的模式,只能根据自己的情况来确定。如果是投资那就不同了,可选择的余地很大,可以买住宅,也可以买写字楼,还可以买商铺或者车库。无论哪一种投资,只要时机和位置没问题,就一定会得到很好的收益。

房产投资是一种中长线的投资方式,而且不会有太大的风险,在目前国内没有过多投资渠道的情况下来看,投资房地产依然是不错的增值保值的工具。全款买房5年后再卖掉,一买一卖一方面税收会减少,另一方面也摊薄了交易成本。如果房产增值每年达到10%～20%,就完全可以跑赢存款利息和CPI。如果是首付四成购房,投资收益能达到20%～40%。

要把握住投资的时机

由于各大城市房价上涨速度和幅度惊人,普通市民已经难以承受,党和政府意识到房价关系到民生问题,因此在加大保障性住房的同时,不断出台各种政策来调控房地产市场。2010年以来调控措施更为严厉,房价在一定程度上得到了遏制,在大多数人观望的时候,江浙一带的很多投资者已经在年初的上半年把手中的房子卖掉,把投资的目光转向了价格相对较低的商业用房。

房产已经成为一个家庭的重要资产,所占比重高达70%,对于普通家庭和个人来说,投资房产是一笔不小的投入,所以选择购买时机非常重要。其他投资市场都是买涨不买跌,不要轻易抄底,买房产也要遵循这个原则。目前来看,很多游资已经抽离房产市场,在未来涨跌不明确的时候,不是最佳购买时机,待到趋势明朗的时候再出手也不迟。

要事先做好规划

房地产投资成功与否涉及很多方面的因素,因此不能盲目和冲动,要根据自己的经济实力综合考虑,并事先做出可行性规划。

1. 根据自己的实力选择投资的类型

房地产分住宅、写字楼、公寓、别墅等类型,每个类型里又分高、中、低三个档次,要根据自己的经济实力确定进入哪一个领域的哪一个档次。资金少的可以考虑普通住宅、普通写字楼,有一定实力的可以考虑介入高档写字楼和高档别墅。无论哪个类型将来都有升值的空间。

2. 关注宏观经济政策和房价的走势

投资房地产就像炒股一样,要有先见之明,学会判断房价的走势,这样才能逢低介入、逢高出手,赚到可观的差价回报。2009年的房价走势很多人就看走了眼,年初房价回落,很多人在观望时,极少数人果断出手买入,在年底房价高得离谱之际,把手中的房子卖出,他们都是房地产投资者中的高手。

3. 投资新房还是二手房

房价一涨再涨的根本原因是土地资源的稀缺,比如北京这样的大城市,中心繁华地段可开发土地越来越少,房价自然越涨越高,在这些地区投资基本以二手房为主。北京五环外的新房价格基本在1万元以上1.5万元以下,在这些地区投资最好是以新房为主。无论是新房还是二手房都有投资的价值,关键是看投资者的定位如何。

4. 不要局限一条路走到底

投资房地产是一项长线投资,不能像股票一样可以随时进出,这样就要有耐心。但也不能只抱着出售一条路,时机不到就不要出手,可以先出租作为过渡,等待产品价值升值到理想的价位再卖出,这样能达到事倍功半的效果。

5. 选择高性价比的楼盘

楼盘的地理位置、交通状况、周边环境、物业管理、配套服务等等都可以对房价起到推高和降低的作用,将来的升值空间也有很大差别。因此,一定要挑选高品质的房子投资,不能单纯地以低价格为依据。要有耐心,要多看看、多比较,性价比高的房子将来的升值空间必然高,回报率也必然高。

投资房地产要注意细节

投资购房优点多多,但也有不足之处,往往导致其在购房中犯片面性错误。所以,买房前积累一定的购房常识,如购房的流程、法律法规等,另外还要学会看样板房和模型。要全面考察发展商的实力,对其资质和楼盘要有一个全面的认识,最好是选择有实力、有品牌的开发商,看土地使用证、预售许可证等证照是否齐全,以及房屋是否可以交易,最大限度地降低风险。经常听一些人讲平

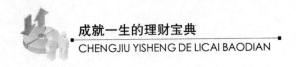

均价格下跌,是因为某类房子增多,并不说明房屋价格真的降了。某类房子增多代表着市场的需求,更反映着政府的政策导向。便宜房子增多,受影响首当其冲的一定是高价房。房地产投资和其他投资一样,如果不是着急住,当房价一路下跌时还是持币观望为好,宁愿市场开始走高时买不到最低价,也不要有抄底心理。

投资房产不是炒股票,是涨是跌当天就可以看出来,而且可以随时买卖。房产在房价下跌的时候根本出不了手,眼看着缩水却无能为力,所以一定要有控制风险的意识和技巧,决不能在高价位购买,掌握这个原则是非常重要的。

房地产投资和炒股票一样,要找准潜力股,这样才有高的回报率。房地产不是简单的投资,谁都希望自己的房产能不断地升值,如何能选到这样的好房子要靠一双慧眼。

房地产投资还有一个弱点,就是流动性较差。虽然一套房子的价值上百万,当你需要资金的时候却不能马上变现。所以有房产的人,也要有一定的流动资金以防不时之需。

◀◀◀ 中小投资者可投资住宅楼

刘洋结婚后和妻子一起住在岳父家的一套旧房子里,夫妻俩想换一套新房子,便省吃俭用的积攒了6万元钱,他们用这笔钱付了一套一居室的首付。岳父岳母都极力反对,觉得既然已经有房子住了实在没有必要再买一套,每个月还要还贷款。刘洋夫妻俩没有理会这些意见,他们把房子简单装修了一下,因为地点好、交通便利很快就租了出去,用租金还房贷。尝到了甜头后,他们用自己住的旧房子作抵押贷款,又买了一套一居室,用同样的方法供房。三年以后,房地产市场红红火火,房价不断上涨,刘洋的这两套房子升值近120%。于是,刘洋卖掉了其中的一套房子,用那笔钱还清了另一套新房的贷款,然后把余下的钱转而买了一个商铺,然后又用同样的方法将其出租出去。又过了三年,刘洋提前还清了所有的银行贷款,现在一个房子、一个商铺,每个月的租金收入已经超过了他和妻子的月工资,两套房产价值已升至150万。现在,他又开始到处看房,这次他想买一个中等面积的写字楼。

房地产升值背后的缘由

中国的房地产增值的速度如此之快,原因是多方面的:

1. 住宅的刚性需求

自从国家取消了福利分房,住房商品化以后,人们的住房需求要靠自有资金加贷款完成,唯一的渠道就是购买商品房,其比例占到商品房总量95%左右,这在世界上是最高的。住房是关系民生的大问题,无论是穷人还是富人只能通过这个渠道来购买,总需求大于总供给,这样必然导致了房价的上涨。

2. 土地的出让价格越来越高

土地归国家所有,开发商要盖房子先要取得土地的使用权,地方政府的财政主要靠出让土地获得,一个地块少则几亿多则几十亿或者上百亿。开发商不惜血本的拿地,是因为房地产所带来的巨大收益,地价高房价就高,利润率也随之水涨船高。每次地王诞生,都会带动周边正在出售的楼盘和二手房价格上涨。

3. 热钱的介入推高房价

正因为房价的不断飙升,带动了一些游资和热钱,"资本总是向利润流动",哪里赚钱资金就会流向哪里,于是温州商人、浙江商人、山西煤老板等等有钱人,纷纷出手到处买房。据有些城市不完全统计,这种游资带来的投资性购房占到总销售量的40%左右。

诸多的原因导致了房价的飞速上涨,即使目前国家采取了各项措施,想办法抑制房价的非理性上涨,但是就一般经济发展规律来看,即使2010年的房价有所回落,但总的趋势还是上涨的,因此几年之内在房地产上投资还是不错的选择。

住宅楼成为投资热点

如果投资者的手里有一定的资金,又没有时间来打理,抑或是不会打理,那

么最好的办法就是买房子。房产投资也是有不同方向的,关键取决于投资者自己的目的性和具体的状态,还有投资者资金状况以及还贷能力,大钱大用,多买几套或者直接买高档楼宇和别墅;小钱小用,买一套小户型住宅,慢慢积累。选购不同的房产有不同的结果,而住宅楼最适合中小投资者。

住宅投资虽然不能像商铺那样获得几倍的增值,但实用价值大,整体出租率高,风险小,比较适合普通百姓介入。如果投资者有二三十万元"闲钱",不需要做太过深入的市场研究与技术分析,就可以投资一套小面积的住宅,对外出租获取平稳收益。

投资住宅楼要注意

投资住宅首先要考虑符合出租和出售的条件,在选择上就要以方便实用为好,具体要注意以下几点:

1. 房址不是问题的关键

繁华区域的房子价格肯定会很高,加上这个区域可开发的空间越来越小,因此房子升值的空间也很大。稍微远一点的房子价格会稍低一些,购买的时候压力也会小一些,而且将来也会有上升的空间对没有市区的大,但也会不错,毕竟当初投入相对要低。要看投资者的资金够买哪个地段的房子,这才是问题的关键所在。

2. 交通便利很关键

购买小户型的房子的基本上是年轻人居多,上班族居多,因此,出行是否方便成了购房中不可忽视的条件。离各个公共交通站点近、离地铁轨道交通站点近的房子肯定会受到欢迎,尤其是在北京、上海、广州这样的大城市,交通便利与否直接关系到工作和生活。所以,一定不要忽视。

3. 周围的生活设施完善

小区周围的商业服务设施是否完善不容忽视,超市、饭店、洗衣店、药店、医院、学校、幼儿园、健身场所等等,都是生活离不开的场所,如果生活设施不完善,也会影响房子的升值空间。

4. 不要买一二层,也不要买顶层

投资房产为的是将来升值,如果自住可以考虑省钱的因素,用于投资则不要买一二层,更不能买顶层,这几层都有一定的弊端,一二层阳光可能受挡,楼顶可能会暴热或者漏水,会带来很多的隐患。受这几方面因素的影响,这几层在价格上会大打折扣。

5. 房屋的格局要适合

现在有很多楼盘把一居室设计在北面,也就是阴面,这样采光就要受很大的影响,阳面和阴面冬天室内温度相差很多,房屋的价格上也会受到影响,所以最好不要买阴面、北面的房子。

6. 尽量买一居室或者两居室

为什么出租或者出卖的房产,一居室或两居室为好呢?因为需要租房居住的人都是暂时性的,需求量相对较大,这些人对房子面积的要求不是很高,只求交通方便、生活便利。一居室租金相对较低,比较容易出租。同样道理,如果想卖的话也比较好出手,因为买二手房的人大多是资金不多的人。

修炼秘诀

既然是投资就会有风险,"以租养贷"也不例外。在正常情况下,"租金收入+家庭其他收入,如工资、存款利息等"应大于"还贷额+家庭的正常开销"。在家庭收入和正常开销不变的情况下,租金收入越高,还贷金额越低,家庭财务就越安全。

房屋作为不动产流动性不高,要全面评估投资回报率,买房之前要对周边租金行情有充分的了解,包括是否有稳定承租人、周围市政规划等。同时,按揭贷款要具备稳定的还款来源,租金收入不能作为主要还款来源,并结合自身收入情况,选择适宜的还款方式。

投资写字楼潜力无极限

北京北四环某广场有个商住写字楼,由于是知名开发商的产品,很多做外贸、做创意的公司到楼里租房办公。修先生的朋友在这个楼里有两套100平方

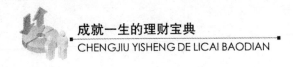

米的毛坯房,租金2 500元,而装修以后租金则可以到4 500~5 500元。但由于这个楼盘里不少购房者是投资者,买进就等着房子升值后再卖掉,因此没有装修,毛坯房就挂牌出租了。

徐先生在一位业主手里租下了2套毛坯房,同房东签了3年租期合同,然后进行创意装修,准备出租给公司当办公房。所谓创意装修就是用最少的钱装修出最个性的效果,主墙用一种银灰色戴黑条的装饰板做贴面,其余墙壁刷奶黄色涂料,地面一个铺复合地板,一个铺灰色带花纹地砖。门用整张杉木板裁成隔断,原木本色很有工业化味道,每张不到150元。装修只用了10天就全部完工,装修费用花了1万元左右。

装修完的那个星期,徐先生以每月5 300元租给一家公司办公;另一间房被一个外贸公司看中,5 500元一分钱都没还价,当场就下定金签协议。

租房的老板心里很清楚,高级办公楼里同样面积每平方米租金在3~5元,以4元/平方米计一个月租金就要12 000元。而这个楼盘是这一带较高级的楼盘,出入的客户都很有档次,而租金却不到办公楼的一半。而徐先生的账就更好算了,两套房子要付的租金是5 000元,而收回的资金是10 800元,扣除租金还能剩余5 800元,几乎等于他一个月的工资。

为什么将毛坯房装修成办公格局而不是住宅?徐先生也有自己的考虑。他说,办公房装修费用更节省,比如都是敞开式,不用每个房间装门。而且,装修成办公房,也不用添置什么家具,租房子的公司都有办公桌、电脑桌。如果装修成住宅,要想租金达到5 000元,配置的家具就不能太差,两房两厅配下来就要一两万。

三年转眼过去了,徐先生还想再继续租3年,可是房东不同意,他在房价最高的时候把房子卖了,一下子赚了300多万。看到这些,徐先生开始考虑要买一套办公用房了。

写字楼由于供量小、需求量大,因而会有较高的投资回报率。但写字楼是宏观经济的显示器,是房地产市场中抗经济风险最低的物业,已类似于股票的投资风险,因此,投资写字楼一定要慎重。

如果投资者自己创业需要租房子办公,莫不如买一套办公房自用,即使是按揭贷款也很划算,把租金作为办公费用摊成本,再用这笔钱还贷,将来还清贷款后能得一套房产,如果租房办公就等于帮别人还贷买房。写字楼的增值主要来源于土地的增值,市中心地区土地稀缺性较强,人流、物流、信息流和资金流汇聚,增值空间较大。"地段、地段、还是地段",这句房地产投资名言一定要谨记。

另外,交通的便利程度、停车场的设计、建筑立面和建筑品质、大堂的品位和布置、电梯质量及采光通风等,都需要逐一比较、观察和感受。写字楼的品质高低是租客重要的参考因素之一,因为它在一定程度上代表着公司的对外形象。

1. 写字楼等级不同则其抗风险能力也不同

要对写字楼作全方位综合评估,包括地段、交通、运营成本以及写字楼本身的配套、物业等方面的软硬指标,因为不同等级的写字楼会与不同产业的不同企业相匹配。还要弄清楚它是按什么性质立项的,如果是按商用立项,将意味着要面对高电费、高水费、高物业费、高税费和高贷款利率,如此一来其投资回报率不仅会低于写字楼,还可能会低于商品房。

2. 地段不同则价格差异大

写字楼投资并不是主要依赖房价上涨来获利的,这种属性决定了写字楼投资跟商铺投资类似。选择在交通状况比较理想同时又靠近商业区的地段投资,成熟的配套会为日后获得稳定的回报打下良好基础。初期可能投资的费用较高,但是只有高投入才能有高产出。

3. 要考虑物业公司的档次

写字楼里的户型面积在300～1 000米左右,说明这个写字楼档次较高,表明未来入驻这个写字楼的公司水平相差不大,投资者今后会有较为稳定的回报。当然,投资者的投入相对要很高。户型面积较小的写字楼,小业主也会很多,进驻的物业公司档次也低,流动性大,必然会影响到物业管理水平。将来出租时业主之间的相互压价,可能会影响到预期的收益。

4. 正确估价房贷和各种税费等成本

目前来看,写字楼的平均售价要低于住宅楼,当然高档纯写字楼项目大多单价会高一些,而按揭贷款多在六成以下,这就需要有很高的首付能力和强有力的还款能力。房贷利率方面高于住宅近1%,购置税费、出租收入税、房产税、物业管理费、装修费、房屋折旧等等,都要详细认真地核算。入住以后的水电价格也会高于住宅楼,这些因素也不能忽视。

5．商住两用进退自如

写字楼的物业费高于普通住宅,一旦物业空置对收益的影响比较大。商住两用楼可商用亦可居住,如果不能做办公室出租还可以作为住宅出租,选择的空间相对更大。

6．物业管理直接关系收益

写字楼是一种长期持有的物业,如何长期保持比较高的品质,需要高水平的建设和物业管理公司的精心维护。电梯的维护,大堂的整体环境、卫生间的清洁等等都很重要。如果物业管理公司得当,投资者将省去不少麻烦。因此,选择写字楼时要对物业管理公司进行考察。

一般写字楼在运营5年之后,物业管理上会出现滑坡,再加上写字楼按揭贷款一般只有10年时间,同时多数写字楼的租客3~5年内会有更新,所以投资者一定要把握其未来价值体现。5~8年是写字楼投资回报的"黄金分割点",这段时间内租金收入有保障,在后期将房产售出,可以获得较高的增值空间。

商铺的价值靠时间来累积

前几天收到这样一条短信:抢滩旺铺最后三天,8万元入驻××街××大厦××小商品城,承诺三年可增值41%,投资后商场可承租,年收益大于6万元,内部认购即将结束,欲购从速。

随着房地产行业发展的逐渐成熟,投资产品日渐丰富,商铺投资已成为房地产投资的重要方式。尤其是近一两年来住宅商品房的价格居高不下,人们渐渐把目光转到了商铺上。房地产商也瞄准了这个市场,选择合适的地理位置,开发大大小小的商铺,供投资者选择。

投资商铺和投资住宅楼虽然都是房地产投资,但是在定位上有很大的不同。住宅楼考虑更多的是交通便利、服务设施、房间格局、采光等,而商铺除了要考虑所在地的人流量、交通便利之外,还要对即将投资的商铺业态、所经营的产品及物业等服务进行认真细致的定位。还要考察周边人口或辐射人口的购买能力,由此确定与之相适应的商铺经营档次,最后才能把人流、车流转化为资金流。作为不动产投资,好地段的商铺将来肯定会升值,无论是出租还是出售,都会有很好的收益。其升值空间主要取决于周边商圈未来的发展状况,如果能够逐渐成为商业中心区域,商铺的价值也许会成倍增长,反之就要差一些。个人投资商铺一定要把握时机,选好位置,并制定好商铺的发展策略,并不一定都得挤在市中心。都市型商铺、社区型商铺和专业街商铺都有不同的投资回报和风险,所以要量力而行,选择适合自己实力的商铺投资。

每一个城市都有自己的商业坐标,比如北京的王府井、上海的南京路、广州的中山路北京路、深圳的老街。它们都是城市中古老的中心商圈,无论世事如何变迁、商圈如何更替,这里的商铺始终都在赚钱。

商铺投资的原则

1. 投资商铺目的要明确

有人买商铺是为了升值后出售,赚取差价,获得收益;有人买商铺是为了抵御通货膨胀、利率下调等不利因素,通过出租的方式,获得比通胀率和利率高的长期收益;有人买商铺是为了从事某项商业经营,或者扩大已有的规模,获得更大的发展。

投资者应根据自己的实际需求制订投资计划,弄清楚自己投资的真实目的,切不可盲目投资。

2. 投资商铺类别选择要恰当

根据商铺所处的物业特性,可分为综合性购物中心、底商、街铺、商城等几大类,有投资价值的商铺主要为综合性购物中心和底商两类,而街铺大多为民房改建商铺或原本就是临时建筑,在产权转让时可能出现问题,因此不适宜投资。商城类商铺多为大业主持有,回报稳定性较差,而分散产权持有的商铺,目前看成功者甚少,因此不适宜投资。

3. 看准时机,不可跟风

有经验的开发商一般会采用预售的形式销售商铺,此时的价格相对较低,如能购买比较划算,因为随着工程进度开发商一般会不断涨价,尤其是中心商圈内的店铺更是如此。如果看准了商铺楼盘的前景,就要及时出手,抢占先机。另外,不能盲目听信销售人员的分析建议,更不能轻易听信把投资前景无限夸大的言辞,否则很可能导致投资失败。

4. 商铺位置十分关键

同样一条街面上的商铺,两端所处的商业环境和消费能力不同,售价和租金就会有很大的差异。大商场内的商铺不仅楼层售价差异较大,而且同层不同位置的商铺价差也很大,因为商铺遵守"金角银边"的定价原则,即靠近出入口、边角展示良好的商铺价值相对较高。在投资个体商铺时,一定看其是否靠近主出入口(有效客流量大)、是否展示良好、是否便于客户到达等小环境。

5. 要有长期投资的心理准备

商铺投资是一个长期概念,安全度过养商期的商铺才能获得更高的收益,想短期投机的人不要选择此类项目,否则会滞压大笔资金。养商期的租金要逐年增加,因此签约的年限不能超过3年。也可以将租金按每年递增的方式预先规定,避免后期涨价发生纠纷。

商铺投资的种类

1. 商业区商铺

纯商业区内的店铺租售容易、投资收益明显、回收年限相对短,所以备受青睐和追捧。其优势在于商业氛围和稳定的客流量,决定了商铺的运营收益水平较高,但单位面积价格也高不可攀,当然投资回报率也高。

2. 写字楼底商

核心商圈的写字楼底商,自然是高投入高回报,适合做餐饮、便利店、咖啡馆、银行等,客流以中高端客户为主,且单价较高。繁华地带的底商有很大的升值空间,每年的收益高达15%~20%。

3. 超市内商铺

大型超市内的商铺大多是分割型的,较独立商铺来说成本要低,经营灵活,风险也较低。超市商铺大多依赖于超市的人气,因此超市经营得好坏将直接影响商铺的投资前景。所以,选择有实力的超市经营商或者已经树立起良好口碑的超市,会取得事半功倍的效果。

4. 社区商铺

社区商业将是未来商业发展的大趋势,但由于房地产开发的阶段性导致了商铺供应存在一定的滞后性。一般来说,一个新的社区只要项目定位准确,发展环境良好,随着社区的成熟所带来的价值提升是毋庸置疑的。有的社区商铺辐射半径小,聚客能力较弱,同质性强,业主入住缓慢,严重影响价值提升。所以,有价无市的社区商铺不适宜投资。

5. 商业中心里的商铺

大型商场或者商城越来越多,带租约型的商铺应运而生,并逐渐成为房地产中较为重要的投资方式。带租约型产权商铺一般会给投资者承诺10~20年内将获得7%~12%的回报,仅按7%的最低回报率计算,15年左右就可以收回全部投资成本。

投资商铺要注意

当然,中小型商业店铺地点选定后,对其面积的考虑也不应忽视。特别是小型商铺,一般来说,面积小比面积大更好,也更容易收回成本。不要以售价论英雄,衡量一个商铺售价是否真实反映其商业价值,以下几点应该注意:

1. 回报率

回报率的计算是商铺及住宅两类房产价格制定的最大不同之处。以目前国内利息偏低的情形看,商铺的合理市场回报率约为10%。所以,以市场租金及回报率推算出来的售价,则可界定为反映真实价值的"市价"。例如,一个商铺的租金每平方米为800元,如果以年回报率为10%计算,那么其售价在96 000元/平方米以内是合情合理的。

2. 供求因素

在自由市场的大前提下,所有商品的售价都受市场的供应及需求所影响,商铺自然也不例外。而商铺的供应及需求则直接受位置、交通、商场档次、人流、商场规模及经营模式等影响。

3. 地段和楼层

商铺根据地段和楼层的不同,其价值同面积大小成正比,商铺面积在50~

100平方米的既好出租将来也好出售。繁华闹市地段商铺因地价较高,应尽量注意减小单个门面面积,注意提高商铺的单位面积价值;若在二层以上要尽量选择开放式和多通道布局的商铺,以便让顾客方便驻足和流动。

4. 商铺自身的参数

纯一层商铺的需求量最大,"1+2"的格局也较容易出租;房间内柱距一般要在7.2~8米最为适宜;商铺进深与面宽比不超过1:2,层高不低于3.5米,如果层高在5米以上,可以加装二层,一层用于经营,二层用于办公或居住。只有对商家客户了解透彻,在投资选择上才不会留有隐患。

5. 税金和费用

若想出售获得增值的差价,须认真考虑差价究竟有多大,因为二手交易税费是一笔不小的支出,其中包括营业税、契税、印花税、土地增值税等。通过按揭贷款的投资人还需考虑银行的利息成本,以及交房时的各种费用(公共维修基金、物业费)等,如果是通过中介公司出售,还有一笔数量可观的佣金。

6. 租用还是买产权

有产权的商铺可以自用、转让、出租、出售、抵押和继承;仅有承租权的商铺保障相对要少很多,尤其是发展前景看好的商铺,租金会逐年上涨,投资收益也会随之日渐减少。两相权衡比较,最好投资有产权的商铺,这样既可以赚取差价,又可以得租金长期受益。

7. 抵押贷款

目前,各大银行对商铺贷款审核比较严格,最低面积标准为50平方米、最低总价为40万元、贷款成数仅有5成。对于商街具有独立产权的商铺以及分割型商铺,贷款审批更为严格。因为,这些商铺可能存在产权纠纷的隐患。

修炼秘诀

商铺投资讲究的是长期回报,从目前国内外大型商业地产开发经验来看,一个优质商铺所获得的长期租金收益远远高于初始投入。对于商铺投资来说,"地段,地段,还是地段"这句"名言"仍然适用。而且,商铺投入同回报通常也是成正比的。

房产投资新动向：买车位来出租

萧丽结婚后，在父母的帮助下在北京东五环边上买了一套两居室住宅。一个周五的晚上，萧丽在电梯里碰到了邻居夫妇，说物业开始出售地面上的停车位和地下车库的停车位。萧丽回家和丈夫商量了一下，两人觉得虽然现在没有车，但是不远的将来一定会买车的，如果现在不买车位将来恐怕会很麻烦，最起码要花钱租车位，还不如先买了租出去。二人商量好连忙打听如何购买，不问不知道，一问吓一跳，原来一共只有120个车位，每个每月500元钱，地下车库每个停车位要6万元，周六和周日两天就开始登记交订金了。还听说已经有人在下面排队了，去晚了恐怕就买不到了。

萧丽夫妻俩连忙来到物业公司门口，果然看到有20多个人排在那里。于是，两人在那排了一夜，第二天买到了一个地下车库的停车位，后来交了6万元钱，办理了手续签了协议。两个星期以后，一位做生意的浙江人找到萧丽，愿意以夏天每个月600元、冬天每个月800元的价格租下来。萧丽和他谈妥，自己买车后的一个月内就要停租，然后就签订了出租合同。

投资房产新动向：买个车位来出租

投资车库早已经不是什么新鲜事，有头脑的人早就先行了一步。沈阳有一位沈先生，自2004年开始投资车库，分别以2 500元/平方米和2 600元/平方米的价格购入7个车库，然后以每个车库400元/月租金出租。而今，这几个车库的价格已经涨到了8 000元/平方米，租金也涨到了800元/月，这7个车库6年间已经翻了两番。

投资车库的潜在价值

在一些一线大城市里，新建楼盘中与之相配套的车库配比都很低，有的甚至连30%都达不到，处于稀缺的状态，因此十分抢手。投资车库或者车位保障系数高，不仅有利可图，更可从中获益，紧紧咬住"停车经济"这块奶酪，风险小，"钱"途大。楼盘销售的时候车位也会同时销售，如果提前购买车位在业主入住

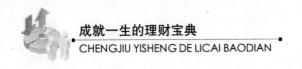

后出租,真的是很好的投资选择。而且,车位的价格要比住房低很多,一般在10万左右。房价在不断上涨,车库的价格也会水涨船高,买下来后无论是出租还是出售,都会有很好的收益。

据统计,我国的私家车拥有量每年都在以5%的速度增长,据说北京的最高纪录是一个星期增加1.5万辆汽车,这样的速度必然会造成行车难,停车也难。试想,全国每年有近百万辆汽车下线,而车库和车位的增长速度远低于汽车的增长速度,据专家预测"停车难"的问题短时期内不会缓解。近几年,商品房价格大幅上涨,但车库和车位的价格只有微涨,这就为车库或车位投资创造了机会。此外,投资车库和车位的成本远低于商品房,因为商品房在出租之前,还要花一大笔装修费用;相比之下,投资车库的成本较低,基本不用装修费用,投资收益明显优于商品房。

相对于新楼盘里的车库和车位,位于市中心区域的老旧小区的停车位和车库更有投资价值。因为,这些老式小区停车位(车库)配比更低,有的甚至根本没有车库,停车位就更加抢手,因而更具升值空间。

车库投资的升值空间

从升值空间来看,车库和车位的升值空间并不亚于商品房。因为,停车需求与车库和车位的供给矛盾会不断加剧,将来车位肯定是越来越紧俏,其价格攀升也就不成问题了。今后如果把房子出租或卖出,附带一个车位也将更具价格优势。

住宅小区内的车库或车位涨幅一般取决于两个因素,一是小区车位的配比量,二是小区的居住人群。高档楼盘的车位购买力肯定优于普通楼盘,车位的配比率也高;而车位配比率低的楼盘将来升值的可能性自然就大。所以,投资车库或车位,要选择那些车位配比量小、居住人群多的小区或楼盘。

位于市中心的老旧小区的停车位和车库,相对于新楼盘来说更有投资价格。因为,许多新楼盘的车位转让一般是和住宅搭配着卖,很难单独出售。另外,许多楼盘开发商出于为业主考虑,不希望炒作停车位(车库),并对此做出了种种限制(比如:在销售时规定,业主今后要转让车位的使用权,只能在小区业主之间转让);这些都不利于车库和车位的单独投资运作。而与此不同的是,许多老旧小区特别是位于市中心的占地空间不多的老式小区,由于停车位(车库)

配备比率较低,甚至根本没有车库,停车位显得比较抢手,因而更具投资价值。

投资车库需要注意以下几点

1. 中高档小区的车库升值快

这类小区业主的消费能力更强,刚入住时可能每个家庭只有一辆车,随着时间的推移,会有第二辆、第三辆……原有的车位数量不够用,这样出租的机会就会多,租金也会水涨船高。

2. 注意产权

车库、车位属于私产,由业主专有专用,投资有产权的车库或者车位,才能保障自己的权利,一定要弄清楚车位或车库是出售、附赠或者出租。公共空间变地上车位、分摊面积的车位、人防工程的车位、违规改造的车位、租赁期限超过20年的车位等,尽量不要投资。

3. 转让受限

车库虽然不一定要随房买卖,但其转让仅限于业主之间;初次销售时,一户限购一个,如发生抢购的情况,小区物业会以摇号、抽签等公平方式销售;只有等所有的住宅售完,车库销售还有剩余时,才允许购买第二个车库。转让时也只能在业主之间,其他非业主想购买十分困难。

4. 变现困难

虽然近几年车库价格涨了不少,但真正变现却有一定困难。因为在办理车库转让时,需要有该小区的房产凭证,这对外面的投资者而言就是一道门槛。

各个楼盘建设规划中都会有停车位,楼盘销售的时候车位也会同时销售。如果提前购买车位留等业主入住后出租,也是很好的投资选择。而且,车位的价格要比住房低很多,一般大约在10万左右。房价在不断上涨,车库的价格也会水涨船高,买下来后无论是出租还是出售,都会有很好的收益。

以房养房,圆你一个投资梦

2009年的冬天,天气虽然很冷,但是房地产市场却非常热,买卖交易十分活跃,这种价升量涨的现象让很多人直呼"看不懂,看不懂"。为什么看不懂,因为在国际上通行的惯例"房屋租售比",在中国却完全行不通。

房屋租售比,指房屋每平方米月租金与每平方米售价之间的比值,是国际上通行的判断楼市是否存有泡沫的重要指标之一。国际上用来衡量一个区域房产运行状况良好的售租比一般界定为1:200至1:300。如果租售比的比值低于1:300,意味着房产投资价值相对变小,房产泡沫已经显现;如果比值高于1:200,表明这一区域房产投资潜力相对较大,后市看好。租售比无论是高于1:200还是低于1:300,均表明房产价格偏离理性真实的房产价值。

袁老师在市中心有一套房子,十几年来一直用于出租。然而日前,袁老师却发现市场房价飞涨,每平方米已经高达2.4万元,但是房子的租赁价格却不见涨,甚至有越来越低的趋势。因此,袁老师一直纠结于"是卖掉房子还是继续出租"的烦恼中。

袁老师原本想要抬高租金的,但问了问中介以及身边的行情,发现都是这个价。在国外留学的儿子告诉他,买不买房抑或卖不卖房重要的参考指标是租售比,可以用这个来衡量一下。就这样,袁老师根据这个标准认真地算了一下,他这套面积为132平方米的房子,2007~2009年3年时间内,销售价格从17 000元/平方米升至28 000元/平方米,而租金却仅从2007年的5 500元/月上涨至2009年的6 000元/月。仔细算来,2007年的租售比约1:408,2008年降至1:528,到了2009年更是降到了1:616。

其实,房子已经成为中国普通百姓最大的资产,袁老师的这套房子价值367万元,三年间增长了60%,这样高的回报率已经非常难得了,租金已经不是需要考虑的问题,只要将来房价每年上涨10%左右再加上租金,就完全可以稳赚不赔了。如果卖了房子还有其他的投资渠道还可以,如果没有莫不如这样收租金和等待房价上涨更稳妥。

以房养房的有效方式

如果在中心区域有一套旧房,现在想要购置新房,月收入却不足以支付银行贷款,或是支付后不足以维持每月的日常开销,那么你可以考虑采用这个方案,将市中心的旧房出租,用所得租金偿还购买新房的银行贷款。租旧房住新房,能让你提前住上新房子。

1. 出售或抵押旧房

如果想改善居住条件,可手里又没钱,一时半会儿买不了新房。那么将旧房子出售变为现金,就可以得到足够的资金。然后把卖房子的钱分成两部分,一部分作买新房自住的首付,另一部分用来投资。如果卖了旧房却一时买不到合适的新房,还可以把原来的房产抵押给银行,用银行的贷款买房自住,然后再买房投资。这样,不用花自己的钱,就可以改善住房又当房东。

2. 以租养房的收益计算

房产投资是一个家庭中的重大投资行为,因此要了解投资的收益。一般而言,计算以租养房投资收益的方法有以下两种:投资回报率分析公式:(月均租金－物业管理费)×12／购买房屋单价。投资回收时间分析公式:投资回收年数＝(首期房款＋期房时间内的按揭款)／(月租金－按揭月供款)×12。以上两种方法都有小的缺点和不足,它只能给出接近的结果作为参考,并不是最理想的投资分析工具。至于出租新房还是出租旧房完全看自己的需要,如果想住新的就出租旧的,如果想多得一些租金就住旧的租新的。

3. "以房养房"需谨防风险

投资就会有风险,"以房养房"也不例外。在正常情况下,租金收入＋家庭其他收入(如工资、存款利息等)应大于还贷额＋家庭的正常开销。在家庭收入和正常开销不变的情况下,租金收入越高,还贷金额越低,家庭财务就越安全。

即使如此,以房养房也有一定的风险,要引起足够的重视。

以房养房要防范风险

1. 房地产市场未来的走势

未来租金水平、房价、房贷利率的变化等,也是影响投资风险的重要因素。

房贷利率的上升预期越大,投资者当前要求的回报率就越高。在目前房价不断上涨、利率没有明显上涨而通胀的预期非常大的前提下,风险虽有但是还不大。

2. 供求关系的变化会带来一定的风险

从2010年开始,国家要求各地政府加大经济适用房和廉租房的建设,据报道,到2012年可达到600万套,这个数字远远不够解决那些低收入家庭的住房紧缺问题。所以,房地产的供求关系仍然是供不应求,因此房价上涨的趋势不会改变,但是不排除有小量的微幅下调可能。

3. 国家政策的风险也要考虑

政府要控制房价疯狂上涨,这是一个保证经济稳步发展的策略,不希望房价大起大落,毕竟房地产行业在国民经济中所占的比重还是很大的,如果发生大的下跌将对国家的经济发展产生非常不利的影响。所以,政策的风险在某一个特定时期会有,总的看不会很严重。

4. 中介机构、租户的违约风险

一般的房子都是靠中介公司出租的,租客的真实情况无从把握,遇到骗子租客或者骗子中介公司就会造成不小的损失。因此,不要把房屋产权证原件交给中介公司,即使是复印件也要在重要的地方注明仅供"出租使用"。与中介公司签订的协议越详细越好,包括所有的设施、房屋结构以及家具等的状况都要注明,以免将来发生纠纷无法分清责任。

以房养房要时刻关注房地产市场的变化,近期以来,房价问题已经成了非常敏感的话题,政府正在酝酿抑制房价的措施和政策,这些都会引发房地产市场的剧烈变化。对于房价的增长、租金的增长、税收的增长等问题,都应该及时了解,以便随时修正租金和租期,以免造成不必要的损失。

当然,从短期市场来看,房地产市场不会有更大的波动,更不会有大幅度的下跌,在这样的大背景下,租房也是一个很不错的选择。

理财七段
炒汇炒黄金

随着人民币的不断升值、美元和欧元的不断贬值,以及黄金价格的不断增长,投资外汇市场和黄金市场是一个很好的获利机会,有这方面才能和智慧的人不要错失良机。而且,黄金和外汇有一定相关性,有外币者可炒汇,无外币者可用人民币炒纸黄金,二者各有千秋。

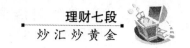

理财七段
炒汇炒黄金

炒外汇：看似很难其实很简单

在北京读大学金融系的小雪，受爸爸的影响，对各种钱币很感兴趣，收藏了一些已经不流通的人民币。那一年，小雪的高中同学要去澳大利亚留学，拿不准是带美元好还是带澳元好。小雪听说后告诉他要带美元，到澳大利亚后再用美元换澳元。同学按小雪的方法做了，结果省下来3 000多元人民币。

2008年夏天，小雪到潘家园旧货市场"淘宝"，不经意间发现了一个人在卖西班牙币。这些钱币是卖主儿子从西班牙带回来的，我国没有人民币兑换西班牙币的业务，没办法只好到这里来碰碰运气。小雪觉得这是一个机会，便买下价值五万元的西班牙币。国庆节假期，小雪买了一张去罗马的打折机票，她想西班牙属欧盟成员国，只要到欧洲的任何国家都可以把西班牙币兑换成欧元，然后再回国内把欧元兑换成人民币。果然不出小雪所料，罗马之行不仅兑换了全部西班牙币，还让她利用汇差赚了近两万元人民币。后来，她还带着朝鲜币到平壤兑换，又赚了上万元人民币。大学的三年里，通过炒外汇小雪积累了近10万元的财富，在别人到处忙着找工作的时候，她已经在一家外资银行实习了。

事实上，炒汇是一门颇具经验的学问。首先要填海关申报单，如果未申报被查获则会被全部没收。每个国家对不同的货币出境也有不同金额的限制，所以必须清楚各国海关法规。此外，要在这一行摸爬滚打必须具备以下几个条件——懂政治、精通英语、略知各国的风土人情和风俗习惯。

利用汇率差价赚取收益

炒汇是对外汇买卖的俗称，这是卖出一种外币、买入另一种外币，利用汇率差赚取收益的投资方式。外汇牌价是每时每刻在变化的，而每种货币的升值或贬值是一个国家经济实力、国家经济数据、国家经济政策的反映。2009年以来，以澳元、英镑为代表的外币凶猛的涨势，各国货币之间的差价显而易见，外汇的投资价值被越来越多的人所青睐。

自我国对自然人开放外汇市场以后,为了方便投资者炒汇,各家银行相继推出了国际先进的交易系统,开发出自动报价系统及电话交易系统,让客户在瞬息万变的行情中足不出户即可抢占时机,捕捉行情。目前,个人外汇买卖业务的交易方式已由原来单一的市价交易变为市价交易与委托交易相结合;交易渠道形成了柜台交易、电话交易、自助交易三位一体的渠道;交易品种已发展到港元、美元、欧元、德国马克、日元、英镑、瑞士法郎、加元、荷兰盾等十多个品种。在中国银行,只需要开立"活期一本通"账户,就可以进行个人外汇交易,交易时间由上午8时至晚上21时30分。

外汇交易市场是全球最大的金融市场,单日交易额高达1.5兆美元。一天伊始,中国香港、东京、纽约、伦敦、巴黎、法兰克福……依次开市,所以外汇交易几乎是全天连续不断。目前国内多数银行提供的交易时间是周一早8:00到周六24:00,许多投资者是"白天炒股、晚上炒汇"。

炒汇的特点

与股票、期货等投资方式相比,外汇市场的外围环境比较公正、透明,而且交易量巨大。对汇价的走势70%可以靠技术分析去掌握,其风险比股票、期货要小很多。只要在适当时候买进,静等其慢慢升值,再选择适当的时机卖出,如果做得好,一年可获利10%左右。所以,投资外汇更安全也更可靠。

1. 交易透明

国际外汇市场每天的交易额在1万多亿美元,任何人和机构都无法操控,即便是政府的干预也只能在短期内起作用,长期或中期的趋势是根本无法控制的,这是股市和期市所无法相比的。另外,一只股票的背后是一个公司,而一种货币的背后是一个国家,两个背景孰大孰强不言而喻。

2. 技术分析可靠

对汇价的走势70%可以靠技术分析去掌握,除非发生重大的政治事件或经济事件,否则没有什么因素能长期左右汇率的走势。而在股市里,即使有很高的技术分析手段,也不一定能赚钱,因为很多技术图表的走势是人为做出来的。因此,对外汇市场的技术分析会比对股票市场的分析准确得多。

3. 波动起伏小

炒汇是利用汇率的波动,在低买高卖中获利。但任何一种货币一年中的波动都不会像股票那么大,就算即期套牢,一年最多损失10%,不会像股票损失那么惨重,风险也就相对小很多。

4. 实盘交易

炒汇分为银行实盘炒汇和保证金炒汇。实盘交易是需要在银行开户,并实际兑换外币进行买卖。而保证金炒汇交易方式类似于期货,有杠杆比例,且可以双向操作,盈利或亏损都会不同比例地放大,赢利可观,风险也巨大。

炒汇赚钱必须遵循的原则

常言道,"术业有专攻",炒外汇并不是每个人都适合做的,这跟你有多少资本没有关系。那些能在外汇市场中长年累月地赢多输少的人,自有他们的特质,因为外汇市场本身就不同于其他金融、证券市场,它就有它自身的特质。只有具有与这个市场的特质相符的那些特质的人才能适应。在外汇这个丛林里,只有两种结局:消灭猎物或被猎物消灭。

炒汇要想赚钱,一定要掌握以下原则:

1. 获利不要盲目追求整数

有人在建立头寸后便定下一个盈利目标,比如要赚够200美元再离开。有时价格已经很接近目标,此时恰是获利平盘的好机会,只因为没有达到预期价位不甘心,结果错过了最好的价位,错失良机。所以,不能因为强争几个点而误事。

2. 随大势而动

一定要始终如一遵守所有的操作讯号,因为下跌段的大利润超过市场横向盘整期间的一连串小损失。关注上扬走势市场何时翻转成横盘(收盘价低于所指出的支撑点),下跌走势市场何时翻转成横盘(收盘价高于所指出的阻力点)。

3. 设立止损点

由于外汇市场变化很快,为了减少投资失误所带来的损失,每一次入市交易时都要预设一个止损点,当汇价跌至这个预定价位时,要勇于操刀割肉,果断结清,以防止损失进一步扩大,以至于血本无归。要知道"留得青山在,不怕没柴烧"。

4. 不要奢望买到最低价卖到最高价

每个人都想低价买高价卖,从中获利,但都无法买到最低点、卖到最高点。

所以,假如市场对你有利,一旦达到心理价位最好及时退出,以免错失良机。

5. 适当休息

长期在汇市里鏖战,久而久之,判断力会逐渐迟钝,思维也会陷入定势。此时最好的办法就是远离汇市,休息一段时间,这样能令你重新认识市场,重新认识自己,能让你看清未来投资的方向。

6. 切勿过量交易

要想获得更多的收益,就要牢记这个原则,即随时保持3倍以上的资金以应付汇价的波动。假如资金不充足,应减少手上所持的买卖合约,否则,就可能因资金不足而被迫"斩仓"以腾出资金,即使你有大的收益也是打了折扣的。

7. 不断学习外汇知识

对外汇及炒汇一知半解,没有充分的心理准备,就一头扎进汇市是不理智的。与其他投资方式相比,炒汇更需要专业知识。所以,进入汇市之初一定要耐心学习,循序渐进。最好不要急于开立真实交易账户,可先使用模拟账户进行模拟交易,待有了初步常识后再进行实战为好。

8. 注意控制风险

外汇市场是一个风险很大的市场,它的风险主要在于决定外汇价格的因素太多。虽然现在关于外汇波动的理论、学说多种多样,但汇市的波动经常会出人意料。如果不注意风险控制,随意进行外汇买卖,很容易失败。

9. 要有忍耐力

有句话说得好:"忍耐也是一种投资。"炒汇更是如此。很多人炒汇收益不好,并不是他们能力低,也不是他们缺乏经验,而是欠缺了一份忍耐力,过早买入或过晚卖出,导致亏损大于收入。所以,要想在汇市里赚钱,有时候等待时机更重要。

在瞬息万变的汇市里,要有一个成型的完整的模型,就像一支球队必须得有一定的风格和套路一样。而这种模式和套路是自己在经年累月的汇市拼杀中练就的,所以,善于总结,善于在实战中寻找规律并能自创一番适合自己操作手法的人,才有可能做到胜的多败的少。

近年来,美元汇率的持续下降,使越来越多的人通过个人外汇买卖,获得了不菲的收益,也使汇市异常火爆。各种外汇理财品种也相继推出,如商业银行的"汇市通"、中国银行和农业银行的"外汇宝"、建设银行的"速汇通"等,供投资者选择。2010年,我国政府将会继续坚持人民币稳定的策略,采取人民币与外汇挂钩以及加大企业的外汇自主权等措施,以促进汇市的健康发展。因此,2010年在汇市上投资获利的空间将会更大,机会也会更多。

投资黄金首选金条和金砖

随着2010虎年的到来,生肖纪念金条等黄金制品又开始盛行,看大商场黄金专柜前人头攒动的场景,不难想象黄金市场的火爆。

自从中国银行在上海推出专门针对个人投资者的"黄金宝"业务之后,投资黄金一直是个人理财市场的热点,备受投资者的关注和青睐。特别是近几年,国际黄金价格持续上涨,可以预见,随着国内黄金投资领域的逐步开放,未来黄金需求的增长潜力是巨大的。特别是在2004年以后,国内黄金饰品的标价方式逐渐由价费合一改为价费分离,黄金饰品5%的消费税也有望取消,这些都将大大地推动黄金投资量的提升,炒金业务也必将成为个人理财领域的一大亮点,真正步入投资理财的黄金时期。2009年底,工业用电价格调整,居民用水和煤气价格已经开始逐步调整,这标志着与水电有关的所有产品都要涨价,通货膨胀的预期正在加大,黄金必然成为对抗通胀的最佳选择。

普通百姓对黄金的认识仅仅限于黄金饰品,听闻金价上涨就会去抢购黄金饰品和金条,金灿灿的实物买回家,放到保险柜里等着它保值升值,从中不难看出黄金的货币属性和商品属性。几千年来,黄金一直以其独有的特性——不变质、易流通、保值、投资、储值的功能，作为人们资产保值的首选。无论历史如何变迁，国家权力的更迭，抑或是货币币种的更换，而黄金的价值永存。"货币天然不是金银，金银天然是货币。"马克思的这句话肯定了黄金的货币属性。

众所周知，黄金还有一个重要功能，那就是避险。无论社会怎样动荡，政治局势的更替、自然灾害、战争爆发……当货币贬值的时候，金价却会上涨。另外，黄金作为财富的象征，与金钱、房地产等相比，具有更好的流传性。因为金钱的继承需要纳税，房产的继承也需要缴纳契税，相比之下，黄金传给后人不需要任何的手续和费用。

在世界性金融危机的冲击下，尤其是美元的不断贬值，黄金市场又受到了追捧，作为世界公认的金融资产，各国政府都在伺机增加黄金储备，使得黄金价格节节上涨。另外，美元是黄金价格走势的风向标，投资黄金就要掌握这条定律，一定要从国际市场的角度进行综合分析。美元近年来不断走低，也是黄金被看好的重要原因，且不论美国经济是好是坏，美元到目前为止仍在下跌，尤其是最近推出第二次货币量化宽松政策，对金价构成了强有力的支撑。从黄金的长期的走势来看，自1980年金价下跌后，历经30年终于走出了熊市，正在上升的大牛市通道中。一年以来，国际黄金价格屡创新高，达到了历史最高位1 300美元/盎司，不久的将来能够达到2 000美元/盎司的预言也许真的会实现。

黄金的流动性很好，变现也很方便，国际黄金市场24小时交易，随时可以变成钞票。世界各地的金店都有收购黄金的业务，价格会参照当日的国际黄金价格或者国内市场价格，即使拿到典当行、旧物店也能换取现金。最紧急的时候也能作价卖给个人，或者直接抵债、换物。因此，有黄金在手里就不会有后顾之忧，在资产配置的时候是人们的首选。

黄金还具有世界价格，可以根据兑换比价兑换为其他国家货币。当纸币由于信用危机而出现波动贬值时，黄金就会根据纸货币贬值比率自动向上调整；当纸币升值时，因黄金价格的恒定，其价格表现为下降。这种逆向性成为人们投资规避风险的一种手段，是黄金投资的又一主要价值所在。

黄金投资的主要品种有：

1. 金条、金砖

金条、金砖都是人们心目中"永远的硬通货"，变现性较好，在全球任何地区都可以很方便地买卖，不受地域空间的限制，且大多数地区还不征税。投资金条、金块的缺点是不方便储存，大量的黄金放在家里无异于放一只老虎在身边，是十分危险的。如果放在银行的保险柜里，就需要一笔保管费用，长期下来也不失一笔小数目。另外，变现时需支付一定的手续费，出手时还需要鉴定和辨别，投资者一定要好好保留购买时的发票和有关证书。在选择的时候应慎重，必须购买有正规厂商品牌的产品。

2. 金币

金币又可分为普通金币、面额金币、纪念金币，标有面额的金币通常比没有面额的金币价值高。金币始终是人们的投资热点，尤其是最近几年发行量仅有15枚、1000克、面值1万的肖纪念金币，目前市场价都在50万以上。2009年，为了庆祝中华人民共和国成立60周年，中央银行发行了限量100枚的1公斤纯金币，因为发行量太少，当天就从33.8万元飙升至50万元，据说现在已暴涨到近百万还处于无货状态。其他各种类型的纪念金币，因其内含历史意义也具有很高的溢价，其市场价格远远超过黄金材质本身的价值。投资金币的优点是其大小和重量并不统一，所以投资者选择的余地比较大，较小额的资金也可以用来投资，且投资金币的变现性非常好，不存在兑现难的问题。

3. 黄金饰品

黄金饰品包括黄金首饰和黄金艺术品，从投资的角度看，投资黄金饰品风险较高。因为首饰和艺术品精心打造时，为了增加硬度都会添加其他材质，这样就降低了黄金的纯度，且黄金饰品价格经常超出其内在的黄金价值，黄金首饰销售和回收的价格差距较大。从另外一个角度看，黄金饰品更趋向于消费品，其做工和款式都有时代的烙印，所以若以投资黄金保值为目的，千万不要选择黄金首饰。

至于黄金摆件，里面很大程度的掺有其他金属成分，各种生肖摆件如喷沙金虎等虽然做工精美，造型逼真，但仅仅是装饰品或者是工艺品，黄金的纯度大打折扣，不要投资购买为好。

虽然黄金具备上涨的条件，但是需要考虑的因素太多，不是一个简单买卖就完成的。另外,黄金不生息也是一个遗憾。黄金和其他交易品种不同,只能在涨的时候卖,跌的时候干着急卖不出去,所以不要老攥在手里,有利可图的时候该出手就松手,否则错过了好时机,后悔就晚了。

黄金投资市场总体看前景乐观,但是不利因素也同时存在,首先黄金市场开放的时间不长,很多地方还不够成熟和完善。其次是黄金交易方面的专业人才还很匮乏,业务人员对黄金投资业务还不够了解,对整体的发展形成了制约。很多投资者对黄金投资概念的模糊,对于投资交易的技术和理论都相对偏弱,这是我国黄金投资不能快速发展的短板。

如何能够更好地投资黄金产品,对于普通投资者而言,应该着重注意以下几点。

1. 要掌握市场动态,熟悉了解交易规则

黄金市场的品种虽然不是很多,但是也有不同,金条、金砖、金链、金币等,形式也蛮多的,要选择适合自己的黄金投资品种,要了解这些品种的行情走势,还要掌握规避投资风险的专业知识,以保证资金安全。

2. 看清大势,顺势而为

要对黄金市场整体趋势又准确地判断,如果短期操作要注意基本金属的价格走势,因为它从一定程度上能折射黄金的走势。同时,对地缘政治、石油价格、美元汇率等因素也要加以关注。

3. 长期投资,持续关注

多数人的心理是买涨不买跌,人们往往对上涨的行情关注的较多,对下跌的行情却漠不关心。其实,没有只涨不跌的市场,合格的投资者对上涨和下跌都应该关注,尤其是调整期间的行情,更应该关注不同品种的强弱,以便利用时机调仓换币。

4. 谨慎入市,适当投入

和任何投资的原则一样,可以拿自己闲置不用资金的2/10左右,做黄金实物的投资,千万不要占用大量资金,不要购买过多,只把它作为一个配置品种,否则会影响到资金的流动性。

5. 金币投资要注意发行量和题材

金币的投资价值和发行量比切相关,发行量越小其价值就越大,反之就越小。题材也很关键,首次发行的一定比后期发行的要有投资价值。另外,还要注意的是只有中国人民银行发行、中国金币制造总公司承销的才能称为纪念币,其他公司发行的纪念章没有投资价值。

6.要观察龙头品种的表现

因为龙头品种一般都是市场公认的精品,也是市场涨跌的风向标,这些品种往往陷于大盘启动。比如1/2盎司的彩金纪念币《贵妃醉酒》、5盎司的彩金纪念币《虎》、《桂林山水》金币等,就是金币市场的龙头品种。

全球黄金交易24小时不间断,金价和股市、汇市一样起伏不定,但它主要受政治、经济、开采量等大环境影响较多,人为操纵的因素较少,价格虽有变化但较为温和,鲜有大起大落的情形发生,短线的快进快出在这里不适合,徒增交易成本。

投资实物黄金属于长线投资,毕竟短期的价值不大,所以不能期望黄金像股票一样,进进出出地搏差价。只要有足够的耐心就会有好的收益和回报。

纸黄金投资:宁可错过也不做错

"纸黄金"亦称黄金存折,是国际上比较流行的黄金投资方式,投资者既可以避免因储存、运输、检验、鉴定黄金带来的风险和费用,又可通过低买高卖赚取利益,投资门槛也比较低,吸引了很多个人投资者。

纸黄金就是个人记账式黄金。投资者在购买黄金获得其所有权之后,所持有的只是一张物权凭证,而不是黄金实物,不发生实物黄金的提取和交割。因此,进行纸黄金交易的投资者,根据国际黄金市场的波动情况进行报价,通过把握市场走势低买高卖,赚取差价。

美元贬值以来,黄金价格的上涨激发了人们投资的热情,纸黄金也不例外地受到了追捧,近日来,开户的人数猛增,已经达到了100万,刷新了历史纪录。黄金的最高价格达到了历史最高价1226美元,最近一段时间进入调整期,回落到近1000美元,这正是介入的极好时机。

目前,国内提供纸黄金交易的基本都是实力较强的商业银行,投资者进行纸黄金投资,直接到商业银行开设纸黄金买卖专用账户即可进行交易。纸黄金紧随国际黄金市场的波动报价,银行报出的只是一个中间价,加减0.5元就分别是买入价和卖出价。纸黄金买入和卖出后,现金马上就可以出账和入账,没有时间差,银行只收取每克0.8元的手续费。而且,从星期一到星期六早上,日夜都做纸黄金交易,非常方便快捷。

纸黄金的交易办理手续很简单,只需持本人身份证件,到银行所属的营业网点填写"个人账户客户申请书",然后存入一定数量的人民币或者外汇,银行会给客户一个活期一本通存折、一个点子借记卡及电话委托密码,即可开通柜台、电话、网络等方式参与纸黄金的交易。现在开展纸黄金业务的银行有中国银行、工商银行、建设银行三家,有的需要到定点的银行办理,有的需要交纳一定的手续费。

三家银行提供的纸黄金产品报价依据也不尽相同,中国银行的"黄金宝"为24小时不间断交易,其报价所依据的国际市场在不同的时间段有所不同。建设银行的"账户金",交易时间为白天10:00~15:30,报价的依据主要采取了金交所主力黄金品种Au99.99和Au99.95的实时报价为基准。工商银行的"金行家"不同产品的报价也不一样。

纸黄金的交易规则

因为纸黄金价格波动不大,和股票市场一样,人们总是想最低价买、最高价卖,可是纸黄金市场一年中买入和卖出的机会没有几次,只能耐心等待,每天花上一分钟来观察,肯定会有买入的机会!其实任何一个价位的高低都是相对而言的,只是参考的起点不一样而已。当金价在900多美元的时候,人们就说1000美元是阶段性顶部,当金价一涨再涨到了1100美元时,很多人悔之晚矣:早知如此就应该继续买入。金价不鸣则已,一鸣惊人,结果一直冲到了1200美元,令人始料不及。

投资纸黄金也应该遵循"追涨杀跌"的策略,当金价连续上涨一段时间,大家都会加大投资的力度,这时突然行情急转直下,出现大幅下跌的局面,此时千万不能像炒股票一样加仓以摊平成本。因为再加单的结果可能是越买越跌,损失越来越大。这就是宁可错过也不要做错的道理。

和股市一样,纸黄金市场上也有庄家,而且这些庄家都是国际上的大基金、大政客、大炒家,想了解他们的动向是非常困难的。所以,只要相信是历史相对低点价格就买入,持续持有到满意的价格就卖出,一般持续持有半年以上,总会赚到一个10%的波段。

纸黄金投资同其他投资一样,风险与收益并存,投资者要调整好心态,坦然面对盈利和风险。在投资纸黄金之前,投资者需要掌握一些黄金投资的基本知识,如影响黄金价格的政治、经济因素,分析价格走势的技术方法等。此外,投资者还要对自身的风险承受能力、盈利预期、资产配置比例等做到心中有数。

最近一段时间,国际金价出现震荡,投资者要注意控制纸黄金的投资仓位。如果是已经入仓的投资者,要适当调整获利目标,根据收益的情况随时调整买入或卖出的策略;如果是刚入市投资纸黄金的投资者,最好分批入市,切忌全仓进入。

中国银行、工商银行和中信银行等还提供外汇纸黄金买卖,为投资者进行外汇避险、增值提供了更多的产品选择。与上海中国黄金交易所的人民币纸黄金交易不同,外汇纸黄金交易只能用美元购买(保证金交易可以采用其他外币),其价格直接按国际市场以美元报价。事实上,投资者可以把纸黄金当成一个外汇交易币种来进行操作。中信银行把外汇交易与纸黄金交易整合在一个系统内,方便客户进行买卖操作。

市场上还有一些投资公司在做离岸的外汇买卖。投资公司与银行渠道的差别在于:银行的信誉好、资金安全性高。而投资公司则良莠不齐,过去也发生过非法投资公司携款潜逃的事情,而且多数投资公司提供20倍甚至30倍的保证金放大比例,这在满足了部分高风险投资者需求的同时,风险也被不断地放大。目前,外汇保证金交易在国内被叫停,而通过代理去境外交易又不受国内法律的保护。因此,在选择投资公司时,投资者要慎重。

我们在分析金价走势的时候,难免要考虑到美元、原油和股市等因素的影响,再结合技术分析来看,总体走势应该能略知一二。然而,对于一些不擅基本面分析的投资者来说,另有一巧妙的傻瓜型方法借以参考。按趋势理论,如果金价每波走势的高点比上一波走势的高点都要高,调整的低点又比上一波走势的低点要高,印证了逐浪走高的格局,此乃牛市行情,操作策略理应逢低买入,直至趋势反转,反手做空。

黄金期货交易中如何以小搏大

黄金期货是一种投资黄金的工具,表现形式为一种合约,在该合约中,关于黄金的标的物品质、交易单位、交割时间和交割地点等要素(俗称为合约规格)都已经做了标准化界定。2008年1月9日,经中国证监会批准,上海期货交易所正式推出黄金期货合约。

上海期货交易所上市的黄金期货合约标的物是含金量不低于99.95%的金锭,交易单位只能是1 000克(1手)的整数倍,交货地点是由交易所指定的交割金库,交割时间为一年之中的每个月份中的某5天。期货交易的重要特征之一是保证金制度,黄金期货交易也不例外,只需要投入相当于合约价值5%~10%的保证金,就可以参与交易,同样具有"以小搏大"的效应。

但是,保证金交易方式使得黄金投资的盈利和亏损都被成倍放大。当亏损发生时,由于风险控制能力不强,有可能投入的资金血本无归。此外,期货交易的另一个特点是投资者可以先做空(即卖出黄金期货合约),待金价下跌时再买进对冲,即可实现收益。从事黄金期货交易的投资者必须具备一定程度的专业知识,有较强的市场分析能力及风险承受能力。另外,需要注意的是,上海期货交易所规定个人投资者不能进行实物交割、提取。

黄金是一种兼具商品和货币双重属性的贵金属,自古就受到人们的热烈追捧,黄金期货的推出对于广大钟爱黄金投资的投资者而言更是锦上添花,不但有了合法且更加安全的投资渠道,交易方面也更便捷、迅速。黄金期货与黄金现货在交易方面有很大的不同,主要表现在:

1. 买卖对象不同

现货实物黄金投资的对象主要包括各种金条、金砖、黄金纪念币等等,品种繁多,各种规格成色的都有,并且投资者在商场、银行等场所都能买到,交易的对象是黄金商品本身;而黄金期货买卖的标的物只是黄金期货合约,其交易量是以多少手或多少张期货合约来度量的。

2. 参与交易的方式不同

投资黄金现货要获得收益,只能通过先买后卖得以实现;而黄金期货投资,既可以选择做"多头"——先买后卖,也可选择做"空头"——先卖后买,双向操作。"做空"是期货市场不同于现货交易的根本区别所在,对黄金期货投资者而言,做空机制具有相当大的诱惑力。当预期未来期货价格总体趋势下跌时,投资者及时先卖出也同样可以获利,而且一般期货价格下跌的速度往往比上涨更快。

3. 交易成本较低

相对于现货交易,黄金期货交易成本是相当低的,主要包括:交易佣金、用于支付保证金的机会成本。上海期交所公布的黄金期货合约手续费为30元/手(仅为成交金额的万分之一点五左右),投资者委托期货经纪公司参与黄金期货交易,手续费一般不超过60元/手。另外,黄金期货标价是"批发价"即金锭的价格,交易成本较实物黄金要低。

4. 保证金交易具有杠杆效益

投资者从事期货交易,只需要交存一定比例的保证金就可以进行全额交易。一般情况下保证金比例在10%左右,同样投资1 000克黄金,买现货需要20万元,而在期货市场上只需要2万元。用少量定金即可进行交易,具有"以小搏大"的效应。

5. 期货合约不能无限期持有

每个期货合约都有固定的到期日,到期就要摘牌,买入或卖出期货合约时,

必须注意合约的到期日,根据各自的需要确定是提前平仓了结头寸还是进行实物交割(上海期交所规定,个人投资者不能进行交割)。

6. 黄金期货实行当日无负债结算制度

由于黄金期货实行保证金制度,风险相对较大,交易所为控制风险和保证合约的履行,每个交易日交易结束后要按照当天的结算价对所有投资持有的未平仓合约进行结算,也就是将投资者当天赚的钱划入投资者的账户,当然,赔的钱也直接从账户中划出。

7. 黄金期货的流动性、灵活性比较强

从事黄金期货交易不必为标的物的成色担心,也不需要承担鉴定费和保管费等费用,具有流动性、灵活性比较强的特点,可以在任何交易日变现,也可以在任何时间以满意价位买卖。

期货买卖价格在开放条件下各个地区的价格基本是一致的,所以市场价格透明、公平,可利用黄金期货作"套期保值"或"对冲",即利用买卖同样数量和价格的期货合约来弥补因金价波动给实体黄金投资带来的损失。

修炼秘诀

通过上海期货交易所经纪会员参与交易是广大投资者参与黄金期货交易的唯一合法途径,每个通过合法途径参与黄金期货交易的客户均有一一对应的代码。上海期货交易所会员没有二级代理,即除了上海期货交易所的期货经纪会员,任何单位和个人都无资格办理投资者开户业务或者代理投资者进行黄金期货交易。任何参与地下炒金的活动都是非法的。

理财八段

艺术品古玩风雅中赚钱

　　艺术品有最低价却永远没有最高价,因为谁都无法用原来的价格买回自己卖出去的东西,这收藏永远不延迟。如果只看回报率就成了藏品的奴隶,如果不过分看重回报率,结果反而会时常带来惊喜。

艺术品投资靠熬时间来赚钱

黄永玉是我国当代最著名的画家,在中国美术史上的地位无人可以替代,他的作品价值连城。2009年9月,中央电视台《艺术人生》栏目做了一期节目,名为《八零后对话80后》,郭敬明作为80后代表拜访了著名的艺术大师黄永玉,回来后他写了一篇博客抒发内心的感慨:

院子里停着法拉利、保时捷、宝马、奔驰、兰博基尼等世界顶级名车;书房有五根价值100万的木头,每根的运费30万元;房间角落里有一个落满灰尘的明朝古董鸟笼,窗外是梅葆玖等艺术家唱过戏的荷塘露台……采访结束前,黄老叫住郭敬明说送他一幅字,在场的节目组工作人员大吃一惊,眼睁睁地看着郭敬明若无其事地拿着那幅画走出去。郭敬明当时并不知道黄老先生的画一平方尺几万元。

通过这件事,从另一个角度反映了书画艺术珍品的价值。书画等作品是艺术家长期积累的结晶,是艺术才华的瞬间爆发体现,其价值主要体现在其蕴含的艺术含量上,体现在书画家的知名度上,还体现在存世时间的跨度上。

艺术品的价值体现

1. 艺术品的文物性

一件艺术品里如果蕴含着极高的文化价值,代表着一个时代的艺术趋势,代表着一种流派的形成发展脉络,形成了独一无二的风格,就会成为具有学术价值和历史意义的文物。具有文物价值的艺术品的价值,很多时候不能仅仅从金钱上来衡量,说它们是价值连城、说它们是无价之宝一点也不过分。

2. 艺术品的科学性

具有国宝级的艺术品代表了某个历史时期的科技水准,代表了某个地区或者民族的工艺水平的高低和演变,反映了那个时期的经济发展和民间生活的风貌,其价值不可估量。比如青铜器、唐三彩、元青花、清粉彩……都是顶级的艺术珍品。

3.艺术品的稀缺性

很多艺术品原本就数量稀少,历史越久远储藏的难度越大,岁月的流转,战乱的损毁,人为的破坏,多种原因让很多艺术品流失毁坏,能够保存下来的越来越少。这也是艺术品年代越古老越值钱的原因所在。

艺术品成为商品由来已久,历朝历代的皇家和官宦商贾都以制作和收藏艺术品为乐,而外国列强对我国艺术品的掠夺也从来没有停止过,至于民间的收藏和买卖也没有间断过。新中国艺术品市场的形成和发展迅速,投资艺术品的人越来越多,艺术品投资的范围越来越广,艺术品的价格也一涨再涨。

艺术品投资市场具有多品种、少数量、独立性、慢周期的特性,投资的对象是单个实体现货,不存在洗盘、震仓等市场常规手法,也没有股票、期货、黄金的庄家人为炒作和操纵,而且具有交易直接、手续简便等优点,受经济和政治因素影响较少,无论是在先进富裕的国家还是在贫穷落后的国家,都能得到流通而不受干扰。

艺术品收藏的分类

艺术品是一个很大的概念和范畴,可以分为很多门类:

(1)绘画:包括油画、中国画、抽象画、版画、装饰画等。

(2)书法:包括楷书、行书、草书、小篆、大篆、甲骨、印章等。

(3)雕塑:包括雕刻、浮雕、石雕、铜雕、砂岩、铁艺、铜艺、不锈钢雕塑、玻璃、玻璃钢、树脂、透明树脂等。

(4)陶艺:包括陶瓷、瓷、陶、黑陶、红陶、白陶等。

(5)玻璃制品:包括吹瓶、琉璃、水晶、黑水晶、花艺、花插等。

艺术品收藏的风险

和其他投资一样,艺术品投资也是有风险的,而且现在来看其风险比任何时期都要大。一般来说,风险大致可以分为以下几个方面:

1.赝品劣作的风险

由于艺术品投资能够获得极高的回报,因此出现了大量的赝品,而且制作的技术水平、技术含量越来越高,一般的投资者没有能力辨别,甚至专家都无法确认。而且越是名家的作品越容易出现赝品,任何拍卖行或者承销商都不保证是否是真迹,全凭买家自己的鉴别能力。

2. 人为炒作的风险

艺术品市场人为炒作导致价格虚高或者价格暴涨,误导了投资者对投资收益的判断,如果贸然盲目跟进,很可能接到最后一棒,非但没有增值的可能,还可能因为特有的高价,使得手里的艺术品成为"烫手的山芋"。

3. 通货膨胀的风险

在通货膨胀的情况下,所有的东西都会贬值,艺术品也不例外。当然,艺术品只要完好无损就不能成为负值,但是通胀会让原有的价值打折扣,收益会受到严重影响。

4. 潮流转变的风险

任何艺术流派都有高潮期和回落期,在最鼎盛时期购买,在回落时就会贬值。这种情况是不以人的意志为转移的,也很难人为地控制和把握。

5. 非人力可抗的风险

艺术品对其保存的环境有特殊的要求,对温度、湿度、采光、空气流通等条件都有严格的限制。即使这些基本条件都得到了保障,还有一些不可抗力的因素,如狂风、暴雨、雷电、火灾、洪水、地震等自然灾害的发生;还有偷盗、损毁等人为因素,都能让艺术品损毁或者消失。

以上风险中最主要、最难以防范的是"赝品"的风险,对其真伪的辨别能力是能否规避风险的关键,因为艺术品的鉴定往往只能靠"目鉴",也就是仅凭着以往的经验,而无法借助任何仪器和数据。但收藏的最大乐趣也莫过于此,这种自我挑战的过程充满了诱惑。艺术品投资存在很多的不确定因素,很可能让涉身其中的人蒙受损失,所以一定要具备良好的心理素质,学习鉴别艺术品的知识,具有专业的眼光,尽可能规避投资艺术品的风险。

另外,艺术品市场对资金要求比较高,几十万、上百万在拍卖会上很难得到货真价实的好作品。2007 年,明朝画家仇英的《赤壁图》山水人物手卷,拍出了7 100 万元的最高纪录。2008 年,当代画家刘小东的《温床》在嘉德春季拍卖会上以 5 712 万的价格成交,是至今为止中国内地油画的最高价。有人会说,这么高的价格还有人买,以后还能涨吗?这一点不必担心,价格肯定会涨,而且随着时间的推移增值的空间还会更大,这就是艺术品要靠熬时间来赚钱的道理。

修炼秘诀

艺术品投资最重要的是对艺术品的鉴别能力,自己没有这方面的专业知识,不加强自身对艺术品真伪的辨别能力,依赖别人的帮助终归不是长久之计。艺术品收藏绝不像购买一件普通的商品那样简单,因为如今的拍卖市场不仅不保真,而且鱼龙混杂,真假混淆,稍有不慎买到赝品,所投资金即付诸东流。练就一双火眼金睛,才能避免上当受骗。

把握投资艺术品的机会和技巧

CCTV财经频道有一档《寻宝》的栏目,到全国各地寻找当地的"宝贝",众多藏友纷纷将自己珍藏的"宝贝"拿来请专家鉴定,在山东某地有一个藏友小心翼翼地把一幅李苦禅的画作捧到专家的面前。几位专家认真地看了这幅水墨重彩的寿桃条幅,然后问这位藏友花多少钱购买的,自己认为是否是真品。这位藏友说几年前花了上万元收到的画,经当地的画家鉴定说是真品。专家中一位书画专家最后给出的结论是,画面布局很像,但是用墨很不成熟,甚至很幼稚,几片荷叶墨迹浓重分不出层次,稍有书画基础的人都能看出来是一幅很差的赝品。

电视中的这个情节让人感到遗憾,没有任何基础知识的人进入艺术品投资领域,最终的结局就是花费了无谓的金钱和精力。许多人将艺术品(书画)视为"挂在墙上的股票"来投资,随着有关媒体的推波助澜,不少收藏爱好者接受了艺术品保值升值的理念,纷纷涌进来。其实,艺术品收藏绝不像购买一件普通商品那样简单,没有商家对正规厂家产品的担保,没有厂家三包的保修期,也没有作为消费者投诉的渠道。所以,正确的来源渠道是得到真品的先决条件和重要保证。正规渠道有哪些呢?

理财八段
艺术品古玩风雅中赚钱

1. 从画家手中购买

画家从无名到有名，从小有名气到大有名气，都需要时间来积累，这就决定了投资艺术品要作长线，而且要选择那些有潜在艺术价值的画家来做预先的投资，购买那些能够在不久的将来有足够吸引力的作品。艺术品的创造者是画家，签约艺术家是好的办法，如果不能签约也要长期关注这类艺术家，一旦有作品问世最好在第一时间购买，从他们的手中直接购买价钱相对较低。

2. 从画廊和画店购买

画廊和画店大多由美术方面的专业人士经营，他们对于画家和作品的情况十分了解，有很多人甚至是画家的经纪人或代理人，注重对艺术家的包装和艺术风格的推介，能够在作品的价值上有比较好的估价。北京的宋庄、798艺术中心、王府井等地有很多知名的画廊，许多有价值的书画都是从这里流出来的。

3. 从艺术品博览会上购买

随着艺术品市场的日益火爆，新型的艺术品交易形式诞生了，它就是艺术品博览会。博览会上、艺术品公司、收藏家、画家都可以通过大会的组织者，以参展者的身份进行交易。投资者可以在这个平台上扩大自己投资的视野，发现自己喜欢和有投资价值的作品。对某些画商来说，博览会为他们提供了寻找新商机的可能。

4. 从拍卖会上购得

拍卖公司是艺术品交易的中介机构，通过他们的运作使艺术品找到新的买家，成交后，他们收取成交价的10%的佣金、1%的保险费、1%的文物管理费。拍卖前公司的专家要为拍品进行真伪、优劣、新旧等方面的鉴定，并就拍品的起拍价、佣金等经济利益和法律关系签订协议。拍卖不成拍品退回原物主。

5. 从古玩市场或者民间购得

古玩市场是藏金纳银的地方，经常光顾很可能碰上有价值的书画。民间收藏家和藏友对某一领域的艺术品有一定的造诣，而且手中很可能有质量高、体裁稀少的藏品，如果他们愿意出售也是难得的好机会。但这个地方也是最容易流出赝品的地方，所以要有风险防范意识。

刚开始进行艺术品投资，由于没有什么经验，为了避免无谓的损失要多向

这方面的专家请教。收藏家、鉴定家、书画家、考古学家等都是学习的对象,他们可以从不同的侧面提供不同的有价值的建议,鉴定家对真伪的敏锐,书画家对技法的明了,收藏家对市场的洞悉都是难得的经验。

但是有两类专家千万要警惕,一类为头顶专家美名的"伪专家",他们徒有虚名,一知半解,常引人误入歧途。二为职业道德发生偏离的真专家,为个人私利,迎合市场,指假为真。如果听从这种指导专家的建议,会遭受很大的损失,所以在学习的过程中对于学习的对象也要有敏锐的辨别力。

投资艺术品首先要有良好的心态,从某种意义上讲,投资艺术品实际上是投资艺术品的未来。换句话说,投资成败的关键,在很大程度上取决于这些艺术品所具有的潜在的吸引力。所谓潜在吸引力,是指艺术品在未来所能够获得的吸引力大小。这个投资策略的关键,是寻找并且购买那些有可能在将来获得足够吸引力的艺术品。潜在的东西都要靠时间来积累,齐白石的作品10年前和现在的价格就大不一样,而一些新晋画家的作品价格相对较低,随着其名望的不断提升,价格也会不断上涨。所以,选择恰当的购买时机也显得至关重要。

1. 被忽视的冷门

比较众多的收藏门类,风险也有大小之分,就目前看油画的投资风险是最小的,收益又有一定的保障,最适合刚开始投资艺术品的人进行收藏。就目前的情况来看,收藏油画获利30%以上不成问题。刚开始尝试投资艺术品,资金的安全性应放在第一位,其次才能追求稳定、良好的投资回报,中国当代油画是最佳的避风港。价格低、保真性强、投放量小、上升空间大,这些都是当代油画的投资优势。

2. 选择当代艺术

近年来崛起的"70后"和"80后"的艺术家作品正在受到市场的青睐,这些年轻人很少有传统的羁绊,他们的创作理念很新锐,没有任何传统负担。而且这些人的作品率先在海外市场上产生影响,自身的潜力不可估量。相对来说,他们对本土文化的认知和对异域文化的了解尚缺乏应有的深度,这就导致他们虽有人格独立的一面,但也很容易轻信市场份额和数据,尤其是异域的份额和数据,因此,他们手中的画笔极易成为市场操盘手的"利益工具",这也是投资当代艺术的风险所在。

3.寻找地域差异

艺术品市场现在出现了巨大的差异,不仅国内和国际的艺术品市场有差异,就是国内不同地区市场之间也表现出了明显差异。这种差异可能来自文化方面,也可能来自经济方面,体现在艺术品上就是价格上的差异。如果能够抓住这种空间上的差异性,就能获得非常可观的收益。尤其是中国当代油画,在国内和国际上的价格差异有很大的空间,如果把握住机会能有很好的回报。

4.关注市场的大趋势

近两年来,艺术品市场处于先抑后扬的局势,在金融危机席卷全球的时候,市场的交易受到冲击表现出一场冷淡,很多作品的价格很低也无人问津,导致很多拍卖会上的作品都流拍了。一年后的今天,形势有了颠覆性的变化,很多作品又重回升势,而且价格一升再升。所以有时候如何化风险为机遇,就要看投资者的眼观和对策了。

艺术品投资要立足做长线,要把目光放长远。因此,应购买那些能够在不久的将来有足够的吸引力的艺术品。所以,对于买进的艺术品,最好抱着喜欢的态度,即使短期内不能出手,只要喜欢,也会是一种很好的饰品。用这种心态投资艺术品,一定会得到更多的回报。

总之,在中国艺术品市场尚不太成熟的今天,想投资艺术品,规避风险是最大的根本,投资回报退居其次,不能有效地规避风险,一切都无从谈起。

还有一些人把艺术品投资市场当做股市一样看待,将艺术品像股票一样买进卖出;在这种投机心理影响下,艺术品投资也充满了泡沫,艺术品的价格忽高忽低,大起大落,十分不稳定。所以,艺术品投资不能像炒股一样,不能像盯着股票大盘一样盯着艺术品的价格的涨落,更不能追涨杀跌。

招贴画正逐渐成为投资热点

说起招贴画,中年以上的人都不陌生,年画、电影海报、政治宣传画被统称为招贴画,20世纪六七十年代的公共场所随处可见,机关学校以及各家各户也不少张贴。尽管这些带有政治宣传色彩的画印刷量非常大,然而,随着社会的发展和生活的变迁,还有自身容易损毁的不可抗力因素,招贴画的存世量极少。因其在历史上曾经的作用,更因为有些画作的艺术水平和自身价值,其身份已经转化为收藏界的新成员,而且身价越来越高。

招贴画是无声的视觉艺术,收藏价值是潜在的,目前国内刚刚开始认识到宣传画的价值,市场空间很大。收藏价值高的宣传画要具备下述条件:描述有价值的历史事件、画面艺术感染力强、品相要完整、印刷数量要少。在成千上万种宣传画中,符合这些条件的宣传画占少数,原版宣传画流传至今的只有5%~10%。宣传画无论原稿或印刷品,都已经成为藏市宠儿,投资者不妨关注这座"金矿"。

招贴画题材决定潜在价值

从收藏市场上来看,宣传画的收藏对象通常是指1949年至1976年期间发行的作品,它所涉及的题材相当广泛,有政治、经济、军事、人物、体育、科技、妇女、儿童等等,可谓五花八门、包罗万象。宣传画之所以能够在收藏市场上"长盛不衰",很重要的一点就是其汇聚了大量著名画家的心血,其中不乏艺术技巧出众的精品。有一幅著名的油画《为伟大祖国站岗》,曾获得全国美展一等奖,后被印制成宣传画在全国发行。这幅作品反映了当时倡导的革命现实主义与革命浪漫主义相结合的创作宗旨,对中苏边境瞭望塔上值勤边防战士的描画,精心的构思和对前苏联油画技巧的运用,堪称难得的艺术精品。这幅原作拍卖时估价为400万~500万元,实际成交价为795.2万元。

原版印刷品同样走俏

随着招贴画原稿的走俏,印刷的宣传品也越来越受到藏家的青睐。特别是国外收藏机构更是在很早的时候就已经介入了,荷兰阿姆斯特丹的国际社会科学历史学院,有中国宣传画藏品1 400张,并在网站上分成三个历史段落专门介绍各时期的宣传画;英国伦敦西敏大学早在1979年就拥有1 500多张宣传画并举办了展览。在海外收藏市场上,早期宣传画珍品的价格一般都在100美元至200美元,而在国内的收藏市场上,能够卖出几百元的宣传画已经算是珍品了,加上许多人都不善于保存,使得珍品更是凤毛麟角。

当年,这些画是作为政治任务来创作的,因此不带任何商业气息,内容朴实,政治主题鲜明,形象夸张,具有极强的欣赏、研究和收藏的价值。那时的纸张很粗糙,印刷的水平亦有限,尽管有的画印刷了几十万乃至上百万张,作为纸质艺术品却因为不易保管而存量极少,目前的市场上基本难见踪影,进而成为现代收藏中的热门。

此类艺术品在国际收藏市场上受到了认可,从80年代开始就有外国人在跳蚤市场购买,当时的价格是几毛钱,到了90年代就涨到了5美元,现在已达到10~80美元,在美国的网站上,一张常规大小的宣传画预计可卖到80~500美元。

哪类题材升值空间大

将来什么样的艺术品销路比较好呢?大尺寸(比对开纸要大)宣传画数量稀少,价格也就更高。由两张或三张画组成的组画也是物以稀为贵,这种宣传画的一幅图像印在三张独立的纸上。画有毛泽东像的宣传画价格更高,当年1 000多美元买的画,今天在互联网上的售价要超过3 500美元。

中国宣传画为什么在国际市场走俏,专家分析有几点原因:一是表现了重大历史事件,内容丰富多彩,包括政治、经济、外交、运动、妇女、儿童等题材,是研究现代中国和艺术的绝好资料。二是中国宣传画在国际宣传画的历史中有其独特的风格,尤其是"领导出题、画家创作、群众提意见"的创作方法,在世界招贴画发展历史中都是独特的、值得研究的。

除政治宣传画之外,电影海报、年画等也受到收藏者的青睐,这类画的价格与政治宣传画相比稍逊一筹。那一时期的年画现在早已经停产,因此具有稀缺性,更有增值的空间。有心介入这个领域的人,可以重点关注重大社会题材的其他领域作品,譬如香港回归、澳门回归、北京奥运会、全国运动会等,它们都有增值的潜力。

注意提防仿冒复制品

收藏招贴画最好是收藏原作,一些题材特殊、印刷数量较少的印刷品虽然具有收藏价值,但是有很多近几年仿冒的印刷品充斥市场。区别复制品和真品的方法有以下几点:

1. 看出版社

大部分招贴画是美术出版社出版的,也有各省人民出版社出版的,无论是专业出版社,还是综合出版社,总之一定要有出版社的名字印在上面,如果没有肯定是假冒的低劣仿品。

2. 看纸张和色彩

大多数招贴画是印制在最普通的涂料纸上的,这意味着它们在岁月洗礼中,会渐渐发黄,会被虫咬潮毁……所以,真品表面看来会很陈旧。如果整幅画色彩很旧却泛着新油墨的光泽、边缘虽然变黄四角却完好无损的招贴画大多是复制品。

3. 看图像的网点的质量

印刷品是通过各种颜色的小网点堆砌而成的,用放大镜仔细察看构成图像的网点排列顺序,初版印刷品上网点的矩阵非常清晰,而印刷品的复制品上网点就会出现重叠的网纹,大面积观看很容易发现。

4. 看印刷品的版权

招贴画的右下角按惯例会印有作者、出版者、印制者、出版时间、版次、印次、印数和定价等大量信息,很多复制品上却往往漏掉一两项,认真查看如果有明显缺项的就是复制品。

从目前的收藏者取向来看,有一个误区就是仅仅收集1966~1976年期间的宣传画。这固然有一定的道理,因为几乎所有的油画家、国画家、版画家、水彩画家都投身到宣传画创作中。特别是其中具有非常强烈的时代性,即在色彩上强调"红、光、亮",形象上追求"高、大、全",独特的风格让这些宣传画独放异彩,具有相当的收藏价值,令众多收藏者趋之若鹜。但仅仅是收藏这些宣传画是远远不够的,而且有时也会走入误区。其实,收藏宣传画不仅要从时代背景出发,更要注重工艺的多样化,要兼顾水彩画、油画、年画、剪纸、中国画、木刻等等。注重夸张、写实、写意、工笔等创作手法,像董希文、靳尚谊、马晋、谢之光、钱松嵒、刘春华、陈逸飞等都曾参与了宣传画的创作。这些无疑都是需要藏家注意的。

由于国内尚没有权威的宣传画目录,发行量与存世量的统计也处于真空状态,因此在宣传画的市场捡漏,成为大量集藏者乐此不疲的追逐目标,也是财富骤增的捷径。这就需要藏家不要仅仅关注市场的热点,更要关注市场的冷门。综合分析,多元收藏,只有这样才能在宣传画收藏中觅到"钱途"。

◄◄◄ 连环画:小收藏也有大收获

春天的北京地坛书市上,在一个连环画的摊位前,十几个人在书架上安静地淘书,有一个人手里拿着几本书看得津津有味。有一套品相很好的《水浒》连环画,每本8～10元不等,看来进入"小人书"收藏的门槛并不是很高。

近几年来,连环画的收藏和其他艺术品收藏一样,水涨船高,行情不断。这让我想起了中学的图画老师曾老师。曾老师是华东师范大学艺术系毕业,这个在江南长大的人,从小就对连环画情有独钟,这主要得益于他的父亲。他的父亲没有多少文化,但是非常爱看连环画,从中学习了很多的历史知识。曾老师在爸爸的影响下,也喜欢上了连环画,他的藏书里有一部分就是父亲留下来的。他的爱好后来由于种种原因中断了,直到前几年退休后,才又重拾旧"爱",每周必去文庙的旧书市场,一门心思地收藏连环画。随着艺术品收藏市场的走热,他手中几百本连环画增值不少。

春天的时候,他听说沈阳举办连环画交易会,便在自己的藏品中找出了35本,坐火车来到沈阳。这些都是老版连环画,没想到不到两小时就被抢购一空,一共收入了2万多元,平均每本700多元。曾老师的藏品中最有价值的是小时候收藏的那些老版连环画,当时买的时候每本才几毛钱,现在能值几百元甚至上万元。他手中那本1956年出版的原价仅0.23元的《程咬金劫皇纲》,据说现在能卖到1.5万元。

连环画收藏方兴未艾

连环画收藏市场从20世纪90年代中期就初见端倪,很多人的初衷仅仅是把它们看做童年的回忆,而今却变成了收藏的动力。当时,连环画在旧书市场上和其他古旧图书一起,后来逐渐形成了一定的规模,连环画才逐渐分离出来并成为主角。现在,全国各大城市都有连环画市场,每年还要举办连环画交易会。很多明星和名人都热衷于连环画收藏,在2005年中国电影诞生百年之际,著名主持人崔永元收藏的"电影版"连环画不断见诸报端;2009年,他办起的中国第一家连环画博物馆"连环画传奇馆"开张,这对于连环画的收藏起到了推波助澜的作用。著名京剧表演艺术家六小龄童,曾向连环画《三打白骨精》的作者赵宏本等多位绘画大师,学习猴戏的表演和化妆。著名画家戴敦邦的《水浒》人物画稿,成为央视连续剧《水浒传》的造型。这些都无形中提升了连环画的价值。

连环画作为一种视觉艺术表现形式,之所以能成为收藏品,一是它本属于美术作品中的范畴,在收藏领域本应该有它的一席之地。二是因为很多作品是名家之作,因此有很高的艺术价值。著名画家程十发的《红楼梦》、华三川的《白毛女》、王叔晖的《西厢记》都是连环画中的极品,成套的古典名著连环画如《杨家将》、《三国演义》、《水浒》等,则是连环画中的珍品。在连环画盛行的年代,其印刷和发行的数量十分巨大,但是留存下来的已经很少,尤其是名家名著,因此才更加有收藏价值。目前中国最贵的连环画是程十发于1957年创作的第一套少数民族题材的连环画原稿《召树屯和喃诺娜》,在拍卖会上的成交价是1 100万元,这是中国连环画原稿拍卖的巅峰。在2009年重庆举办的"连环画交流拍卖会"上,原价只有0.22元、品相达9.8品的连环画《潘必正与陈妙常》,5 000元起拍,经过数轮激烈竞拍之后,最终以5.1万元成交。

连环画形式多样,品种繁多,其表现手法有传统线描、钢笔线条、炭笔画、水墨画、水粉画、摄影图片等,其中中国画的白描形式最为常见,其艺术水平也最高。20世纪五六十年代,连环画大量出品,因此带有鲜明的时代特色,曾经深深地影响了几代人。改革开放以来,随着信息多元化和娱乐方式的变化,连环画渐渐淡出了图书市场,也淡出了读者视线,却因其特殊价值成了收藏爱好者的新宠。连环画收藏市场逐渐形成后,一些美术出版社将老版连环画再版印刷,有的还出版了32开大开本或精装本,印量大多在5 000册左右,这些印刷精美画本的购买者大多是连环画收藏爱好者。

影响连环画的价格因素

1. 品相最为重要

收藏连环画时一定要坚持"品相至上"的原则,在价格上有时尚能灵活机动,在品相问题上绝对不可松口。"品相"是指连环画外观的完好程度,品相可分为十级,全新品为十品;九品为近新品;八品有折痕和污渍,书角有少量的卷皱;七品虽完整无缺但整体感觉很旧很脏、书角多有折断;六品或六品以下为无封面、无封底或缺内页,或破损严重,面目全非,不完整。只有八品以上的连环画才有一定收藏和投资价值,品相相差一级价格可能相差几十元甚至上百元。如一本刘继卣的《穷棒子扭转乾坤》(人民美术出版社1963年出版),九品相的市价为700元,六品相的市价不到30元。

2. 成套书中"胆"价格最高

一个较大主题的连环画一般都会是几本或几十本成套出版,印刷过程中每一本的印量有所不同,其中印数最少的那本被称为"胆"。翻开任何一本连环画的版权页,上面都印有这一册的版次、印次和印数:如"第1版,第1次印刷,印数:0—1 000 000",说明这册书印了100万册;如果印数是"0—36 000",说明这本只印了36 000本,而印数最少的这本就是这套书的"胆"。因为印量少的这本很难得到,想要收集全套自然非常困难,所以其价格自然要高于同一套的其他本。一般来说,"第1版、第1次印刷"的连环画价值较高,比如刘继卣的《鸡毛信》,第1版作品拍卖价为220元,而第2版作品20元还鲜有人问津,价格相差十几倍之多。

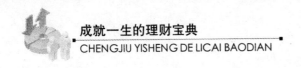

3. 古典题材受追捧

连环画题材关系到其收藏价值,题材内容意义越重大越独特,收藏价值也越高。比如《三国演义》、《西游记》、《水浒》、《红楼梦》等文学名著题材连环画,因为原著的地位高、影响大,由名家绘制的几乎都是珍品,其收藏价格始终居高不下。上海人民出版社1971年出版的《红色娘子军》,市场价约1500~2000元,且有价无市。一本《红灯记》连环画价格在800元以上,一套"样板戏"连环画的市场价近6 000元,彩绘版本高达上万元。

4. 名家名作价格高

连环画作者中有很多名人,比如20世纪40年代的"四大名旦"沈曼云、赵宏本、钱笑呆、陈光镒;"四小名旦"赵三岛、笔如花、颜梅华、徐宏达;20世纪50年代后的"南顾北刘"顾炳鑫、刘继卣;还有王叔晖、贺友直、戴敦帮、华之训、华三川等一大批著名画家。他们所画的作品很多都是难得的传世之作,如贺友直的《山乡巨变》、顾炳鑫的《渡江侦察记》、赵宏本的《小刀会》、华三川的《交通站的故事》、王淑晖的《西厢记》等,都是难得的佳品,有很高的收藏价值,价格明显高于普通的连环画。而20世纪三四十年代赵宏本的作品《上海即景》、《天堂与地域》等,当时的印数原本就少,民间流传损耗很大,全品相的已是稀世珍品,每种价格在3 000~5 000元。

连环画收藏的原则

1. 连环画收藏要兼顾横向与纵向

横向收藏是指同一系列、同一版本的所有分册,例如,1981年四川人民出版社出版的《西游记》一套为20册;1983年河北人民美术出版社出版的《西游记》系列35册;1985年,浙江人民美术出版社的《后西游记》一套为17册……根据全套的总体目录逐一收藏,直至全部凑齐。版本比较老的连环画,要想收集同一版本同一印次的全套,难度非常很大,正因为如此其价格会更高,也更加有吸引力。

纵向收藏是指收藏不同年代不同版本同一主题的连环画。纵向收藏要求收藏者对该主题的连环画版本和年代有一个大概的了解,收藏时以版本和出版年代为主要收藏价值。比如《西游记》系列连环画就有1929年上海世界书局、1957年人民美术出版社、1962年上海美术出版社、1981年黑龙江人民出版社等七八个不同版本。纵向收藏要关注出版年代、出版册数等因素,这是其升值空间大小的关键。

2. 八品以上才能收藏

按照惯例,八品以上的连环画才能参加拍卖,七品以下的连环画只能供民间交流或用作个人收藏,所以购买时一定要坚持"品相至上"的原则。另外,很多图录上以及市场行情介绍中所用的图片,都将九品以上的作为参考,而平时市场里所见到的大多为八品以下,其价格往往比行情价格要低。好品相的连环画"捂"在手里心中不慌,想卖出时总会有人要,而品相差的就像烫手山芋没有人敢接手。

3. 多逛古旧图书市场

连环画收藏行情不断,要想得到有价值的珍品、极品就要留心不厌其烦地到处寻找,有时候可能会用很长时间。经常参加交流各种连环画界的活动,有时间多去逛逛旧书市场、上二手图书网店淘宝,也能解决货源的问题。若藏书品相发生问题应及时脱手,否则时间拖得越久品相受损情况会越严重。

4. 新版连环画价格与炒作有很大的关系

一旦新版连环画的发行量增大,价格就会下降。此外,新版连环画只是老版的复制,收藏价值有限,作为收藏投资存在一定的风险。应该把重点放在精品上,如稀缺版本、连环画原稿、出版社校本等,尤其是名家作品的画稿都曾拍出过高价。

连环画的保养与收藏

1. 防潮

连环画要想长期保存,防潮是最重要的环节。书要放在通风干燥之处,书橱的门不宜长期紧闭,连环画不要平叠堆放,相互间最好留有空隙。梅雨天要勤翻晾,晴天要适当拿出来晾晒。

2. 防晒

书柜要放在阴凉的地方,避免阳光直射或暴晒,长期的日光照射会让纸张失去韧性而变脆,而且会褪色变黄,严重影响品相。

3. 防水

连环画是纸制品,水浸后会膨胀、变形、褪色,故要远离上下水管、暖气以及洗手间等地方,要远离门口和窗户,以防雨水淋湿。

4. 防尘

灰尘会使连环画变得陈旧不堪,所以最好陈列在书架或书橱内,并保持清洁。为了防止灰尘,还可以将连环画用塑料袋包起来封好。

5. 防火

放连环画的木箱或纸箱,要远离汽油、液化气、酒精等易燃物,要放在空旷的地方,不要与衣服、被褥、日用杂品等混放在一起。

6. 防损毁

翻阅之前要洗手,阅完的连环画不要随意乱放,尤其要远离水和烟火。不要边吸烟或边喝茶边看连环画,以免不小心损坏连环画。

7. 防虫防鼠

书橱内最好放些樟脑球,或定期喷洒风油精、杀虫剂等以预防虫蛀。木箱或者纸箱最好放置在高处,以防止虫咬鼠嗑。

连环画收藏已经形成多个热点,老版热、套书热等,其中除了各人兴趣不同、收藏范围不同外,也不乏投机炒作的成分。收藏者要注意形成自己的收藏风格,连环画的存世量、出版年代、品相、题材等才是决定连环画价值高低的重要因素。另外,由于精品连环画升值较快,大多数人都把目光放在高价格的精品书上,很多普通连环画则无人问津。如果我们把眼光放远一些,在普通连环画里挖掘一些能升值的"潜力股",将来必会有丰厚的回报,比如一些品相好、题材好的20世纪80年代的连环画还是颇具收藏价值的。

挂历不仅记录时光，也能创造价值

20年前，每到年底前的一个月，在各个书店和文化市场里，挂满了各种版本题材、印刷精美的挂历，各企事业单位争相购买，成为新年赠礼的首选佳品，也成为每个家庭必不可少的室内装饰品。

从某种意义上讲，挂历比邮票的题材还要广泛丰富，名车名宅、宠物玩物、国画油画、歌星舞星、球星影星、奇石盆景、花鸟鱼虫、松梅竹鹤等，凡是世界上有的都曾经作为挂历的题材。比如中国书画类挂历，几乎把中国历朝历代名画精品都囊括在内。另外，挂历的出版者为了应对消费者对挂历的多层次要求和选择，想方设法将挂历印制得越来越高级、越来越精美，从制版、印刷、工艺到装订都严把质量关，所用印制材料以及油墨都是最好的，有的还采用先进的金箔制版工艺，使挂历的图片印刷质量如纯平彩电一般逼真生动。挂历题材和品种发展的趋势，具备了较强的时代特征，同时反映了当时的社会风貌和时代精神，因此具有收藏价值和艺术价值。

价值体现在发行时间和题材上

而且从收藏理念出发，挂历发行的时间越早，往往就越具有收藏价值。如20世纪80年初出版的挂历因存量屈指可数，大多数已成为了收藏的精品，而1966~1976年因出版的挂历不多，其精品价值已经在目前的市场上体现，而且随着集藏者的增多，今后将越发显得弥足珍贵。尤其是1966~1976年出版的挂历更是受到了青睐，如1966~1976年样板戏《白毛女》挂历，目前市场开价就在200元以上。而20世纪80年代初的风光、宠物挂历，也在50元左右，不过90年代中后期发行的挂历，一般都在10元左右，低的只值3~5元一本。

有这样的"先天优势"，这对于收藏者来说是天大的好事，可以非常容易地进行分类，按照专题进行收集，凡属墙上悬挂、具有日历功能的印刷品，都可以

列在收藏之列。这些挂历中,前些年以纸品为多,后来塑料膜类制品占据了主导地位。在张数上,一般是12张或13张,但也有不少是6张、4张的。开本也多种多样,有横开本的也有竖开本的,大多数都是长方形的,还有少量方形开本的。不管是国家正式出版社印制的,还是作为广告宣传而印制的,任何一种都可列入收藏范围。

好品种投资少收益大

挂历是一种集工艺品、艺术性、观赏性和投资性于一体的收藏品,随着收藏界对挂历的关注程度越来越大,挂历的后市发展同样充满着丰富的想象空间。而目前价格低廉的现状,更凸现了挂历的潜质,有兴趣的朋友不妨多加留意。毕竟10年前的年历片、年画、电影海报等都是乏人问津的品种,但目前在藏市中却变得炙手可热,价格较10年前翻了三番都不止,这对于挂历藏家或投资者而言,无疑是个很好的启迪。鉴于挂历收藏刚刚起步,风险很低也利于投资,按照目前的行情分析,收藏挂历几乎是零投入,只要平时注意向亲朋好友索取已经用过的旧挂历即可,一般都会得到满足。

鉴于长方形的挂历数量太多,反而是一些奇形怪状的挂历收藏更有价值,还有一些特大号挂历,要比普通挂历面积大二至三倍,或者特殊规格的袖珍挂历。值得注意的是,挂历也和字报、邮票等藏品有着"共性",每逢国家大型庆典、部门重大事宜或企事业单位庆祝本单位中具有现实或历史意义的事件,大都要定制若干数量的纪念型挂历,这些挂历往往不乏有名人题词和单位介绍,且设计精美,具有与众不同的观赏性。可以选择这一类别的挂历进行投资,其回报率自然会逐年提高。

收藏挂历要注意的问题

1. 重复再版的挂历价值很低

挂历的一个重要功能就是年历,为了节省成本不少出版社将以前发行过的图案重新印刷,这种挂历除了年历不同外,其他几乎一模一样。收藏时应该选择第一版第一次印制的年份收藏。

2. 注意收藏热门题材

早期挂历投资要选社会上的热门题材,如世界级明星、领袖人物、山水风光、文学名著及书画等在市场上有影响力的挂历,通常都是收藏者最偏爱的品种,受藏家青睐的题材品种能够起到事半功倍的效果。如20世纪80年代发行的《沈阳故宫藏画》、《徐悲鸿奔马》、《红楼十二钗》等挂历,目前市场价为15~25元,同时期不少"美人"挂历,市场价不足10元。

3. 品相非常关键

与绝大多数藏品一样,挂历收藏也同样需要关注品相问题,往往一些小的瑕疵,就会影响到价值。选购挂历时要仔细观察是否有折痕、污损、破损。虽然有瑕疵的挂历,购买时价格可能便宜几元钱,不过今后一旦大幅升值,差价就会很大了。

4. 要注意挂历的完整性

有些高档挂历销售的时候外面配有盒子等附件,千万不要遗弃,包装完好的挂历价格往往要比缺少外包装的挂历高得多。

修炼秘诀

和许多纸质藏品一样,收藏挂历还需要注重出版的年代和品相,尽管挂历的印制量非常大,但留存下来的却是凤毛麟角。最好收藏出版时间较早的挂历,因为挂历发行的时间越早,往往越具有收藏价值。另一个不容忽视的因素是挂历的品相,它直接影响到挂历的价值,因此,保管好挂历也是需要做到的最基本的功课。

用宝石圆你一个财富梦

古往今来,人们对宝石一直情有独钟,皇族贵胄以宝石显示地位,富豪商贾以宝石显示富有,男人以宝石显示尊贵,女人用宝石显示品位……顶级宝石也就是钻石甚至成为权势的象征,各国历代的王公贵族几乎每人都有一段于钻石相关的传奇经历。世界上最大也是最著名的宝石"非洲之星"和"海洋之心",就能充分体现这一点。

"非洲之星"1905年1月21日在南非的矿场被发现,重量为3 106克拉,直到今天,它还是人类所发现的最大的宝石金刚石。后来,这块巨大的宝石被切割成许多大小不一的钻石,其中最大的一块被镶在了英国皇室的权杖上,重达530.2克拉,号称"非洲之星"。

"海洋之心"因电影《泰坦尼克号》而闻名遐迩,它就是现存于世的珍品——噩运之钻——"希望"。闪烁着神秘的深蓝色透明钻石重45.52克拉,自发现之日起不断带给拥有者难以抗拒的厄运,几位富商和家人的离奇死亡,路易14、路易15、路易16三位法国皇帝的悲惨命运,都让这颗钻石充满了传奇的色彩。

宝石是岩石中最美丽、最贵重的单晶体矿物,颜色鲜艳,质地晶莹,光泽灿烂,坚硬耐久,同时蕴含量极其稀少。宝石按照稀有、珍贵、耐磨性、坚硬程度划分,依次为钻石、红宝石、蓝宝石、祖母绿和金绿宝石(猫眼),它们是举世公认的五大珍贵宝石。少数天然单矿物集合体,如玛瑙、欧泊,还有少数几种有机质材料,如琥珀、珍珠、珊瑚、煤精和象牙,也包括在广义的宝石之内。

最有投资价值的五种宝石

宝石中透明者可加工成刻面,制作成精美绝伦的首饰;半透明至不透明者常加工成素身饰品,后者部分具星光和猫眼效应。钻石、红宝石、蓝宝石、祖母绿、金绿猫眼,最具保值和收藏价值,其余的则属于中低档宝石,其保值和投资价值大打折扣。

1. 钻石

矿物名金刚石,是目前人类发现最坚韧的自然物质,同时也是最昂贵的,被誉为"宝石之王"。以无色透明者为佳,无色微带蓝色者称为"水火钻",价值最高,粉、蓝、绿、金黄等色因罕见也属珍品。尤其是5克拉以上的钻石更是罕见,十分紧俏并且价格飞涨。七八年前1克拉的高位裸钻售价在2.5万元左右,现在6万元都买不到;12万元的2克拉的高品位钻石,现在已达21万元,升值近一倍。钻石主要产于南非、澳大利亚、印度等国,南美的巴西、圭亚那、中国等也有少量出产。

自1934年以来,钻石的价格增值巨大,超过了通货膨胀率,因此,投资钻石可以保护个人资产不贬值。钻石没有公开的交易制度,不会有剧烈的价格波动,任何政府都不会像储备黄金一样储备钻石,也不会控制或影响钻石自由交易市场。钻石投资相比美元、黄金等传统投资工具具有价格平稳、容易保存的显著优势。

2.红宝石

矿物名刚玉,是仅次于钻石的珍贵宝石,硬度为9,仅次于钻石。主产地为缅甸、泰国、斯里兰卡等东南亚国家。缅甸是世界上首屈一指的优质红宝石产地,以"鸽血红"为最佳,依次为石榴红、玫瑰红、粉红等。一般情况下,缅甸红宝石红色鲜艳、明度大,其价值比泰国产深红色红宝石为高。另外,红宝石因结晶体小,5克拉以上的极为稀少,如果颜色能达到"鸽血红"的成色,价值一定不菲。不过5克拉以上的优质红宝实在太难求,如有机会找到3克拉左右的红宝石,就已经很值得投资了。

3.蓝宝石

矿物成分与红宝石相同,故有"姐妹宝石"之称。优质蓝宝石主要产自缅甸和斯里兰卡,以印度克什米尔产矢车菊蓝色者为最佳,我国山东、江苏、海南等省也出产。其他地方产的蓝宝石以鲜艳的天蓝色、色调均匀者为佳,靛蓝、浅蓝等色次之,其次是深蓝色、浅蓝色、绿色和黄色。质优的蓝宝石价值可以与红色红宝石类比,一颗靛蓝色、透明蓝宝石,粒径6mm×8mm,价值1 600美元/克拉。

4.祖母绿

为绿柱石矿物的一种,因具特殊晶莹的"祖母绿色"被誉为"绿色宝石之王",是国际珠宝界公认的名贵宝石之一。祖母绿以翠绿色为佳,优质祖母绿均产于哥伦比亚。祖母绿很像玉石中的翡翠,因为它们都是透明的并且散发着迷人的翠绿光泽。事实上,它们属于两个完全不同的范畴:祖母绿属于宝石,而翡翠属于玉石。宝石是指天然单晶体矿物,这样的晶体用肉眼就可以看见。宝石通常是透明的,光线进入切割后的宝石内部,经过一系列的反射折射,就可以看到宝石的闪光。而玉石是由无数细小的、肉眼无法看到的晶体组成,只有在高倍电子显微镜下才能看清它的结构,所以人们把玉石称作隐晶质矿物。在中国,翡翠的价值也很高,但是和祖母绿相比还是稍逊一等。

5. 金绿猫眼

矿物名为金绿宝石,硬度为8.5,其价值仅次于钻石和红宝石,有绿黄、蜜黄、黄棕等色,以深蜜黄色为上品,主要产于斯里兰卡、缅甸、巴西、中国和印度。宝石中有猫眼效应的很多,但在国际标准中只有金绿猫眼宝石才能称为猫眼,其他的都不能直接称为猫眼。好的猫眼宝石其猫眼的亮线位于宝石弧面的中央,细窄而界限清晰,并显有灵光。猫眼宝石因特殊的光效而显珍贵,10克拉以上的高质量猫眼价值百万美元。当金绿猫眼中含有铬元素时,就会呈现变色效应,称为变石,日光下呈绿色,白炽灯下呈红色,这样的宝石非常稀有,因此价格极其昂贵。

投资宝石的价值无限

影响宝石价值的因素:

(1)质量:宝石质量决定其价格。

(2)美丽:美丽是宝石最基本的条件。有的颜色艳丽、纯正、透明无暇又光彩灿烂,如五色透明的金刚石;有的呈现星光、猫眼、变彩、变色等特殊物理光学效应,如星光蓝宝、猫眼石、高档欧泊石。

(3)耐久:作为世袭之物,高档宝石必能永葆艳丽之美色,能经受住光照、冷热、潮湿等的变化。一般来说,宝石必须是硬度大于7的矿物。

(4)稀少:物以稀为贵。

除以上有关宝石本身所具有的保值与增值性外,影响宝石价值的还有以下三个因素。

一是时间性。以钻石为例,长久以来其回报率一直呈稳定增长趋势,但这并不是说今天买到一颗值得投资的钻石,几天后就能脱手赚到利润(做珠宝生意除外)。相反的,投资钻石想要获得收益一般需要三年左右,因宝石的价值是随着时间的推移而逐日增加的。红宝石、蓝宝石等增值率比钻石快,但也需持有至少一至二年。

二是地域性。由于中西方文化的差异,很多宝石的价值标准在国内和国外是有很大差异的,像钻石、红宝石、蓝宝石等最近一些年才被国人所认识,对它们的认知也很有限,这就导致了这方面投资者相对较少,价格也和国际上有所脱节,这方面的交易场活动也很少。

三是经济性。全球经济景气与否、美元汇率、通货膨胀率、银行利率等也是影响宝石增值与回报率的主要因素。

宝石投资的常识

宝石中最有投资价值的当属钻石。但钻石始终处于高位,因此,以合理的价格买到合适的钻石才是具有保值意义的也是最重要的。钻石投资盈利多少关键是能否看得准行情,虽说钻石近年基本没有降过价,但不同品种的收益并不一样,切工、颜色、净度、重量等直接影响到钻石的身价。

一般来说,钻石的璀璨耀眼来自于光的折射及色散等光学现象,而钻石切割的深浅会影响折射的角度,切工(Cut)越精细,越能展现耀眼光彩;钻石颜色(Color)等级由 D 至 Z,越接近 D 钻石的等级越高;钻石的净度(Clarity)分为:FL 完美无瑕;IF 内部完美无瑕,仅有极其轻微的表面瑕疵;VVS1/VVS2 含有极微小的内含物;VS1/VS2 含极小的内含物;SI1/SI2 小的内含物;I1/I2/I3 内含物较明显。此外,钻石的体积也就是克拉(Carat)也是评量钻石价值的关键,钻石越大,价值也会越高。

初入门的投资者要通过各种渠道掌握钻石的常识,要准备一些检测工具,不断提升自己的鉴别能力,也可以求助于技监部门指定的钻石鉴定机构。

无论投资哪种宝石,最好到有一定规模的珠宝首饰公司(最好是能够提供增值回购服务)购买,并首先表明不是购买一般饰品,因为用于投资的宝石和普通柜台出售的宝石饰品有很大区别,价格也会不一样。

另外,不是所有的宝石都有投资价值,1 克拉以上的优质钻石、3 克拉以上的红宝石或祖母绿、5 克拉甚至 10 克拉以上的蓝宝石,才有投资的价值。

宝石投资的风险

宝石投资属于长线投资,按照一般的回报比例,宝石每年都有 5%~15%的上涨空间。黄金和其他贵重金属有国际统一价格,宝石却没有,有的只是一个市场参考价,即"行价"。国际上虽然也有钻石交易所,但它采取的是会员制形式,会员才能通过这个平台互通有无,非会员是无法参与的。目前,投资钻石只有市场买卖这一种途径。

对于投资者来说,变现是投资钻石最难把握的环节,上海钻石交易所是官方指定的交易渠道,投资者可以委托该所会员代理买卖钻石。拍卖也是将高价

名贵钻石变现的好选择,由于风险太高,不提倡个人私下交易。

目前来看,投资钻石的主要风险是汇率的风险。国际上,钻石普遍以美元报价结算,所以美元汇率的变化会影响钻石的价格。

投资钻石的专业性很强,普通人难以驾驭,这也是其无法像投资黄金那样普及的原因。按照国际惯例和国家规定,重量在20分以上的钻石要有鉴定书,上面有关于这颗钻石的真实评价。鉴定书分为国内和国外两种,名贵的钻石的鉴定书一般都是国外的,中国的鉴定专业机构比较权威的是上海中宝珠宝玉石鉴定中心,国际上公认的是美国的AGS,拥有这个鉴定书的钻石价格,比同等级的钻石要高很多。此外,还有美国宝石学院的GIA、比利时钻石高层议会的HRD、欧洲宝石学院实验室EGL等。

金银有价玉无价:长盛不衰的玉器收藏

5年前,古玩商人孙先生在深圳古玩城有一家店面,但是生意一直没有什么起色。有一天,他北方的一位朋友介绍自己的弟弟来找他,说有些新疆的羊脂玉籽料能不能帮忙出手。看着一小皮箱的玉石,孙先生没有兴趣,就介绍给另一位同行,那位倒也爽快,5万元全部收了。

一手钱一手货,交易当场完成。没想到第二天那位同行来找孙先生,说不想要那些玉石了,让孙先生帮助把钱追回来。孙先生两个人连忙来到宾馆,没想到前一天晚上孙先生的同行就退房离开了。孙先生手里没有那么多现金,又从朋友处借来一些,把那批籽料留了下来。

金融危机以后,深圳的古玩生意进入了低谷,孙先生只好关了店到北京发展。他带着自己店里的那些存货,雇了两辆车开了两天两夜来到北京。没想到那批没人要的籽料大受欢迎,孙先生只用一半籽料就换来100万元,解决了北京的店面和居住问题。孙先生总是拿自己的事例来比喻收藏这个行业的性质,那就是其他行业存货时间越长越贬值,最后只能低价处理,而古玩收藏行业的存货是时间越长越增值,最后说不定能卖个好价钱。

俗话说"金银有价玉无价",确实如此。国际市场上,黄金的价格虽说一直在上涨,可它毕竟有个具体的数字和涨幅,让你能够一目了然。而玉石的价格却根据成色的好坏有很大的差异,一般每克几百元,成色极品的翡翠可能达到每克几万元甚至几十万元。玉对于中国人而言,就像钻石对于西方人一样神圣,玉的外观温润典雅,自古以来玉就是吉祥的象征,有平安、辟邪的功效。中国文化中对玉有一种挚爱和崇仰,"宁为玉碎,不为瓦全",以玉代表圣洁和忠贞。用玉雕刻的首饰和佩饰有很深的寓意,比如玉雕的貔貅能够避邪、玉雕的佛像能保佑人平安,玉雕的蝙蝠寓意多福多寿,玉雕的如意代表吉祥如意,玉雕的白菜象征发财……正因为如此,玉器被列为继书画、瓷器外第三大收藏品。

近年来,随着经济社会的发展,人们的投资渠道逐渐拓宽,玉石变成了一个不错的投资品,价格一涨再涨,其涨幅几乎让人瞠目结舌。明清玉器是中国玉器的鼎盛时期,其玉质美、琢工精、器型丰、作品多、使用广,因而始终是玉器市场的热点。特别是乾隆朝制玉独树一帜,玉料优质,雕工精美,令人叹为观止。一尊清乾隆白玉坐佛售价为495万元,清乾隆御制"寒山听阁碧玉山子"拍卖价为835万元港币。近三年来,翡翠的价格呈现暴涨的趋势,涨幅接近三倍。

玉的分类:软玉和硬玉

软玉中最有代表性的是新疆和田地区产的和田玉,而和田玉中以羊脂玉为最佳,是玉中的精品。其他的如白玉、青玉、清白玉、碧玉和墨玉等次之,但它们也有蜡状的光泽,纯洁乳白。软玉常见颜色有白、灰白、绿、暗绿、黄、黑等,多数不透明,个别半透明,有玻璃光泽。

硬玉就是人们经常见到的"翡翠",缅甸产的翡翠最好,因为稀少所以价格比软玉还要高。常见的翡翠颜色有白、灰、粉、淡褐、绿、翠绿、黄绿、紫红等,多数不透明,个别半透明,有玻璃般的光泽。按颜色和质地分,有宝石绿、艳绿、黄阳绿、阳俏绿、玻璃绿、鹦哥绿、菠菜绿、浅水绿等20多个品种。翡翠的成色质量相差很多,一块戒面差的50万,好的可达500万,比黄金的价格要高若干倍。

很多人认为玉石是宝石的一种,其实它们是有本质区别的。宝石是单晶体矿物,玉石是由无数细小的晶体组成,肉眼无法看到,高倍电子显微镜下才能看清其结构,所以人们把它称作隐晶质矿物。广义来说,微小晶体的集合体都可以称作玉石,在这样大的跨度里自然就有很大的差异性。玉石的表面是水润或者油润的质感,除了顶级的翡翠和水头非常好的玉石是半透明的,大多数玉石都是不透明或半透明的,所以人们有时候也把翡翠划归在宝石里。

正因为如此,千百年来玉石都受到人们的喜爱。尽管历朝历代都有玉器流传下来,但是因数量有限,在玉器市场的价格一直很高。人们的目光便转向了现代玉,玉牌、玉佩这类小物件很受欢迎,价格不高,普通人更容易接受。玉的籽料也不可小视,拇指大小的羊脂玉达万元,核桃大小的羊脂玉更是一块难求。尽管如此,新玉价格还是比明清玉低很多,大致是明清玉价格的1/10左右,有更大的上升空间。收藏古玉不仅需要鉴定玉的成色,还要考证其年代,这需要很丰富的专业知识。收藏现代玉不需要特别考证年代,也没有人工作伪的隐患,易于鉴别和收藏。现代玉中凡是玉料上乘、名家大师的作品,都会受到追捧,前几年4~5万元的玉器,现已涨至20万元左右。而翡翠的价格更是一路攀升,升值空间难以估量。

除了玉器、籽料有投资价值以外,原石也是人们喜欢的品种。玉石在地下数万年才形成的,它有时候会包裹在其他石头中间,里面的玉石究竟什么成色、究竟有多大很难预料,这样的石头价格就会很便宜。购买这样的石头有点像赌博,买下来切开如果成色好、分量大就赢了,如果成色不好、分量很小就亏了,因此原石的买卖也叫"赌石"。"赌石"需要胆量,也需要经验,更需要一点运气。

真假玉石的辨别

无论是古玉还是现代玉,赝品都非常多。经常听人说手里有和田玉,其实现在天然和田玉已经非常稀少了,一块上好的玉料将价值不菲。天然玉石日渐减少,玉石作假就日见增多,手法也越来越高,让人真假难辨。识别真玉假玉可以通过看、听、测的办法:一看透明度,真玉透明度较强,油润光泽;二听声音,真玉声音清脆,反之声音闷哑;三测试,真玉从玻璃上划过,玻璃上会留下划痕,而玉石本身则丝毫无损。

最常见的假玉有以下几种:

1. 着色玻璃

拿到灯光或阳光下检验,如果里面有很小的气泡,说明是着色玻璃。

2. 电镀假玉

用电镀的方法给劣质玉镀上一层翠绿色,手法高明的能够以假乱真,仔细地观察,如果发现一些绿中带有蓝色的小裂纹就是假玉,人们把这些小裂纹称为"蜘蛛爪"。

3. 人造合成假玉

用玉粉或者水晶加盐水合成仿制深色老坑玉,辨别方法是称重量。因为真玉和这种合成玉的比重不同,天然玉比重为3.3~3.4,人造合成玉比重仅有2.8,用手掂或用天平称即可辨别真伪。

4. 硝子仿制的假玉

从颜色来说,白玉的白色中泛青,纯白者极少;硝子则是匀净洁白的纯白色。从玉性来说,玉温润细腻,如脂如膏;硝子虽也温润,但莹泽之中难免有贼光。白玉是天然产物,内中难免有玉筋、玉花等;硝子为人工所制,没有这些天然的表象。白玉质地坚实,无气泡可寻;硝子加工再好难免留有气泡、气眼。

当然,这只是几种简单的方法,要想进入玉石收藏这个领域,一定要多多学习理论知识,可以到学校学习,也可以买一些书来读。据说,中国香港一位大收藏家,一生买的相关书籍近百万港币,也正因为如此才最终成为一代大家。还要经常到市场上观察各种玉器,以锻炼自己的眼力,只有见得多才能见识广。

修炼秘诀

无论投资古玉还是现代玉,都要有长期投资的心理准备,最短也要5年以上,不要奢望在一两年内就能有高额回报。另外,玉器短期内变现很困难,比如你花100万元买到高古玉器,半年之后就因急需用钱时想要变现,可能连50万元都卖不到,如果过5年、10年或者更长时间,换来1 000万元也说不定。

长线为金的金银币投资

1979年,适逢中华人民共和国成立30周年大庆,国务院授权中国人民银行发行首套金银纪念币,因为当时的经济原因,这套纪念币是通过海外银行向海外人士和港澳同胞发行,所以国人想要得到一枚金银纪念币是相当困难的。30年过去了,我国金银纪念币的发行和收藏,已经具有相当的规模,10大系列、270多个项目、1 500多个品种,在海内外市场取得了非常好的业绩。

金银纪念币的发行,以弘扬中华文化、展现建设成就、记载重大历史事件为宗旨,题材上涉猎广泛,包括政治、经济、历史、文化、科技、体育等多个领域,造型设计和工艺制造上,精品不断,可谓方寸之间涵盖天地。金银纪念币虽然有面值,但是却不等同于实际价值,甚至与之严重脱节。纪念币不像流通币那样参与市场流通,不具备支付和等价交换的功能,但金银属于贵重金属,其本身就价值不菲,因此金银币才有了更大的收藏价值和投资空间。

比如"建行"面值为壹元,现市场价高达1 750元,"希望工程"面值也是壹元,市场价虽说只有8元,但仍高出面值8倍。

改革开放以来,经济社会飞速发展,人民生活水平的提高,当年被视为贵族收藏的金银纪念币已经可以进入普通百姓家里,金银币收藏队伍也日益壮大。20世纪90年代中期,金银币收藏的鼎盛时期,很多人为之到狂热的程度,这中间不乏人为炒作的因素。后来,国家调整了金银币发行的政策,在数量上加以控制,金银币收藏市场在发展的基础上趋于稳定。

金银纪念币的投资价值究竟有多大?这很难估量。2009年国庆节前夕,中央银行发行了"中华人民共和国成立60周年"金银纪念币,这套包含了5枚金银币的纪念产品,一发行立即受到市场的热烈追捧,全国限量100枚的1公斤(1公斤=1千克)金币,当天就从33.8万元飙升至50万元,涨幅竟然高达48%,据说现在涨到80万元还处于无货状态。除了这款金币外,其他几款金银纪念币售价同样不菲,从6万元到几百元不等,仅仅几个月时间就涨幅巨大,其中1公斤银币由8 500元涨到11 200元,1盎司银币由400元涨到750元,金银套币由3 200元涨到5 200元,5盎司金币由6.05万元涨到12.2万元。

金银币投资是20世纪90年代出现的新概念,尤其是1997年,金银币第一次跻身于邮币卡的爆发行情中,其整体的快速上扬及升幅不菲,曾经给许多涉足其间的投资者留下深刻的印象,也确立了金银币作为新的投资板块地位。虽然后来金银币下滑调整让人始料不及,但几年的走势还是显示出了这个新兴市场的巨大潜力,尤其是国际金价上涨,金银币的市场行情也日益看涨。

现代贵金属纪念币中包含金银币和金银章两类,同样题材、同样规格的金银币和金银章其市场价格是不一样的。通常情况下,金银纪念币的市场价格要远高于金银纪念章。金银纪念币和金银纪念章的最主要和最明显的区别,就是金银纪念币具有面额而金银纪念章没有面额,而有没有面额一方面说明是否为国家的法定货币,另一方面则说明了纪念币的权威性要远高于纪念章。

金银币中还有金银纪念币和金银投资币之别,纪念性金币有明确纪念主题、限量发行、设计制造比较精湛;投资性金币是世界黄金非货币化以后黄金在货币领域存在的一种重要形式,是专门用于黄金投资的法定货币,其主要特点是易于投资和收售,每年的图案可以不更换、发行量不限,质量为普制,各大银行和金店随时可以收购。

金银币的分类

纪念币根据材质可分为金币、银币、彩金币、彩银币等,题材也非常广泛,重大历史事件、历史人物、文化、体育都不乏精品,而生肖纪念币是众多纪念币中的一枝奇葩。

1. 纪念金币

由成色为99.9%纯金制造,其形状以圆形居多,其他还有梅花形、长方形和扇形,大小不一,重量不等。纪念金币中最受人们追捧的是熊猫投资币,熊猫是我国的国宝,因此以熊猫为题材的纪念币被称为投资币。世界各国都会选择最具代表性的题材作为投资币的图案,而且长期保持不变,如美国的鹰洋币、澳大利亚的袋鼠币、奥地利的音乐币、南非的福格林金币等。熊猫投资币已经成为我国金银币种享誉世界的品牌,按国际惯例每年不限量发行,可以自由买卖,具有投资保值的作用。历年发行的1公斤、面值1万元金币,市场价在1.5万至2万元之间,涨幅为50%~100%。相比来讲,小面额的熊猫金币的升值幅度更大,其涨幅均在10倍以上。金币中涨幅最大的是梅花形的生肖币。

2. 纪念银币

由成色为99.9%纯银制造,银币一般会和金币一起配套同时发行,和金币一样,银币的收藏价值同发行量有关。投资币中的金质熊猫币也有银质熊猫币,面值没有金币高,但同样有投资价值。

3. 彩色金银纪念币

彩色金银纪念币是1997年开始发行的特别币种,体现了我国造币技术的一大进步。我国自行设计生产的第一套彩色金银币是"中国民间神话故事",深受人们的喜爱。彩色金银纪念币已经成为藏品市场上的一枝奇葩,其中的"贵妃醉酒"彩金纪念币最为抢眼,价格自发行之日起一路攀升,现在已接近5万元。特别值得一提的是1998年的首套彩色戊寅(虎)年生肖币(俗称彩金虎、彩银虎),发行价分别为520元和350元。发行时正值邮币卡市场整体弱势,价格与黄金首饰差不多,再加上它是彩色币中的打头币及彩色生肖币系列中的首枚,故一直被收藏人士看好,特别是彩银虎,历史最高价达到6 000元。

投资金银币注意事项

近年来,金银币的投资者人数不断增加,但是这个市场建立的时间很短,尚且很不规范,很多人进入以后缺乏必要的引导,出现了上当受骗的事情。所以,进入金银币市场有许多值得注意的地方。

1. 要注意销售的渠道

金银纪念币是由中国人民银行批准发行、中国金币总公司总经销的,凡是从事金银币专门销售的企业必须通过当地人民银行批准,取得合法资质后才能经营。所以一定要注意购买的渠道,以保证金银的成色和品质。

2. 要注意辨别真伪

金银币是限量发行的国家法定货币,在销售时都附有中国人民银行行长签名的"鉴定证书",上面还带有防伪"水印",此外还附有专用的装帧盒,这些都是别辨别真伪的重要依据。注意的同时还要认真保管,如果缺少这些相配套的东西的话,市价会低于常规行价。

3.要重点投资精品

金银币市场可供选择的品种越来越多,要始终以老、精、稀为主要投资品种。有些金银纪念币面市的价格很高,随后却一路往下走;有些品种面市价格不高,但随后却能够不断上涨,这就是精品和普通品种的差别。

4.要注意金银币的品相

金银币和邮票一样都讲究"品相",如果上面有水渍、污斑、变色、生锈、霉点的话,价格必然会低于正常价格。这类品相有问题的金银币再便宜也不要购买,因为它们没有任何的价值和升值空间。

5.要注意把握行情

金银纪念币行情与其他投资市场行情一样,是涨跌起伏变化的,并且较长时间的行情运行趋势可以分成牛市或者熊市阶段。市场行情趋势一旦形成,通常情况下是不会轻易改变的,所以能够看清行情大趋势并且能够顺势操作者,其成功的概率就高,所承受的市场风险却要小得多。

6.金银币操作有技巧

金银币交易是一手交钱、一手交货的原始方式,无法在现场得到即时价格作参考,想要"最高点卖出,最低点买进"几乎是不可能的。因此,只要认准了心理价位,不要在乎买得贵一点,还是卖得低了一点,只有这样才能够规避现阶段"买进容易卖出难"的暂时性市场缺陷,获取利润的最大化。

7.要躲开热点题材

传统的生肖金银币是每年春节前后的市场热点,是每年都比较受关注的品种。投资金银币要尽量避免爆炒过的题材,如奥运金币发行价9000多元,奥运前后一度涨到了1.6万左右,后来回调到1.3万左右,虚高一定会有回落过程,投资是要尽量避开。

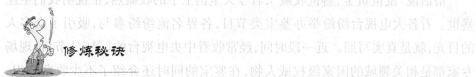

2010年9月金银币市场参考价格:

(1)本色金币系列:《云冈石窟》1公斤金币/95万元,《大闹天宫》5盎司金币/260 000元,《西游记:三打白骨精》5盎司金币/190 000元,《西游记:比丘国降妖》5盎司金币/190 000元,《水浒:智取生辰纲》5盎司金币/175 000元,《水浒:三打祝家庄》5盎司金币/135 000元,《方金虎》5盎司/190 000元,《出土文物一组》121 000元,《出土文物二组》96 000元,《出土文物三组》99 000元,《世博会2组》5盎司金币/110 000元,《历史杰出人物》76 000元,《桂林山水》79 000元,《太极图》1盎司金币/80 000元。

(2)彩色金币系列:《彩金虎》5盎司/151 000元,《贵妃醉酒》44 500元,《闹天宫》22 500元。

(3)本色银系列:《清明上河图》12 200元,《藏经洞》12 300元,《扇银马》4 300元,《洛神赋》4 100元,《苏州园林》4 100元,《扇银牛》4 500元,《本银羊》3 900元。

(4)彩色银币系列:《错版龙凤呈祥》58 500元,《彩银虎》5盎司/8 200元,《富贵有余》5盎司/6 000元,《贾母祝寿》4 600元,《蟠桃盛会》4 200元,《彩银虎》2 900元,《彩银狗》9 200元,《彩银牛》2 100元。

(5)体育金币系列:《男子射门》25 500元,《男子乒乓球》10 300元,《女子足球》8 200元,《女子舞剑》7 000元,《单人滑冰》6 600元,《圣女火炬》5 100元。

古玩收藏:先有文化后有回报

俗话说"乱世黄金,盛世收藏",看今天全国上下的收藏热,正说明我们生逢盛世。看各大电视台纷纷举办鉴宝类节目,各界名流纷纷参与,吸引了众多人的目光,就是真实写照。近一段时间,经常收看中央电视台的《寻宝》节目,现场专家都是相关领域的国家级权威人物,在鉴宝的同时还介绍了不少收藏知识,让观众受到教益。

这个节目到全国各个城市征集民间收藏,通过鉴宝、斗宝等环节,最后在众

理财八段
艺术品古玩风雅中赚钱

多藏品中评出"地方宝贝"。节目每到一地都能吸引成千上万的藏友,带藏品到现场请专家为之鉴定估价。深藏于民间的许多珍宝让专家和收藏爱好者大开眼界,感受到中华文明的灿烂辉煌。但有些藏友手中的收藏却是近现代的赝品,难免让人感到惋惜。

为什么人们对收藏抱有如此大的兴趣呢?"粮油一分利,百货十分利,珠宝百分利,古玩千分利",这句坊间流传的话足以概括古玩的投资价值。在国外,古玩一直与股票、房地产并列为三大投资领域,纵观目前的中国股市,其表现让投资者很不乐观。被很多人看好且带来巨大利润的房地产市场,暂不提一直处在国家政策的调控之中,单是进入门槛的资金就会让很多人望而却步。价值一直处于上升通道的古玩,所需的资金可大可小,只要是真品基本没有下跌的可能,因此成为很多人青睐的投资选择。据相关的统计资料表明,金融产品的年均投资回报率为15%,房地产为21%,而古玩收藏为30%左右。中国目前处在第四次收藏热潮,即从1978年一直持续到现在,全国约有8 000万古玩收藏大军,参与人数之众、交换市场之多、收藏门类之广,在我国收藏史上都是空前的。尤其是金融危机以来,股市和房地产市场表现不佳,投资者的收益"低微",所以很多投资者都转到了古玩收藏中。

据我所知很多名人都热衷收藏,比如著名主持人王刚热衷瓷器收藏,著名电影演员张铁林喜欢收藏名人的手札,而年轻演员张涵予则喜欢收藏明代家具。收藏界赫赫有名的是享有私人博物馆——观复博物馆的马未都,他的收藏包括了玉器、瓷器、家具等几大类,二十几年竟然有如此丰富的藏品,令人慨叹。

民间收藏古玩分类

现代人称之为古玩,前人称之为古董,其实是一个事物的两种不同表达方式。古玩一般包括六大类:瓷器(包括陶器)、铜器、玉器、书画、家具、杂项(包括牙雕、木雕、竹雕、鼻烟壶、漆器等),六大类中又细分很多类别。

瓷器是古玩收藏中的大类,其中的瓷器中最有代表性的是宋瓷,闻名中外的名窑很多,耀州窑、磁州窑、景德镇窑、龙泉窑、越窑、建窑、宋代的汝、官、哥、钧、定五大名窑及明成化斗彩都是珍品,价高量少,已至绝迹。而元代景德镇产青花瓷则是中国古瓷中的极品,以价值连城来形容不足为过。青花瓷釉质透明如水,胎体质薄轻巧,洁白的瓷体上敷以蓝色纹饰,素雅清新,充满生机。青花

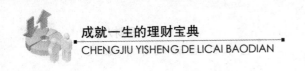

瓷一经出现便风靡一时，成为景德镇的传统名瓷之冠，但是真品极其罕见。与青花瓷共同并称四大名瓷的还有青花玲珑瓷、粉彩瓷和颜色釉瓷。另外，还有雕塑瓷、薄胎瓷、五彩胎瓷等，均精美绝伦，各有千秋。

铜器类中包括商周青铜器、戈矛剑矢、弩机、汉代铜鼎壶及历代铜镜、铜佛、带钩、车马饰等，其中尤以商周青铜器最为珍贵，但现在在古玩市场已极少见到。

玉器类中包括新石器时代玉器、商周古玉、汉唐至明清各代玉雕等，其形式多种多样，有礼玉、摆件、挂件、饰件、葬玉、兵器等，现在的古玩市场上以挂件、佩件的装饰玉和摆件以及仿古玉较为多见。

书画中包括历朝历代大画家和书法家的书法作品和画卷，宋元两朝是中国书画最为兴盛的时期，名家辈出，但由于战乱等因素很少保留下来，真迹已属凤毛麟角。明清书画也不错，产生了很多的知名画家，但留存下来的作品数量有限，其价格始终居高不下。

古代家具中以明清硬木家具最为名贵，这个时期是中国传统家具的鼎盛时期，已有文物价值，价格不菲。因原材料奇缺，比如黄花梨、紫檀、鸡翅等名贵木材家具真品，价格一向是只涨不跌。现今市场上的古典家具，大多以杂木制作或仿制古典家具为主。

至于杂项类中涉及的比较繁杂，其中角雕、鼻烟壶、珐琅器、织绣、唐卡、紫砂器、金银器、玳瑁、匏器等，都有很多的藏品散落在民间，只要用心搜寻就能有所收获。像犀角雕因材料稀有，加之雕工精致，也价格不菲。

古玩里门类众多，不可能各个门类都涉及，如果能在自己喜欢并熟悉的一两个门类中有所斩获，就已经是不小的成绩了。在一个很小的门类里精益求精，才能做到不漏掉珍品精品，才能做到不上当受骗。

古玩投资风险巨大

有人说"现在的古玩市场上假货当道"，因为在这个圈子里消费者权益保护法不起作用，造假者为得到巨大的利益而造假，买者图便宜而上当。致使古玩市场上真东西越来越少，仿制的赝品越来越多，有人说真品大约占5%左右，而业内人士却认为这个比例也过于乐观了。假冒仿品的制作技术也非常高超，几乎到了以假乱真的地步，在著名拍卖行的拍卖会上用上千万拍来赝品也不足为奇。有些人花了几十年心血和大量资金收来的古玩，被专家无情地认定"一屋子假货"；某些地方做古玩赝品，已经发展成十分有规模的行业，这些赝品经各种渠道流通到市场上，占据并扰乱了古玩市场。

还有许多人抱着侥幸的心理，想在市场上捡到"漏"；有时候不幸捡到赝品而不知。有专家称，现在的古玩市场上已经没有什么"漏"可捡，很多时候你看着是个"漏"，其实是个"雷"。因此，投资古玩最大的风险就是赝品的风险。

古玩收藏的基本原则

1. 掌握相关的常识

玩是中国传统文化的载体，体现的是深厚的历史文化内涵，因此要先掌握相关的历史背景、文化传承等，这样才能对古玩的制作年代、器形特点、生产工艺等有深入的了解。对这些知识掌握的多与少，直接关系到投资者所收藏品的真实价值。如果说十几年前对古玩一知半解的人有可能"捡到大便宜"，那么今天想要在收藏领域里"捡大漏"基本上是天方夜谭。

2. 注意周期性

和其他领域一样，古玩市场每年的6月至9月也是淡季。因为古玩来源中有很大一部分是从农民手中收购来的，而这几个月是农忙季节，来自农民手中的古玩自然要少一些。可以注意这个季节特征因时而动，也许能有所收获。

3. 不要听故事

针对一件普通仿品，卖主会精心编织一个曲折而动听的故事，平添了几分神秘而真实的色彩，让人觉得是真品无疑。既然是真品，价格自然很高，你会心甘情愿地掏钱购买。

4. 不要迷信权威

有人认为专家鉴定过的肯定没错，但一件藏品在不同专家的眼里会得出截然不同的结论。学院派专家的工作主要是剔除赝品，对于自己拿不准的藏品一般都会给出高仿品或赝品的结论。所以，他们鉴定为真的基本上是真，鉴定为假时未必是假。考古派专家考古派专家主要是挖掘出土文物，他们鉴定为假时肯定是假，鉴定为真时未必是真。

一件藏品专家意见不一是最好的，卖者要价不会太高，买者能够接受，因此成交率最高。

5. 不要贪图便宜

低来低走,高来高走,最高价永远在未来,这是不变的法则。收藏者终有一天会和自己的藏品分开,其价值在不断变换藏家过程中被一再推高。精品和珍品任何时候都是昂贵的,价格低的大多不是真品,很多人有"捡漏"的心理,造假者便投其所好制造高仿品。

收藏古玩的基本原则是:

(1)准确性:所收集的标本必须是真品。

(2)完整性:即标本的器形尽量是完好件,或残而不缺、缺而不残,能看清器物的基本特征。

(3)全面性:比如北宋汝窑色釉,不仅有天青,还有粉青、天蓝、豆青、卵青、月白、虾青等色釉,诸如此类,收集力求全面。

(4)针对性:不能什么标本都收集,只能有针对性地收集自己收藏门类的标本。

瓷器收藏:价值与风险同在

记得看一个鉴宝之类的电视节目,很多收藏爱好者手捧自己心爱的藏品,让专家来鉴定。有一个中年人拿来的是一件青花高脚瓷碗,他非常肯定地对主持人说这是一个罕见的"元青花"。没想到,专家看完后给出的鉴定结果却是一个现代的仿品,而且无论是器形还是胎釉抑或青花纹饰,完全没有一点元青花的特征。这位藏友听了专家的鉴定结果很疑惑,为什么会出现这样的情景呢?原因很简单,因为元青花瓷器存世量太少了,据记载国外有约200多件,国内仅存100多件,都在各大博物馆里,流传到民间几乎是不可能的。因此,仿品都很少有参照物，元青花瓷器也因此价值连城。

在古玩收藏这个领域里，瓷器的收藏者最多，赝品也最多，收藏者几乎没有没上过当、受过骗的，即使有经验的专家也有看走眼的时候。某著名电视节目主持人是资深古玩收藏家，他的藏品中有很多瓷器，但他也有走麦城的时候。有一次逛古玩商店，看到一个永乐青花压手杯，这杯子全世界只有3个，市场价值5 000万元以上。这个店主说自己家里有急事需要用钱，最低价5 000元，最后花800元购买了该瓷器。回到家仔细一看才发现是赝品，不过幸好损失不是太大。

瓷器是中国的代表，英文"China"就是瓷器的意思，它是中国人发明的，也是上至皇家下到平民的生活必需品。也正因为皇家的御用，才有了瓷器技艺的发展和辉煌。古今中外的收藏家一直把中国瓷器作为热点，外国殖民者更是垂涎三尺，对圆明园珍品的大肆抢就是明证。在中国，瓷器收藏一直是一个大众行为，瓷器也是众多收藏品类中增值较快的品种。十几年来，随着经济的发展和人民生活水平的提高，瓷器收藏市场逐渐繁荣起来，处于上升阶段，前景非常看好，据说投资收益以每年30%左右的速度上升，精品瓷器中一两年内身价翻几番者比比皆是。

正因为收藏瓷器的人越来越多，老瓷器一件又一件地被挖掘出来，真品和珍品越来越少，个别品种已经被学术界确认为孤品。比如北宋"汝窑青瓷莲花碗"，据资料记载，目前仅有一件存于中国台北故宫博物院中。还有北京故宫博物院收藏的"乾隆釉彩大瓶"，也被认为是传世孤品。在市场上流通的汝窑瓷器极其罕见，而且均以天价成交，连清乾隆、雍正时期仿制的汝窑瓷器也被拍出100万元以上的价格。

货真价实的文物级瓷器珍品大多收藏在各级博物馆中，但并不是民间收藏中没有精品。相对于书画艺术品来说，民间收藏的瓷器数量相对多些，宋代的五大名窑瓷器、明清官窑作品、民窑精品、高仿古瓷、现代瓷器……值得投资的精品也不少见。而且，不同年、不同窑口、不同器物的投资额也相差很大，拍卖会上十几万上百万的瓷器，吸引着财大气粗的大藏家的目光，民间交易市场上几千元甚至上万元的民间用瓷，更受到普通投资者的青睐，只要是真品就会有不小的利润空间。

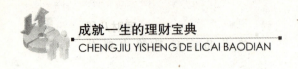

另外，入门级收藏者不必只盯住古瓷，收藏当代陶瓷也有广阔的升值空间，因为当代瓷器市场价格不高，正是乘低吸进的好时机。而且国内艺术瓷市场起步较晚，不存在贬值的问题，适合个人小额投资或进行系列、专题收藏。随着时间的推移和收藏人数的不断增加，价格势必会大大上扬。以景德镇的工艺美术瓷为例，20世纪80年代末普通规格作品在千元之内，90年代末在1万至3万元，最近两年已攀升至10万至20万元。

瓷器收藏的分类

瓷器的收藏者众多，想要入门的人必须掌握有关瓷器的最基本的知识，并在收藏实践中不断增加经验，这样才能把钱投向物有所值的藏品，才能将收藏投资坚持下去。

1. 按窑的级别划分

按窑的级别主要分为官窑瓷器和民窑瓷器。官窑瓷器泛指官办窑厂专为皇室烧制的产品，始于唐五代，明清时达鼎盛，所烧瓷器工艺精美、端庄华贵、世间罕见。民窑瓷器则是民间窑厂烧制的各种产品，多为祭祀品和日用品，瓷器形态生动、洒脱。

2. 按窑址划分

汝、官、哥、钧、定是宋代五大名窑，它们各有各的风格特征，其传世之作让后世叹为观止。汝窑（今河南省宝丰县清凉寺）为五大名窑之冠，所产瓷器釉色以淡青为主色，色泽清润；官窑（北宋在今河南开封、南宋在浙江杭州附近）以烧制青釉瓷器著称于世；哥窑窑址在何处一直没有定论，所产瓷器的最主要特征是金丝铁线的冰裂开片；钧窑（今河南省禹州）烧制的彩色瓷器较多，以胭脂红最好，葱绿及墨色的瓷器次之；定窑（今河北曲阳）产瓷器胎细、质薄而有光，瓷色滋润，白釉似粉，亦称粉定或白定。

3. 按烧制地点划分

比如耀州窑（今陕西铜川黄堡镇、陈炉镇、立地坡、上店及玉华宫一带），所产瓷器精美，胎骨很薄，釉层匀净；磁州窑（今河北彭城一带）因以磁石泥为坯所以又称磁器，磁州窑生产的多为白瓷黑花的瓷器；景德镇窑产瓷器质薄色润，光致精美，无论白度和透光度都可称为宋瓷的代表；龙泉窑（今浙江南部龙泉地区）产瓷器多为粉青或翠青色故称青瓷，釉色美丽光亮；越窑（今浙江上虞、余姚、慈溪、宁波一带)烧制的瓷器胎薄,小巧细致,光泽美观;建窑(福建建阳市水吉镇)所产的黑瓷亦是宋代名瓷之一,黑釉光亮如漆。

4. 按釉色划分

陶瓷发展进程中经历了单色釉到多色釉(彩釉)的演变,单色釉也称素瓷,包括青瓷、黑瓷、白瓷、青白瓷四种,其中青瓷又分为粉青、天青、豆青等,最著名的是龙泉窑;白瓷分甜白、青白,最著名的是定窑和邢窑。多色釉包括红釉、酱釉、蓝釉、黄釉、绿釉、紫釉等。彩瓷可分釉上彩、釉下彩和双层夹彩三种,青花为釉下彩,三彩和五彩为釉上彩,斗彩则是釉下青花釉上五彩。

5. 按烧制时间划分

也是最常用的一种分类和命名方法,包含两个方面:一是以朝代划分,如唐瓷、宋瓷、元青花瓷、明瓷、清瓷等;二是以年代划分,一般用于明、清瓷器,如明纯化瓷、清乾隆瓷、清道光瓷等。

瓷器收藏投资的原则

瓷器的种类繁多,同时暗藏着许多的玄机。投资瓷器要遵循以下原则。

收藏瓷器的人一日比一日多,众多的老瓷器也一件又一件的被挖掘出来,从正面看,这是一件好事,但是反过来看,这其中也不乏坏事,特别是很多人还没有意识到瓷器收藏的另类风险,也就是垃圾风险。严格地说,瓷器收藏是艺术品收藏的一种,既然是艺术品收藏,就必须把握其艺术性和科学性。但是,目前很多的收藏者都没有意识到这个问题,买瓷器时,没有考虑到这件瓷器的窑口、做工水平、保存水平、艺术水平、升值水平、欣赏研究水平等等,而是认为只要是老的,不是现代的就可以的,这是一种误解。所以,尽快提高收藏的鉴赏水平是当务之急。

瓷器收藏从一开始就要注意把握收藏的关口,特别是把瓷器收藏作为一种经济投资的,更要做到以下几点。

1. 要有选择地买

瓷器收藏是艺术品收藏的一种,所以要注重藏品的艺术性。瓷器的器形多种多样,最常见的有瓶、尊、罐、碗、盘等,从艺术性和投资价值来讲,琢器高于圆器,雅器高于普器,也就是说,陈设玩赏器具要高于实用器具,文玩雅具高于普通瓷器。所以,要尽量选择雅器购买,普通盘碗一类的实用粗物,尽量不买或少买。

2. 品相不好的慎重买

瓷器属于易碎品,年代久远且完好无损非常难得,稍有破损,价值便会减半;如果瓷口有明显的缺陷,如同人物或动物被砍了头一样,长线冲口了的,大块崩口了的,最好不要买,除非确定了是非常好的东西。

3. 工艺水平好的大胆买

凡是精品瓷器都在造型、纹饰、釉色等工艺上有很好的体现,对于器形周正、釉色亮丽、画工精致、彩料鲜艳、题材品类好、窑口水平高的瓷器,可以大胆购买。相反,对于窑口难辨、工艺不佳的东西尽可能少收。

4. 图案喜闻乐见的放心买

瓷器上带有吉祥喜庆图案的非常多,这一类物品人们都很喜欢,比如人物、山水、龙凤、福寿、梅兰竹等图案,既高雅又吉祥,没有任何避讳,无论什么年代出手都会得到买家的青睐。如果器形怪异、图案有忌讳的瓷器,尽量不要买,因为将来出手的时候价格上可能会打折扣。

5. 可以赌但是不能全赌

瓷器中有很多专家意见相悖的,这并不意味着它就是真品或者是仿品,万一是真品就如同彩票中奖一样,永远有一种期盼和愿望,也许这才是收藏的真谛。不过这种性质的藏品只能有一两件,不能太多,否则全部是仿品损失就大了。总之,器形好、做工好、釉水好、瓷质好、画工好、题材好、彩料好、品相好、窑口好、喻义好的品种,应该没有太大的风险,可以放心买进。

瓷器收藏最大的风险及防范

曾经听一位古玩收藏的朋友介绍,说他有一个同学是个小有名气的企业家,后来喜欢上了收藏瓷器,花了近千万元到各处收罗瓷器,摆满了办公室里面的一间屋子,为了安全特意装了防盗门。有一天,他打电话约朋友去鉴定一个瓷碗,朋友一看就说是现代劣质仿品。那人接着让朋友看他所有的藏品,最后的结论是没有一件是真的。

"捧瓷"大军浩浩荡荡,造假军团当仁不让。众所周知,瓷器收藏最大的风险就是收到赝品,可是古玩市场上赝品几乎铺天盖地,试想宋朝五大名窑之首的汝窑瓷,全世界不足100件,且都收藏在一些大博物馆和收藏家之手,件件价值连城,如今的市场上却能见到,其他像官瓷、哥瓷、钧瓷几乎到处都是,难免让人疑惑。所以,鉴定瓷器的真伪成了收藏的关键。

1. 要有知识储备

进入瓷器收藏行列的人,一定要花一段时间做好知识上的储备,这样才能防止出现不必要的损失。最重要的是要学习掌握哪种造型、哪种纹饰、哪种特征,为哪个时代的作品,还要了解一些鉴定的方法,比如从底足的胎、釉看烧造工艺符合哪个时代的特征。看窑口釉的特征也能分辨出真伪,如钧窑的蚯蚓走泥纹、定窑的蜡泪痕与竹丝刷痕、宋代耀州窑瓷器底足处的姜黄色釉等。

2. 多参观博物馆和参加拍卖会

博物馆里有很多历代的珍品和精品,多多参观、认真观察就能对各个时期的瓷器有更深入的了解,这也是知识和经验积累的过程。最好拿着书目或图录一一对照,这样更能加深理解且印象深刻。拍卖会前会有拍品展示,还有精美的图册作介绍,认真观察也能有所收获。

3. 不要按图索骥

正式出版的图鉴上介绍的瓷器,大多是最能代表当时具有成就的名品和官窑瓷器,它们要么在博物馆里,要么在某个藏家的手中,想在民间的古玩市场上寻找到可谓天方夜谭。一旦你见到了和图录上介绍的一模一样的瓷器,它肯定是仿制品无疑,按照高仿品的价格买就可以,千万不要当成真品,否则就掉入了仿制者的陷阱。

4. 不要心存侥幸

"捡漏"是每个收藏者的心理特质,因为花最少的钱买到才有巨大的回报空间。仿伪者正是利用了收藏者"捡漏"的心理,用很多手法在足底和釉面等处做手脚,用很多意想不到的办法做旧,让不了解各个历史时期烧制工艺的人根本无法辨别。在目前的市场上想要捡到漏几乎没有可能,所以还是不要有这种侥幸心理为好。

5. 故事越曲折越可能是陷阱

很多人为了把赝品推销出去,便编出了很曲折、很感人的故事,还可能让故事的主人公出面"证明";有时候为了让你深信不疑,甚至会找到你出高价要买回去……总之,在这一行里什么离奇古怪的招数都有,所以一定要提高警惕,有防范意识,一定要牢记:耳听为虚,眼见为实。

6. 以平常心来对待

目前国内外的瓷器的存世量几乎都有数可查。因其十分珍贵,即使皇家也不易得之。如乾隆皇帝得到五大名窑的珍品,便御笔题诗,铭刻器底,足见其珍爱的程度。几百年来人们尽力搜求,流散民间不被认识、重视的可能性微乎其微。所以,天上掉馅饼的事不可能发生。要保持平常心,买到了仿冒品就当做工艺品欣赏好了。

修炼秘诀

官窑瓷器很难流散民间,且通过数百年能保存下来实属不易。在战乱年代流出宫廷的瓷器,当时已十分昂贵,经列强疯狂掠夺,多流落国外,少数得以保存的都是有赖国内大收藏家的努力。了解了这些情况,再来看目前市面上那些打着官窑款的瓷器不在少数,对待这种情形,要冷静分析。古墓出土、旧楼偶得、贵胄家传,无非都是编造的故事。

◀◀◀ 一两田黄数两金,印石投资受追捧

1999年,一块1565克的寿山石经过几轮的竞拍,最后以200万元的高价成交,平均每克单价1278元。2007年,在深圳的一次拍卖会上,一块1252克重的九龙戏珠田黄石雕摆件以1600万元成交,每克高达1.28万元。还有一块田黄裸石,浓艳似黄金,温润可爱,重达128克,标价220万元,每克单价达1.6万元。现在是黄金价格最高的时候,每克售310元,田黄的价格是黄金的60倍。知情人士不无感慨地回忆道,20世纪80年代,在田黄产地,农民在稻田里挖出来的田黄石直接在地头上兜售,品相不错的田黄石200多元钱能买一洗脸盆,没想到今天竟然卖到了天价。古时素有"一两田黄一两金"之说,现在是"一

两田黄万两金"啊。

田黄石是我国"印石三宝"之冠,其他二宝分别为鸡血石和芙蓉石。

1. "石中之帝"田黄石

田黄是产于福建寿山田坑中的黄颜色石料,是我国特有的"软宝石",全世界只有寿山一块不到一平方千米的田中出产,其石质温润凝腻,在软质雕刻石中居第一品。田黄石历代产量极低,经数百年不断挖掘,到目前为止已挖掘殆尽,现存于世的基本属于稀世珍品。当然,并不是所有的田黄都是极品,田黄的种类繁多,质地优劣悬殊,价值高低差异很大,值得收藏和高价投资的仅是田黄中少部分特征明显、各方面俱佳而无可挑剔的上品。品鉴上品田黄石材或田黄印章,要从色、质、形、工四个方面考量,其鉴别全凭经验和眼力,故而没有多年的熏陶是无法进入这个领域的。

2. "石中之后"鸡血石

鸡血石产于浙江省昌化县深山中,后来在内蒙古赤峰巴林亦有发现,其颜色如同鸡血一样鲜红,故而被人们称为鸡血石,因产地原因又分昌化鸡血石和巴林鸡血石。其石质可分为透明和不透明二类,其中红色中的纯鸡血红为最佳,白色间红点次之,红白黑三色相间则更次之。鸡血石为中国独有,用鸡血石制作的印章被各国收藏家视为具有"国际级身价"。鸡血石为印石中的"石中之后",与田黄一样价格昂贵。1995 年德康拍卖行一方 14 厘米×6 厘米的鸡血石印章成交价已达 37 万元人民币。

3. "石中之石"芙蓉石

芙蓉石是寿山石中的珍贵品种,其中的顶级名品芙蓉冻更是罕见。近年来,由于寿山石的大量开采,被誉为印石三宝之一的芙蓉石也难幸免,开采量在数年间急剧下降,以至于现在市场上已经难得一见顶级寿山芙蓉石的靓丽身影,可谓"有钱难买美芙蓉"。以章面 1.5 厘米×1.5 厘米的纯净白芙蓉为例,五年前的市场价在每方 4 000 元左右,2009 年已经涨至 8 000 元,而具备红、黄、白三色的五彩芙蓉和三彩芙蓉雕件更是难求,若是三彩再配以巧妙设计而雕成,售价更是可以上涨几倍。

由于"印石三宝"的价格每年都在上涨,近一两年来价格更是翻番,特别是一些田黄冻之类的田黄石极品可以用价值连城形容。这仅仅是裸石的行情,雕

成摆件的价格会高约三倍,而刻成印章要比摆件价格高约三倍。随着田黄、鸡血、芙蓉等石料存世量的大幅减少,其价格的飙升也是必然趋势。由于印石的巨大增值效应,很多人蜂拥而至进入收藏和投资的行列。根据印石收藏者的目的不同,这些人一般可分成三种类型:

1. 欣赏型

收藏印石主要用于欣赏、把玩,及对印石品种的区分和研究,因此对印石的品质要求比较高,尤其对名贵和稀有品种情有独钟,不惜一掷千金高价购买后,一般情况下会长期保存,不会轻易出手。

2. 投资型

收藏印石主要用于投资,比较关心石头的价格和短期内是否有较大升值空间,只对有利可图的印石和市场需求品种感兴趣,对印石品质要求不是很高。只要能赚到钱的石头就会买进或卖出,一般情况下不会长期保存。

3. 投资、欣赏型

收藏印石主要用于欣赏间接作为投资,碰到喜欢的石头也会不惜高价购买,遇到可以赚钱的机会也不会放过,一般情况下投资者会采取中线投资的形式。

投资印石的方法和技巧

印石的种类繁多,田黄、鸡血、芙蓉是其中最好的三大类,每一类里又有很多品种。此外,我国印石有四个主要的产地:青田、昌化、寿山、巴林,每一个产地又有不同的品种。在收藏或投资印石时,最好根据个人喜好和条件选择不同主题进行,这样会有事半功倍的效果。印石的收藏和投资可以按以下主题划分:

1. 选定一个产地为主题进行收藏或投资

也就是把这个产地的各个品种囊括其中,如:青田石收藏投资,可以包含兰花青、封门青、黄金耀、竹叶青、金玉冻、白果青田、红青田(美人红)、封门紫檀、蓝花钉、封门三彩(三色)、水藻花、煨冰纹、皮蛋冻、酱油冻、橘红、紫罗兰、鱼冻、猪油冻等品种。

2. 选择一个品种为主题进行收藏投资

收藏不同产地的同一个品种,或者同一个矿的不同品种,如鸡血石中的昌化鸡血、巴林鸡血、贵州鸡血;寿山石中的芙蓉、善伯、高山、坑头、杜丞等。

收藏或投资印石最大的障碍是对其价值的鉴定。印石是大自然造化的恩赐之物，具有随意性、偶然性、不可捉摸性，几乎无规律可循。因此，衡定印材的价值高低，不能单纯以产地、坑口来决定，即使同一产地、坑口所出石材都是优劣互见，差距很大。名坑中也有劣石顽种，偶尔也可能会发现佳品良品。比如一块产于寿山的中低档田黄，就敌不过一枚色质俱佳的昌化田黄，也无法和上品的坑头冻或旗降石相比；一方血色芜杂质地板结的鸡血石，甚至还不如一方灵凝通透的青田石。

谨防假冒伪劣印石

随着各种印石的价格日趋走高，造假者也开始随之而来，尤其是田黄的造假更是防不胜防，而且造价的手段和技术也越来越高超。如用鹿目田、杜林黄等跟田黄相近的寿山石冒充，甚至用假造石皮，或用颜料涂染，或用胶水调石粉涂抹其表。有的还故意稍露出质好、色佳部位，好像有纹的肌理，以假乱真。更有甚者，通过对一些"下品"石料进行"美容"来牟取暴利。比如用低劣的绿泥石玉料经染成黄色，从外观上看与真田黄颇为相似，但质地比田黄要硬，用指甲划不出白痕就是假冒产品。

辨别石头真伪应对石头精妙的地方细心观察，看其纹理、肌理是否自然，与主体是否浑然一体，是否经过人工雕琢等。一般而言，对水洗度不足的水冲石，常有石商用喷沙来清洗含有泥沙的石肌，通过人为加工使之表面光滑，但经喷沙处理的石头用手触摸不如自然水冲石光滑，有刺痛感，颜色也较灰白，而山石在清理表层皮壳风化土时，常会有人工雕琢现象。

辨别印石的真伪也无须使用仪器来检测，因为印石家族太庞大，品种过于繁杂，矿物构成均为多种化学成分的复合型，虽可以用仪器检测，但应该是明确了品种之后再检测成分，而不是检测成分以后再确定品种。鉴别印材最好、最简单的方法应该是从颜色、质感、奇巧、珍稀、件头等方面逐一对比，逐项品评，对这类纯天然的生成物，直觉和眼力最重要、也最准确。

红木家具收藏：投资是硬道理

作为中华民族传统文化代表之一的红木家具，其魅力被越来越多的人所认识，并为这种绝世的艺术奇葩所倾倒。红木家具作为家具中的经典，高档名贵的硬木与传统国粹文化的融合，使它成为高品位和高价位的代名词，同时继书画、陶瓷两大收藏热点之后，红木家具收藏已然成为收藏界第三大投资热点。

如果说有的东西越用越值钱，越旧价格越贵，红木家具肯定是其中之一。明清家具已经成为中国红木家具中的精华。目前最具升值潜力的精品不外乎两类：一类是明代和清早期在文人指点下制作的明式家具，木质一般是黄花梨；另一类是清康熙、雍正、乾隆时由皇帝亲自监督，宫廷艺术家指导，挑选全国最好的工匠在紫禁城里制作的清代宫廷家具，木质一般是紫檀木。近年来，红木家具拍卖市场行情日趋火爆。

据统计，1978年至今，紫檀木家具价格上升了约1万倍。黄花梨木家具亦称"降压木"，价格上升了约6 000倍。鸡翅木与南榆木家具价格上升了约1 000倍。在市场行为的推动下，我国已经形成三个相对集中的红木家具集散地，即北京、上海和中国香港，约有90%的专家和藏家都生活在这几个城市里，他们彼此熟悉并形成了固定的联系渠道。综观近几年创出高价的红木家具，不少是出自藏家之手，如明黄花梨雕双螭纹方台就是来自"清水山房"，而"清水山房"是中国香港已故著名电影导演李翰祥的私人收藏。

红木家具贵在品种

红木家具为什么如此昂贵呢？红木家具的价格之所以节节攀升，主要与其原材料稀缺有关。所谓"红木家具"，从一开始就不是某一特定树种的家具，而是明清以来对稀有硬木优质家具的统称。其中主要包括以下品种：

1.黄花梨

为中国特有珍稀树种，木材有光泽，具辛辣滋味；文理斜而交错，结构细而匀,耐久性强,材质硬重,强度高。其中,海南黄花梨属于极品,成材需要数百年时间,早在清代就已枯竭,现存世的海南黄花梨木每千克售价达数千元,直接造成了成品家具价格成倍增长。

2. 紫檀

产于亚热带如印度等东南亚地区,中国云南、两广等地有少量出产。木材有光泽,具有香气,久露空气后变紫红褐色,文理交错,结构致密,耐腐,耐久性强,材质硬重细腻。紫檀木成材需要500年左右,因此价格十分昂贵。

3. 花梨木

分布于全球热带地区,主要产自东南亚及南美、非洲,中国海南、云南及两广地区已有引种栽培。材色较均匀,由浅黄至暗红褐色,可见深色条纹,有光泽,有轻微或显著香气,纹理交错,结构细而匀(南美、非洲略粗)耐磨,耐久强,硬重,强度高,通常浮于水。东南亚产的花梨木中泰国产最优,缅甸产次之。

4. 酸枝木

产于热带、亚热带的东南亚国家,木色不均匀,心材橙色、浅红褐色至黑褐色,深色条文明显。木材有光泽,具酸味或酸香味,文理斜而交错,密度高,含油腻,坚硬耐磨。

5. 鸡翅木

分布于全球亚热带地区,主要产自东南亚和南美,因为有类似"鸡翅"的纹理而得名。纹理交错,不清晰,颜色突兀,木材本无香气,生长年轮不明显。

总体来看,黄花梨中有海南黄花梨、越南黄花梨以及非洲黄花梨之分,价格因产量和品质不同而有所差异。海南黄花梨最珍贵,一般按千克论价,每千克800～1 000元人民币;越南黄花梨最好的木料一吨20多万元;非洲黄花梨则1万多元一吨。随着国际环保呼声的日益高涨,国外开始控制红木的出口,加上关税调整,导致红木价格大幅上涨,黄花梨原木的价格在不到一年的时间里就上涨了300%。

红木家具做工三个派别之分

除了木料的优劣,做工的粗细也是影响红木家具价格高低的重要因素。我国古代明清时期各地都生产家具,但精致的家具主要产于北京、广州、苏州、宁波等地,由于工艺不同而分为三个派别:京作、广作和苏作。

1. 京作

气派豪华。主要指宫廷作坊在北京制造的家具,以紫檀、黄花梨和红木等硬木家具为主。由于宫廷造办处财力、物力雄厚,制作家具不惜工本和用料,装饰力求华丽,形成了气派豪华以及与各种工艺品相结合的特点。

2. 苏作

格调大方。以苏州为中心的长江中下游地区所生产的家具。苏作家具历史悠久,名扬中外的明式家具即以苏作家具为主。明代苏作家具格调大方、简练,造型优美,线条流畅,比例适度,精于用材。

3. 广作

技艺独特。广州地区制作的家具被称为广作家具。广州是东南亚优质木材进口的主要通道,而两广又是中国贵重木材的重要产地,得天独厚的条件促进了广作家具的发展。广作家具用材粗犷,造型厚重,用料清一色,互不掺用,豪华气派。

由于红木家具材料稀少、工艺精细、风格独特、历史悠久的特质,使它成为世界各国和国内高层人士关注和收藏的主角,收藏红木家具的人还在不断增加。那些木料好、手工制作、仅有数套的家具非常昂贵,而出自大师雕工的家具经济价值则更高。随着家具业老师傅越来越少,顶级精品的价格还会不断攀升。有关专家预测,我国红木家具的投资收藏,未来将达到300多亿元的市场规模。

如何防范假冒产品的风险

正因为红木家具的巨大利润,有些厂家开始在质量上做手脚,那些便宜的红木家具多半是假货。黄花梨、紫檀的原料价格每千克几千元,一把圈椅按照老工艺、老规矩制作应用100千克木料(含材料损耗),其价格至少在100万元左右,仅卖20万元左右的圈椅远远不够材料的成本,这中间显然有假,诸如拼补、改尺寸、贴皮等手段。还有的用进口设备刨切黄花梨、紫檀木材,用近乎透明的单板(市场上叫"木皮")贴在杂木或人造板上,再制作成所谓的红木家具。还有些厂家生产的红木家具,不用中国传统的榫卯结构而采用化学胶黏合,使中式家具的传统工艺荡然无存。由于红木家具市场不规范,某些商家从自身利益出发,对红木家具的标注往往含糊其辞、模棱两可,甚至有误导之嫌。如安哥拉紫檀及非洲紫檀属于非红木的亚花梨类,只是一般的硬木,某些商家却以"花梨木"进行标注。

评价红木家具无非三点：工艺、制式、材料，但目前对于红木家具的式样结构、装饰工艺以及木材种类等等，却没有明确标准。仅就木材标准来说，明清的家具到底是用什么木材制造的，现在学术界都没有完全弄清楚。红木家具应该用什么样的材料，在造型、结构、装饰上应该用什么工艺，比例是否合理等等，也没有一个权威的统一的检验标准。

收藏红木家具正当时

2008年9月1日，由中国家具协会、全国家具标准化中心等机构修订的红木家具的新标准《中国深色名贵硬木家具标准》出台。新标准用"深色名贵硬木"取代了原来的红木称谓，还将原来非洲、南美等地进口的原不属于名贵硬木木种的也纳入新标准，同时提高了进口木材的标准。收藏界专业人士认为，随着新标准的实施，一些中低档次的深色名贵硬木，价格有所上升。过去被列为"杂木"的优质木材会随着新标准的实施得到关注，价位也将上升。而一些经过人为炒作、价格暴涨的名贵硬木，也将得到进一步的清理，价格也会更加透明。在这些变化之时，购买深色名贵硬木家具未尝不是一个好时机。购买红木家具一定要到正规的厂家，还有了解清楚木材用料的来源和名称，并在发票上详细注明，以备将来发生纠纷时作为凭证。

红木家具的魅力在于其实用性和艺术价值，它们越用越漂亮，越用越有韵味，不会像现代家具那样容易产生审美疲劳，是很好的收藏品。但是相对于股票、房地产，它的流通性并不强，也可能短期内无法出手，投资者要有心理准备。

修炼秘诀

红木家具的保养方法：所有正规的红木家具都是以榫卯方式结构，整件家具不动用一根钉。所以，红木家具最忌拖拉，移动位置时应该采取抬的方式。另外，红木家具有自身特殊的油性以及光亮性，平日清洁时最好用干布擦拭，切忌用湿布擦拭，因为水会渗入家具缝隙，造成红木发霉、变废。使用时间长了，需要彻底清洁时，最好用白蜡进行擦拭保养。

让小邮票变成大财富

我认识一个朋友,上中学时受老师的影响开始集邮。当时,信销票比较多,"毛主席诗词"、"毛主席语录"、"毛主席和林彪"等邮票随处可见,大约一两元钱一枚。朋友只是个学生,没有多少钱,他的哥哥姐姐都工作了,怕他到外面学坏,便每个月给他三五元钱零花钱。这些钱对于一个中学生来说几乎是"巨资"了,他全部用来买了很多信销票,前后加起来大约花费近千元钱,共买了900多枚邮票,足足有6本大全套。没想到几年以后集邮市场开始活跃,这些低廉的信销票慢慢成了珍品,价格一路上涨。20世纪90年代中期,他卖掉了其中的6个大全套,得到了2万多元。当时,他高兴地打电话给几个要好的朋友,说自己是万元户了,要请大家吃饭。

在随后的几年里,朋友不失时机地用那笔钱买了大量的JT票(纪念邮票和特种邮票)"拙政园"、"黄帝陵"、"花灯"、"兰花"、"梅花"等中前期邮票。这些邮票选题、设计、印刷都堪称精品,最重要的是发行量很小,而且价格较低,每套只需3~6元。朋友还以每盒3 800元的价格大胆买进了5盒"牡丹亭"小型张。接下来的几年里,邮市火爆,朋友手里的邮票都有10倍以上的涨幅。在邮市最火爆的1998年,把手里的邮票全部卖出去,得到了丰厚的回报。

集邮是一项高雅文明的收藏活动,方寸之间成为包罗万象的博物馆、容纳丰富知识的小百科,涉及政治、经济、历史、文化、军事、科技等诸多领域。同时,集邮也是一种获得丰厚回报的经济活动,同时也是一门综合的学问,一枚邮票从图案的内容、意义到设计,从历史背景到印刷过程以及制版技术等,无不体现人类的智慧。集邮又像古玩收藏一样,是一个能够带来丰厚回报的经济活动,成为人们保值增值的投资手段,很多人也目睹了珍品邮票的传奇。比如20世纪70年代末80年代初的邮票,年册的面值也就十几元钱,而今都上涨了成百上千倍,价值都在数千元以上。"文化大革命"时期发行的那枚神奇邮票"祖国山河一片红",1977年的价格是150元,到了1997年一套4枚的方联就达到了17万元,在2002年的拍卖会上,一枚同样的方联以110万元成交。其他众多的精品邮票都价值不菲,这也是为什么集邮的人会越来越多,邮市会日益发展扩大的根本原因。

邮市也和股市一样,有高点和低谷,也有波段和调整,还有庄家的人为炒作。2008年初奥运会纪念邮品一路飙升就是人为炒作的结果,很多人见有利可图便大量跟进,没想到自3月份开始,奥运邮品开始了大跳水,奥运开幕前后虽有小幅上涨,但很多人还是损失惨重。最高价时曾达到220元的奥运"不干胶"小版张跌到90元,8月8日发行的"同一个世界同一个梦想"邮资明信片,发行当天市场价达到120元,经过几次震荡调整后跌到12元。所以说,集邮也是有风险的。

邮票的种类

邮票素有"国家名片"之称,每个国家发行邮票,无不尽选本国最优秀、最美好、最具代表性或纪念性的东西,经过精心设计,展现在邮票上。邮票的种类很多,主要包括以下几大类。

1. 普通邮票

发行量大,多种面值,适合各类邮件使用的邮票,有邮票的主要类别,也是集邮的主要品种。普通邮票由于长期大量使用,往往会多次印刷,因而有不同的版别。世界各国早期的邮票大多是普通邮票,如英国的黑便士、蓝便士,我国的大龙票、小龙票。

2. 纪念邮票

为了纪念国内外重大历史事件、知名人物及其他有纪念意义的事物而发行的邮票。除纪念、宣传和收藏外,也可作为邮资凭证。1974年以前志号为"纪",1974年以后改为汉语拼音"J",1992年以后这种编序方法被停用。

3. 特种邮票

国外是指有特殊用途或者特殊作用的邮票,我国是指除普通邮票和纪念邮票以外的、以特定选题为图案的邮票,范围包括自然、历史、文化、艺术、社会、政治等。1974年前志号为"特",1974年以后为汉语拼音"T",1992年以后这种编序被停用。

4. 军用邮票

专供服役军人免费或减费交寄的邮票,又称"军用免费邮票"。1953年我国拟发行一套军用邮票,后因使用范围和对象难以控制,决定停止发行。但一部分邮票已经发到各军区,未能全部收回,所以有少量存在集邮者手中。

5. 航空邮票

是专为邮寄航空邮件而发行的邮票,世界各国的航空邮票大多以飞机作为图案。新中国成立以后于1951年5月、1957年9月先后发行了两套航空邮票。

6. 编号邮票

又叫"连续编号邮票"。是1970年至1974年所发行的不分类别、套别,采用统一连续编号形式发行的邮票,共95枚,其连续编号从1到95。

7. 编年邮票

又叫"新志号邮票"。为了便于管理邮票,和国际接轨,我国自1992年起,纪念邮票和特种邮票采用按年份统一编号的方式作为新志号,在年号后面注明"J"和"T",如"杉树"邮票志号是:"1992-3(4-2)T",表示1992年第三套邮票,是全套4枚中的第二枚,为特种邮票。这种编号方法一直沿用至今。

除了上面这些邮票以外,还有一些发行量很少或者有特殊用途的邮票,比如包裹邮票、福利邮票、欠资邮票、无齿孔邮票、无面值邮票、加盖邮票、公务邮票等。另外,从邮票的外在形式上还可分小型张、小全张、发光邮票、变体邮票等。

邮品的种类

集邮除以邮票为最主要的品种外,还包括各种形态各异、各有特色的邮品。

1. 首日封

首日封是新邮票发行首日贴上这套邮票或单枚邮票贴在特制的信封上,加盖当天的邮戳或纪念戳的信封。

2. 实寄封

实寄封是贴上邮票后经邮政部门实际送达的信函封套或其他邮政用品的总称,按其功能和邮寄方式可分为挂号实寄封、航空实寄封、印刷品实寄封、特快专递实寄封等。

3. 尾日封

尾日封也叫"末日封"。某套邮票到了规定的最后使用那一天,贴有该套

(单枚)邮票的实寄封,为尾日封。

4. 纪念封

纪念封是为纪念某个重要事件、某些人物或活动,由邮票公司或有关部门专门设计印制的信封。信封上带有与纪念相关的图案或文字,并加盖邮戳或纪念邮戳。

5. 极限明信片

极限明信片是将邮票贴在相同图案的明信片上,并加盖与邮票内容相关的邮戳。极限明信片的收集是集邮活动的一个类别,以制作、收集、欣赏、研究为主。

如何看邮票的投资价值

邮票也可以说是小小的有价证券,所以购买和出售便成了一种商业活动,从事集邮的人十分庞大。近年来,集邮投资的人急速增加,集邮市场迅速扩大,带动了邮品上涨,邮市十分火爆。投资邮市,看邮品是否值得投资,首先要考虑三个要素:

1. 发行量

发行量的大小是直接关系邮票是否能够保值、升值的基础要素:即供大于求就跌,反之求大于供则升。例如1980年发行的首轮生肖票的开门票"金猴",在印刷的过程中发现了坏版,没能继续印下去,结果只印了460万枚。由于发行量小,猴票从面值的8分钱,经历了18年,升至了现在的1 600~1 700元,升幅达到2万倍。

2. 存世量

存世量是指某种邮票自发行之日至今,经过邮政使用、消耗及其他原因的损耗之后存留于世的数量。存世量越小,就越具有升值的潜力。例如1980年发行的"桂林山水"特种邮票,当时由于人们觉得画面墨色过重,显得沉闷,因而失宠,导致了这套邮票的存世量很小,价格陡升。

3. 邮票的内容和设计

内容也就是选题,如果一套邮票的选题是公众所喜闻乐见,所认同的,同时设计也是上乘的,就具有收藏的意义和升值的潜力。例如,老记特中的"菊花"、"黄山","TT"票中的"留园"、"奔马"、"三国演义"、"水浒"等邮票无不是在内容

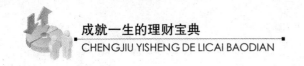

和设计上占了优势而受到集邮爱好者和投资者的普遍关注。

集邮的基本原则

集邮活动可分为两大类,一类是按国家和地区的集邮目录集邮,各种邮票都不少,追求的是多而全。另一类是确定一种既有方式或邮票主题后,分门别类、有目的地收集邮品,比如人物长河、动物世界、花的海洋、军旅光辉等等,不拘一格,可任意选择。无论哪种方式都有一定的原则。

(1)由低到高,循序渐进。集邮是一个创造性的活动,涉及很多领域的知识,刚刚入门时可以从最简单的专题集邮开始。当邮票收集达到一定规模后,再按自己的构思和风格进行分门别类的归纳整理,使收集的邮票、邮品有机地结合起来,成为和谐的整体,而不是杂乱无章地堆砌,并最终成为集邮作品,这是集邮的最高境界。

(2)掌握相关的知识。集邮是一项专业性很强的活动,有许多基本的知识需要提前作储备,比如图案设计、邮票的版铭、邮票的齿孔、邮票的用纸、邮票的印刷工艺等等,对这些最基本的要素一定要有明确清晰的了解,这样才能分辨邮票的真伪和优劣,否则难免会上当受骗,或者事倍功半。

(3)注意邮票的品相。

(4)看准市场波段,避免高点时进入。邮票价值的总趋势是越来越高,但是在上升的过程中,也会有下跌的时候。大家一拥而上某些邮品的时候,价格就是一路上涨,反之就会有所下降。要根据自己集邮的品种和类型,长时期、有选择地观察价格走势,在价格处在较低点位的时候买进。这样才能有效地规避风险。

(5)提高鉴别能力,避免受骗。集邮市场和古玩市场一样,从邮票到邮品到处充斥着假冒的仿品,而且作假的手段十分高明,一不小心就可能上当受骗。鉴别邮票除须掌握一定的邮票知识和鉴别方法外,还要博闻多见,只有认得真票才能识出假票假在何处。在判断不清的情况下,最好的办法是求助专家,使用专业手段加以鉴定。

(6)宜作长线,不宜作短线。集邮投资和古玩收藏一样,需要用时间换空间,这个空间就是升值的空间。邮票本身是不创造价值的,随着时间的推移才让它具有增值的可能,所以,应收藏超过20年以上的邮票,其年升值率不会低于5%~10%。新邮票的行情波动较大,投机的成分更浓,最好以珍贵品种为主。要沉得住气,要有坚定的信念,不要患得患失,只要长期持有,总会有获得丰厚回报的机会。

另外,我国的集邮市场发展很不完善,有许多不尽如人意的地方,从发行到交易都有很多的弊端,诸如集邮的总体人数不准确、邮票发行量过大、发行渠道间存在垄断、规章制度法律法规不健全、发行价高于票面价值、投机炒作的成分太大……所以,对集邮要有清醒的认识。

修炼秘诀

在节假日,有些人等钱用,如还债、购货,订新邮,要抛出一些收藏,有时价格较低,可买进。卖出邮品应看准时机,不能坐等顶峰,因大凡上涨过快的邮品,其下跌也非常快。在邮市上价格并没有上升,发现有大户邮商抛货时即现成交量增加,应加紧卖出。集邮市场受股市、银行利率、政策因素影响,要分析利与害,该出手就出手,该买进就买进。

钱币收藏:让你"用钱生钱"

2004年在北京嘉德春季拍卖会上,大清"长须龙"金质呈样币(送给皇帝看的样币)以160万元高价成交,加上10%的拍卖手续费,买家为这枚金币实际付出了176万元人民币,创下当时中国钱币拍卖的最高纪录,很多在现场的人看了成交过程都瞠目结舌。据钱币专家介绍,世界上仅有两枚"长须龙"币,另一枚被中国台湾鸿禧美术馆收藏,是镇馆之宝。那位拍得"长须龙"币的人,让人帮忙把另外那枚弄到手,哪怕花上2 000万元也愿意。专家称,这种属于国宝级的钱币在美国拍卖价千万美元之上,这"天下仅双"的钱币肯定价值连城。

钱币作为法定货币,在商品交换过程中充当一般等价物的作用,具有价值

尺度、流通手段、支付手段、贮藏手段和世界货币五种职能。然而,一旦抛开其作为法定货币的角色,作为艺术品和文物时又会具有另一种特殊功能——收藏价值。

当钱币成为收藏商品时,其收藏价值与面值已无直接关系,而与其发行年代的远近、存世量的多少及本身质地品相有关。一般而言,发行年代越久、存世量越少、流通时间越短、流通范围越窄、质地品相越好的钱币,收藏价值越大。但这并不是唯一的标准,还和收回方式有关。一般来说,回方式有两种:一种是正常情况下的只收不付,人民币换版一般均采用此种方式;另一种是非正常情况下的限期收兑,如第二套人民币1953年版3元、5元、10元券就采取这种方式收回,不言而喻,采用此种方式收回较为彻底,且有特殊的收藏意义,故收藏价值更大。

与中国其他古玩字画收藏相比,钱币投资的门槛要低很多。用5万元买瓷器只能买到中档偏低的器物,如果用5万元买钱币就可买到珍品,而且未来升值空间会比瓷器大几倍。近十几年来,钱币收藏与投资热潮高涨,钱币拍卖渐成规模。除了古钱币收藏如火如荼以外,新中国成立后发行的五套人民币中也有很多价值不菲的精品,1951年版的1万元券"牧马图"现在的市场价是60万元,五百元"瞻德城"券市场价是30万元。最近,随着第四套人民币"退市"消息的流传,这套人民币在钱币市场异常火爆,最热门品种1980版50元纸币,已经涨到了1 400元,2元纸币涨到了18元,100元上涨到500多元。

但是钱币收藏也存在风险,在鱼龙混杂的时候,难免会产生追逐暴利的倾向,1997年正值钱币炒作登峰造极,诠释了不少一夜暴富的神话,从而加大了收藏者的投资冲动,很多人在高位接盘,当时卖到200多元的香港回归普通流通纪念币(两枚面值20元),目前市场价仅有21元。近几年来,钱币收藏的人们逐渐趋于冷静,爆炒的事情已经很少发生。

钱币的分类

收藏与投资的钱币包括非流通中的钱币和流通中的钱币,主要分六大类:

1. 古钱

自古至今,历朝历代都有自己的货币,种类繁多:秦朝的秦半两、战国圜钱、布币、刀币、西汉六泉和错刀、唐朝的开元通宝、北宋的对钱、南宋的元宝和招纳信锭、明清的制钱……这些古钱币中不乏价值连城的稀世珍品。

2. 金银币

自战国时期就有金银币,唐宋时期还有银质元宝。

3. 纸币

宋朝以来的各种纸币。

4. 铜圆(板)

清代以后的没方孔铜圆(铜板)。

5. 流通纪念币

以纪念某一特定人物或事件而发行的钱币,可以流通但一般为限量发行,其中有很多珍品。

6. 不流通人民币

新中国发行的五套人民币中有三套已不流通,其中有非常罕见的珍品,两套流通版中的错版或者全套人民币也是投资品种,1966~1976年期间发行的外汇券也受到投资者的青睐。

古钱币和人民币中的珍品

1. 十布

王莽时期所铸10种布币的总称,特征为严格遵循从小到大的形制,以求与其面文相符。即:小布一百、幺布二百、幼布三百、序布四百、差布五百、中布六百、壮布七百、第布八百、次布九百、大布黄千。市场上大布黄千较为常见,其他九布均为珍品。

2. 爰金

爰是战国时期楚国金币重量标度。此币多铸成方形、饼状或长方版状,每版重0.5千克,含金量大多96%以上,有的达可99%,上面多铸压成带有"郢爰"、"陈爰"、"少卣"、"鬲爰"、"寿春"等文字的小方戳;所以称"爰金"。

3. 靖康通宝

宋钦宗赵桓靖康年间所铸年号钱,系北宋朝最后一套钱币,刚铸成不久金兵便南下摧城掠地,故流传甚少。

4. 贞祐通宝

金宣宗贞祐年间所铸,有小平、折二两种,即大小二品,均罕见。大珍品现

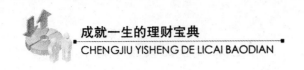

藏于中国历史博物馆,唯一发现一枚孤品小贞祐通宝,由日本收藏家平岛春水珍藏。

5. 咸丰通宝

清咸丰三年福建宝福局当十型试铸钱,因在"咸"字两侧有"大清"国号,在我国历代孔方圆钱中属罕见。

6. 人民币

新中国成立后发行的第一套1951年版1万元"牧马图"券、五百元"瞻德城"券、五千元"蒙古包"券。第二套1953年版3元、5元、10元券。第三套1960年版壹角、1962年版"背绿水印"壹角、1962年版"背绿"壹角。

钱币收藏与投资的原则

在选购钱币时,要把握以下几个原则:

1. 要有目标、有计划

古今钱币纷繁浩瀚,品种极多,每一朝代的钱币都收集全是根本不可能的。比如人民币就有纸币、普通流通纪念币、贵金属纪念币等系列,它们下面又可细分若干系列。所以,必须根据自己的财力和爱好,有选择地加以收藏,最好是少而精地收藏,或者成系列收藏。

2. 有潜力就有空间

珍贵古钱币其实风险很大,很多价格很高的精品,后来因为大量出土而一落千丈。南北朝时期的永光钱,以前1万多元一枚,后来出土了不少,价格便打了对折。清代后期光绪年间的铜圆、银元、近现代银币传世较多,价值很高,像"袁大头",行内人购买价约在60元一枚,如果成批买入的话将来会有不错的回报。

3. 品相很重要

无论是金属币还是纸币,品相都很重要,每差一级价格就会差很多。钱币的品相可归纳为美、近美、上、近上和中五大评定标准:美是钱的正背面轮廓完整,钱文清晰;近美是钱的正、背面轮廓有微小的偏移或微小的裂纹,或纸张有微小的漏孔,同时钱文因铸造和使用磨损而造成的微小粘连或混沌;上是钱正、背面有肉眼能及的缺损和漏孔,但没伤及钱文;近上是钱币正、背面缺损、裂纹、漏孔较为明显,钱文出现一至二处断笔;中已经没有大收藏价值。

4. 要掌握交易技巧

购买古钱币时一看真假,二看品相,三问价格,如果发现自己需要的藏品,不要喜形于色地马上问价和讨价还价,而要不动声色地探问其他钱币的价格,然后再不经意地询问价格,故意把它说得一文不值,把价格压到最低时再成交。

5. 学习钱币知识

隔行如隔山,如果对钱币常识一知半解或道听途说,就犹如盲人摸象,在收藏过程中难免上当受骗。收藏古钱币需学习货币史、钱币学、考古学、金石学及文物、古汉语等诸多知识,还要了解历代钱币形制、材质和钱文书体的变化,知晓古今钱币造假制假的种种手法。学习的方法一是读书,二是多接触实物,三是向专家请教,四是与藏友交流。

6. 要控制风险

钱币市场的风险,一是假币赝品。钱币造假古今有之,特别是价格昂贵的珍稀钱品赝品更是防不胜防。初涉收藏者买入假币赝品不足为奇,就连专家也有看走眼的时候。二是价格。很多人看某个钱币受到追捧,价格飙升,就不惜在高价接盘,随后价格下跌造成损失。所以,要注意控制风险,把握钱币市场的运作规律,做一名成熟理性的投资者。

7. 心态要淡泊平和

钱币收藏是一种志趣高雅的活动,收藏之道,贵在赏鉴,养性悦心,陶冶性情,增长知识。钱币收藏的经济价值不容置疑,但要保持一种平常心态,因为钱币市场的暴利时代已经过去,企盼靠手里的钱币发大财是不切实际的。要养成宁静、淡泊的操守,摆脱铜臭的困扰和烦恼,感悟收藏真谛。

修炼秘诀

钱币市场和其他古玩市场一样,赝品泛滥,而且作伪的手段越来越高明,让人防不胜防。因此,选购钱币最好通过熟人、朋友,或者找钱币收藏专家私下交流、交易。最好的途径是通过拍卖会。正规的拍卖公司,尤其是大牌拍卖公司,

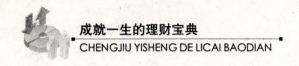

一般不会售假;当然还要看谁收藏的钱币拍卖,名家东西珍品的可能性更大。各大城市的旧物市场里假货居多,购买的时候一定要谨慎,更不能"听故事买东西"。

电话卡收藏:收益不可小觑

吴工退休前在一家公司担任销售总监十几年,常年到全国各地拜访客户,当初手机价格昂贵,只能用磁卡打长途电话与公司保持联系。十几年下来,攒下了不少电话卡。有一天,他在报纸看到一条报道,说电话卡收藏收益可观,便抽空到邮币卡市场转了转,发现自己手中的卡有些已经升值了不少,从此便踏入了收藏领域并一发而不可收。

起初,他只是关注一些用过的旧卡,时间长了渐渐发现新卡的升值空间比旧卡大,于是转向收集新卡。后来,在藏家朋友的指点下,了解到卡中的那些精品才更有投资价值,于是转而把目标锁定在精品卡上。当时,正是邮币卡市场的最高峰,面值50元的"试机卡"被炒到2万多元,面值380元的"梅兰芳"价格被炒到1万多元,面值50元的"生肖猪"卡涨到2 300元,其他还有不少精品卡价格都高得让人瞠目。常言说,没有只涨不跌的市场。不久,邮币卡市场开始下跌,大多数卡都跌到了一半,高档卡跌得更多。吴工几次想买,每一次都忍住了。

全球金融危机袭来,股市大跌,邮币卡市场也陷入低迷,许多电话卡都跌到了面值,当年价格高得让人咂舌的"试机卡"、"梅兰芳"卡跌到最高时的七分之一左右。吴工看准了时机,用3 900元买了"测试卡"、1 300元买了"梅兰芳卡"、240元买了"生肖猪"卡,而且买了2套。现在的卡市在逐渐回升,吴工买的那2套高档卡也涨了不少,他坚信这些卡只有长期持有,才能有丰厚的回报,三五年甚至十年八年都没关系,全当自己作投资了。

电话卡和邮票一样,在一定程度上反映出一个国家的政治、经济、文化、历史、科技、风景、艺术、民俗,加之种类繁多、题材新颖广泛,设计精美漂亮,电话卡逐渐成为收藏界中的新军,也成为人们竞相投资的新领域。因为电话卡市场形成的时间还很短,很多人是从集邮爱好者中分离出来的,所以很多操作手法与集邮相似。

把握好几种类别的卡

电话卡种类繁多,从卡的用途来说就有充值卡、200卡、210卡、纪念电话卡、附捐电话卡、慈善电话卡、局赠卡、广告卡、IP卡……让人数不胜数;从发行主体来说,既有原邮电部电信总局发行的,又有中国联通、中国网通、中国吉通、中国铁通、中国卫通、中国移动发行的,还有一些省市自治区发行的电话卡;从各地区发行的数量来说,有的发行量繁多,有的发行较少;有的一套多枚,有的一套只有一枚;从电话卡的使用范围来说,既有全国通用的,也有地方使用的;电话卡向人们展示了一个丰富多彩的大千世界:自然风光、名胜古迹、著名建筑、历史传说、传统节日、名贵植物、珍稀动物、奇石异木、民间工艺等……。

此外,根据电话卡题材可分为普通卡、纪念卡、特种卡和广告卡等,每类又有不同内容:

1. 普通卡

一般有文字无图案或无特殊图案。这种卡只标明电话卡而无其他特殊意义。多见于早期。如西藏白卡、银川白卡、部分太科卡等。现在通用卡的普通卡亦属此类。

2. 纪念卡

为纪念某种事物而发行的电话卡。如纪念国际电信日、纪念电话升位、纪念运动会的电话卡等,该类卡有发行时间限制。

3. 特种卡

为特殊意义而专门发行的电话卡,没有时间限制。如自然风光卡、古文物卡、邮票图案卡等。

4. 广告卡

为部门或公司等发行的具有广告性质的电话卡。如"大地集团"、"杜强广告"等。

以上分类方法非常接近于邮票的分类,电信公司在以后的磁卡发行上也将改变CNT~X的序号式分类方式,代之以近于上述的全新分类法,届时,集卡活动更趋向专题化,从而得以深入发展。

收藏电话卡的原则重点

1. 看发行量和存世量

"物以稀为贵"是收藏领域的特点,发行量少的电话卡存世量自然少,这样的卡必然很珍贵。但是也不尽然,有的电话卡发行量很大,但是使用时消耗量也非常大,新卡的完好存世率很少,这样的卡收藏价值也很高。如全国通用卡之首的"长城拼图卡"和"鲜花地图卡",发行最早但消耗最多,因此存世量最少,是极为难得的珍品。

2. 看权威性和广泛性

在全国、全省、全市范围内广泛使用的电话卡,才具有收藏价值。而一些只在小范围内使用的电话卡,不具备权威代表性,因此也不具备收藏价值。当然,也有例外。各省发行的首套开通卡,由于发行量极少,一般也具有较高的收藏价值。

3. 看发行的年限

越早发行的卡收藏价值越大,许多早期的开通卡旧卡价格远远超过等重的黄金价格。如1988年英国CPT公司赠送给上海市邮电局的试做卡,也就是红听筒磁卡,发行量为100套,目前存世稀少,新卡估计不低于52万元,旧卡曾以18万元易手。

4. 看题材意义

电话卡画面题材内容的意义大小,直接关系到其收藏价值。一般而言,纪念意义越重大,收藏价值也越高,如"毛泽东百年诞辰"、"邓小平南巡"、"香港回归泽国倒计时一年"等题材的电话卡,收藏价值极高。同一纪念题材的电话卡,以事件发生地所发行的电话卡更有收藏价值。

5. 看艺术价值

电话卡的艺术价值主要表现在创意设计和制作上,作为一件收藏品,仅有好的题材是不够的,还需要艺术的表现和精美的制作,设计印制越精美,收藏价值也就会越高。

6. 看是否成套

成套如果能收集齐全,要比零散的卡价值大。很多成套的卡是拆散以后发行到各地的,收集全套电话卡地方版别及编号必须是统一的,如此一来成套电话卡逐步成为收藏热门。如我国最早发行的一套黄河IC卡,如果是同版全齐的话,现在的市场价在1 000元以上。

7. 看卡的品相

电话卡的品相是指其外观的完整性,电话卡由于使用频率过高,就会出现很深的划痕,品相就会破损。因此,电话卡的品相越好,其收藏价值也就越高。当然,使用完的卡也可以收藏,只要保存完好同样是一笔财富。早期几个品种的旧卡,在1997年邮市高潮中价格已达到几万元。现在一般用完的旧卡保存良好,同样有人愿意购买,成套价格略高一些。

想介入电话卡投资队伍,还必须了解一些电话卡识别常识,比如IC卡的一角标有CNT-IC-T的为特种卡,升值潜力相对大些;卡上标有PG的是发行量较少的普通广告卡;标有G的为广告卡;卡上没有字母标识的为纪念卡。电话卡因其不同的标号,升值潜力也有所不同。其中,广告卡收藏难度最大,因其不在市场上流通,大多用来馈赠客户,所以往往成为收藏中的孤品。另外,发行较早的"校园卡"、"200卡"、"983卡"等,留存的数量较少,运气好的话或许能淘到"孤品"。

最有价值的十种卡

自从电话卡进入收藏领域,逐渐与邮票、钱币一起成为收藏市场上的主流,其价格多次被刷新。下面列举"十珍"电话卡的市场最高价,可以从中看到其价值所在。

1. 上海红听筒磁卡

全套3枚,总面值为185元,1988年英国GPT公司赠送给上海电信部门100套试作卡,存世稀少。新卡约52万元,旧卡约18万元。

2. 广州开通纪念磁卡

也就是有名的田村卡,共4套16枚,总面值720元,1987年发行,全套新卡价值46万元,旧卡达15万元。

3. 上海地图磁卡

全套1枚,面值1元,1988年发行100套,图案为中国地图示意图,在中国香港拍出15万港元,堪称升幅最大的电话卡。

4. 深圳开通纪念磁卡。

又称深圳"绿箭卡",全套3枚,总面值87元,1985年发行5 000套。我国内地第一套电话磁卡,新卡价值高达13万元,旧卡不低于2万元。

5. 北京开通纪念磁卡

全套6枚,总面值210元,1988年发行2 000套,新卡11万元。

6. 福州开通纪念磁卡

全套4枚,总面值180元,1989年发行3 000套,新卡价值10万元,旧卡约为2万元。

7. 佛山市开通纪念磁卡

全套3枚,总面值30元,1989年发行,是我国早期开通卡中面值最低的一套,消耗巨大,新卡不易得到,价值9万元。

8. 深圳1989年版十景磁卡

全套10枚,总面值600元,1989年发行5 000套,新卡价值9万元,旧卡达1.2万元。

9. 北京早期银背广告磁卡

共2套8枚,总面值360元,新卡8.8万元,旧卡1万元。

10. 大连开通纪念磁卡

全套8枚,总面值660元,1989年发行,新卡价值6.5万元,旧卡达1万元。

电话卡发行时间虽短,但是发行量巨大,品种繁多,初入者要根据自己的实际情况量力而行,要注意按一定的题材和方向,走专精化收藏的路子。切忌"眉毛胡子一起抓",各种卡不分类别收藏很多,投入很高最后却发现其中有价值的不多。

理财九段
投资无形资产

一定要有自己的事业,一定要有更好的生财之道,只为别人打工永远也无法得到更多的财富,而且工作一旦停止就会一无所得。如《富爸爸,穷爸爸》一书的作者罗伯特.T.清崎所说:"不要单纯地指望升值、加薪或者退休金来保证你的生活,要利用自己的商业智能去创造这一切。"

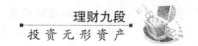

投资企业产权是一本万利

2009年10月30日,一个重要的日子——华谊兄弟传媒股份有限公司在创业版正式挂牌上市交易,成为内地第一家在A股上市的娱乐公司。随着公司股票的上市,一批影视界名人和明星股东也被曝光。位居前列的有著名导演冯小刚288万股,著名导演张纪中216万股,著名电影演员黄晓明18万股,罗海琼54万股,李冰冰36万股,张涵予36万股……据报道,李冰冰和几位导演作为初始发起人入股,按当时的出资额折算每股0.53元,按照上市首日的收盘价70.81计算,李冰冰的纸上财富达到了2 549万元,当然随着股价的下跌这些钱在不断的缩水,但是即使将来某一天股市崩盘,其股价也不会跌到0.5元,所以李冰冰的投资是稳赚不赔的。

有句话说得好:炒房炒成了房东,炒股炒成了股东。这是对某些投资失误者的嘲讽,因为他们是被动成为房东和股东的,而主动投资则截然不同。股票只是企业产权的证明,投资企业而不是投资股票其出发点和目的是完全不同的。如果投资一家优秀的企业,一定要和这个企业共同成长,而不是只想通过投机买卖企业的股票,获取短期市场差价。就如同华谊兄弟的那些影视界名人股东一样,当初公司增资配股的时候,每个人的额度是180万股,冯小刚却通过其他途径得到了288万股,据说他的持股成本为151.48万元,获得了总股本2.285 7%的股权,如此一来他只能更加尽心尽力地为公司拼命了,因为公司的好坏与他有直接的利害关系。这个道理对于股票市场投资者和上市公司的管理者,都具有十分重要的意义。

投资企业产权是更高级的投资

当今社会,投资一词极为普遍,经常出现。但是,什么是投资,其内涵如何,对此有各种不同的解释。例如,一个人在证券市场上买股票时,他是在投资;一个人在外汇和黄金市场上购买外汇和黄金时,他是在投资;一个企业利用自有资金扩建生产线时,这个企业是在投资;一个企业在资本市场上收购或兼并另一个企业时,这个企业是在投资;某一国家将外汇储备用于购买国外的债券和石油资产时,这个国家的政府也在进行投资;甚至于当你花费时间和精力来学习各种课程以便找到更好的一份工作时,也是一种投资。对于投资,较为专业并通俗的说法是:投资就是一定的经济主体投入一定量货币资本或其他资源于某些事业,以期获得未来收益的经济活动。

很明显,投资企业产权与前面六段理财投资形式相比,已经上升到更高级的层次。因为产权作为一种权利,具体表现为出资人在企业中享有资产收益、参与重大决策和选择管理者等权利。投资企业产权已经不是投资简单的物体,而是物体和人的组合,所需要的知识也不仅仅是某个学科领域的专门知识,而是某个领域的专门知识和管理学、社会学的复合知识体系。在这个层面上,投资成败的关键在于对社会性因素的把握,如对行业趋势、市场变化、人们心理因素变化等因素的把握,等等。

什么是企业产权

企业产权缘起于投资行为。企业是由一个或几个投资人出资设立的,投资人将其拥有的财产作为资本投入标的企业中,便建立了某个特定的投资人与这个企业之间的产权所有关系。通俗的说法就是,投资人拥有的对企业剩余财产的最后分配权和索取权,具体表现为出资人在企业中享有资产收益、参与重大决策和选择管理者等权利。

企业的产权不是一成不变的,它具有流动性,可以通过交易来完成转换。投资企业产权就是指以产权为对象的投资活动,通过产权的买卖获取投资收益的资本运行形式。产权交易在国外由来已久,但是在我国仅仅是近二三十年来的事情。1987年,武汉一家企业并购开创了产权交易的先河,1989年在深圳成立了第一家产权交易所,在以后的十几年时间里,产权交易大多是围绕物权进行的,也就是以产权和盘活存量资产为主。

进入21世纪以后,国家加大了企业改革的力度,提出要建立现代企业产权制度,产权交易逐步制度化、规范化,产权交易市场也日渐完善起来。目前,全国各大中城市都建立了产权交易市场,产权交易推向了市场化、区域化。交易的重点主要围绕企业的产权结构的调整,从物权转到价值形态的股权为主,其中还包括知识产权、债权、矿产权、金融资产等。

购买企业产权的几种方式

想要投资或者转让企业产权可以到各地的产权市场,也可以到网上去查询竞价,十分方便。在交易市场里信息量非常大,比如北京产权交易市场就有来自全国各地的企业股权转让信息,有按照化工、石油、建筑、纺织等行业分类的查询,也有按照转让金额从100万元以下、100万至500万元、500万至1 000万元、1 000万至5 000万元、5 000万至1亿元的分类,根据自己的不同需求进行查询,十分方便。

投资产权的方式有以下几种:

(1)协议转让:由交易双方通过洽谈以协议成交的交易方式。

(2)竞价转让:有多名受让意向者时,转让标的物比较简单,以公开竞价的形式,由出价最高者成交的交易方式。

(3)招标转让:有多名受让意向者,转让标的物相对复杂,以公开竞争的形式,由评标委员会评出的最优标者成交的交易方式。

(4)法律、法规、规章规定的和市资委批准的其他交易方式。

其他产权交易方式:

(1)兼并:一个企业购买其他企业的产权,使其他企业失去法人资格或改变法人实体。

(2)租赁:受让方向另一方支付租金,以取得一定期间内对出让方资产的使用权。

(3)股份转让:股东将自身持有的部分股权进行转让,但股份公司产权并未因部分股份转让而发生变化。

由此看来,投资企业产权就等于是投资一家企业,这需要投资者对这个企业的产品结构、生产能力、盈利模式、人员构成、资产负债、发展预期等有清晰准确地了解和判断。有没有不做企业就能成为富豪的,有,但是为数不多,像杨百万那样在股市里淘金,获得巨额财产的凤毛麟角,大多数富豪都是在某个领域起步阶段,果断进入然后一步步发展起来的。无论是小本经营的自主创业,还是有了足够的资金以后再直接投资某个企业产权的,都是殊途同归的,正所谓条条道路通罗马。

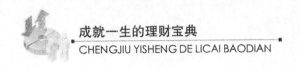

在这个阶段的投资,已经不仅是关系自身财产的问题,而是关系到其他人财产和职业前景的大事,具有较强的社会性。正因为充分调动了社会资源,这个层次的投资所能获取的收益也可能更大。因为早某种程度上,当钱转化成了某种有形的商品或者无形的服务,就可以不断地生钱了。纵观福布斯富豪榜上的富豪,没有一个是没有公司实体的纯粹个体户。没有钱想办法赚钱,有了钱让它为你创造出更多的钱,在为自己创造财富的同时,为这个社会创造更多的财富,这才能体现你的真正价值所在。

不论个人现实财富的多寡,每个人都是自己人生企业的董事长。任何人的人生企业发展状况和前景,除了客观的限制条件,往往取决于个人的理财理念与思路,取决于此人的眼界和胆略。前面理财九段的划分,仅仅是罗列总结了一下目前个人财富管理和创造的几个阶段,并非人人都必须一步一步阶梯式遵循。

创业:让财富呈几何级数增长

30年前,也就是改革开放的初期,正是计划经济向市场经济过渡时期,是建立新的经济秩序的阶段,一批有头脑、有胆识、敢于吃螃蟹的人,在没有任何前车之鉴的情况下,投身改革的大潮,抓住千载难逢的大好时机,在传统产业里干出了一番事业,闯出了属于自己的一片天空,同时也为自己积累了巨额的财富。他们的代表人物是鲁冠球、刘永好、严介和等。

20年前,新技术革命的浪潮袭来,新的产业兴起,一批有学识、有魄力的专业技术人才,抓住机遇,迎头赶上,在一个世界性的新兴领域里,成就了自己的一番事业,他们的代表人物是柳传志、史玉柱、王传福等。

10年前,互联网兴起,在不为人知的新世界里,一批有头脑、有朝气的年轻人敢尝天下先,成为新领域里的弄潮儿,取得了前辈无法企及的成功,他们代表了新势力,他们是马化腾、丁磊、陈天桥、马云等。

总之,30年间已经有很多人走在了前列,他们是当今中国最成功的人,也是最富有的人,他们的人生经历让人们看到了巨额的财富是怎样创造出来的。现在的中国,想要在短时期内创造出无法企及的财富,唯一的途径也是最快的途径就是创业。

出生于1981年的李想,因为喜欢玩电脑游戏而迷上互联网。高中时期他建立了自己的网站,把一些电脑硬件产品放在上面,以便和其他电脑爱好者们交流。争强好胜的李想做得很用心——别人在清晨更新页面,他为了抢时效经常半夜爬起来完成更新。没想到三五个月以后,网站的访问量达到万人以上,更没想到的是广告商主动来做广告,从每月七八百元到四五千元,短短一年就赚了10万余元。

1999年,李想高三毕业,经过深思熟虑他做出了一个大胆的决定——放弃高考,用10万元来创业。没想到,正赶上互联网泡沫破灭,李想没有赚到钱。李想始终坚信自己的想法没有错,这个网站一定会有前途,只是时机没有选择好。

2002年,李想和同伴来到北京,办起了PCPOP(电脑泡泡)网站,他亲力亲为每周工作6天,每天工作十四五个小时。同去参加一个新品展示,李想规定PCPOP的文章要比别的媒体先发出来;同是图像和表格,李想要求深入像素这么具体的细节。李想清楚,唯有高要求才能出高质量的东西,才能保持团队的战斗力,才能保持企业的良好发展。

随着访问量的飞速增长,广告的收入也在不断增加。六年之后,PCPOP.com已是国内第三大中文IT专业网站,2005年营利近2千万元,利润1千万元,市场价值2亿元。创始人、CEO、29岁的李想身价在1亿元以上。财富的积累于李想而言更像是一场游戏,他有一句人生名言:在高速上保持预见性,把自己变成导演。

在这个日新月异、飞速发展的年代,太多的人在努力之下成就了事业,也积累了大量的财富,看得出来投资创业能让人步入致富的快车道,尽快实现自己

的财富梦想。而且和其他方式相比，投资创业更能发挥一个人的睿智和潜能，体现一个人的人生价值。

创业的领域犹如大海，波澜壮阔，蔚为大观，很多人投身其中，但是真正能够获得成功的却是凤毛麟角。投资创业并非易事，只要有一个问题没解决，只要有一个障碍迈不过去，就可能前功尽弃。如何才能创业成功是每个人都十分关心的问题，如下创业的步骤可以借鉴。

1. 选择最适合的行业领域

常言道"男怕入错行，女怕嫁错郎"，创业伊始最应该解决的是选择适合自己的行业。一是从自己熟悉的行业做起，这样比较容易入门。如果有高超的计算机技术，可以选择与计算机相关的服务行业；如果喜欢建筑设计，可以从事家庭装修领域。二是结合自己家庭及社会关系等人力资源来选择，如果家里人在饮食加工上有条件，可以开个饭店；如果在化妆品行业有条件，可以开家美容院或者化妆品专卖店。三是选择空白领域介入，比如幼儿用品租赁、幼儿早教服务、宠物带养等，这样才能先人一步，抢占商机。

2. 筹划一份切实可行的计划书

一分具有前瞻性的商业计划书是非常重要的，它是整体的规划设计，是经过调查研究后确立的，是科学的可操作性的。计划书主要包括：创业模式、财务规划、资源运用、目标设定、营销策略、风险评估、其他（包括管理模式、规章制度、人员配备等）。当然，创业的过程不能完全照搬计划书，计划书的目的是有一个清晰明确的目标和具体的方向，可以避免在营运过程中出现的问题。

3. 筹备充足的创业资金

任何事业初创时都需要启动资金，没有足够的资金支持，再好的计划书、再好的创意、再好的创新技术，都很难转化成现实的生产力。需要多少创业资金要根据自己的创业项目规模来定，"有多少钱办多大事"。可以通过几种办法来获得资金：一个是通过亲朋好友集资，也可以找有实力的人来进行投资或者做合伙人。如果有动产和不动产也可以用来做抵押贷款，如房子、汽车、股票、债券等。现在正是鼓励个人创业的时候，有很多的优惠政策可以充分利用。

4. 做好硬件条件的准备

创业的硬件条件就是工厂的厂房和设备、店面的选址和条件、必要的交通工具和设施等,这些都是创业必不可少的。选择创业的地点很重要,地理位置、人口密度、人口流量、消费水平、交通条件等,不同的创业目标有不同的侧重。如果主要以加工为主,从成本考虑可以在稍微偏远的区域;如果是商店、饭店、洗衣店等以服务为主,就要选择在人口密集且消费能力较强的中心区域。休闲、健身、美容、教育等行业,就要选择在人口较为集中的高档社区附近,这样才能得到事半功倍的效果。但是这些地方的资金费用可能要昂贵一些,这样一来成本就会增长,要有足够的资金准备。

5. 从建立品牌的角度起名字

无论从事的是何种行业都要事先有一个明确的目标,那就是把它尽量做成品牌,就如同星巴克的咖啡、好利莱的糕点、张一员的茶叶那样深入人心。一是要明确自己将要打造的公司是何种形象,是东方传统风格还是西方欧美风格,要有准确的定位。二是名字最好朗朗上口,简单明了,不要过于冗长和不知所云。三是不要用自己的名讳来命名,除非你在当地是一个小有名气的人,抑或是准备把自己打造成一个名人。四是要考虑名字的发音结构,最好和电话簿排列分类相结合,一般都是以拼音顺序排列,所以名字中的韵母最好排在前面。

6. 办理各种相关开业手续

现在办理工商登记和注册有专门的公司可以代劳,这样可以节省很多的时间和精力,找他们代办不失为一种多快好省的办法。即便如此有些事情还是要亲力亲为,比如食品行业的员工要有健康检查证明、饮食行业要有消防部门的检验等,这些都要事先准备好。如果自己亲自去办理,要事先解好办公地点和程序,这样才能避免不必要的浪费。另外,许多当地政府行政部门为了简化手续方便群众,设立了行政办公大厅几个部门集中办公,只要到那里一切手续就可以全部办完。

目前看来,自主创业的大环境要好很多,为了缓解就业压力,当地政府出台了很多优惠政策,自主创业正是时候,有志于此的有为之士不要错过良机。当然,并不是任何人都适合自主创业的,老板也不是人人都可以当的,要具备一定的素质和条件,才能在创业的大道上走向成功。那么,创业者究竟需要哪些素质呢?

1. 良好的能力素质

能力素质包括独立决策的能力、承受风险的能力、组织协调的能力、随机应变的能力、改革创新的能力、社会交往的能力、团结协作的能力，具备了这些能力的人在创业的过程中能少一些坎坷，少一些挫折，少一些失败的可能。当然这些能力也不是与生俱来的，是可以在实践中逐渐积累和锻炼得来的，因此并不是等到具备了这些能力才能创业，而是要在创业中逐渐培养这些能力。

2. 良好的心理素质

所谓的心理素质主要指自信、自主的自我意识，能够坚定地按照自己的目标前进，相信自己能够做到。坚韧、果断、顽强的性格，不畏艰难，不惧挫折，不患得患失，不犹豫不决。还有就是不感情用事的情感因素，做事情不冲动、不盲目、不妥协，心思缜密。具有这些心理素质的人才能在创业的路上走得更远，走得更好。

3. 良好的知识素质

知识素质对于创业者来说有举足轻重的作用，这些知识主要包括扎实的专业知识、广博的非专业知识、精细的商业知识、适用的管理知识、相应的财务知识、必要的法律知识等。创业前最好能做好这方面的知识储备，如果有欠缺也没关系，可以边做边学，在实践中逐渐积累。

4. 良好的身体素质

自主创业的过程很艰苦，工作繁忙，压力巨大，所要付出的精力、心力和体力都是难以想象的，这就需要具有良好的身体素质。这里所说的身体素质主要指身体健康、体力充沛、精力旺盛、思维敏捷、乐观向上的生理和心理的条件。所以，创业中的人一定要注意锻炼身体，注意劳逸结合，改变不良的生活习惯，还要注意缓解工作压力，保证身心处在最佳的状态，以保证工作事业的顺利进行。

很多人都想创业，也都想成功，但是有的人虽有良好的基础、缜密的计划，却因种种原因导致失败。而有的人虽无值得夸耀的资本，最终却事业有成。总之，商海中，成功与失败是相伴的，关键要看你是否有充分的思想、物质、资金、心理的准备。

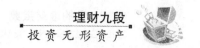

抓住了创业机会，就抓住了财富

前几天，在网上看到一条帖子，是关于创业和买房的：

"1998年，马化腾他们五人凑了50万创办腾讯，没买房；1998年，史玉柱向朋友借了50万搞脑白金，没买房；1999年，漂在广州的丁磊用50万创办了网易，没买房；1999年，陈天桥炒股赚了50万，创办盛大，没买房；1999年，马云团队18人凑了50万，注册阿里巴巴，没买房……如果当年他们用这50万买了房，现在可能连贷款都没还完。"

这话虽说是戏言，但也的确反映了当今的一个现状。10年时间里，同样50万元，所创造的财富却有天壤之别。身边很多朋友，也不乏有人有钱后投资买房、买股票、买基金，很少有人用这笔钱来创业，给自己的未来作投资。换位思考一下，如果你手里有50万，会不会像上面几位那样，用这笔钱来创业呢？

有钱的人拿着钱会想如何来利用，没有钱的人有机会也会想着怎么来利用。

机会就在你身边，看你是否有眼光

炒股的人都知道，能否赚钱不在于你在什么位置卖股票，而在于你在什么位置买股票。也就是说，要抓住价格相对较低的短暂时刻，果断出击，大胆建仓。其实，创业有时候就像是炒股票，找准了机会就是成功了一半。

说起腾讯公司有人可能不知道，但是说起QQ几乎无人不知，这个即时聊天工具已经成了人们相互联系最频繁的工具，尤其在青少年中间。但是，QQ的成功还满偶然的。

20世纪90年代末，互联网刚刚在中国出现，很多人还没有机会接触网络的时候，马化腾已经加入中国最早的一批"网虫"。一个偶然的机会，马化腾看到了windows系统的ICQ演示，于是一个大胆的想法在他的脑海里闪现：能否在中国推出类似ICQ的集寻呼、聊天、电子邮件于一身的软件。1998年底,马化腾利用炒股所得的资金与大学同学张志东注册了自己的公司,它就是腾讯之始。此后,马化腾和他的同事们开发出了第一个中国风味的聊天工具QQ。开始的一段时间,这个软件并没有引起人们的注意,因为国内已经有了几个类似的软件,根本没有人看好它。

当时,手机用户不是很多,寻呼机一统天下。马化腾想在这个需要沟通和联络的社会,人们肯定需要一个方便的联络工具,QQ不应该没有市场。于是,他把QQ放到互联网上,让用户免费使用。令人意想不到的事情发生了,QQ深受年轻人的喜爱,尤其是在高校一炮打响,在不到半年的时间里,就发展了500万用户。

接下来,马化腾又结合年轻用户多的特点,开发出QQ行、QQ秀、QQ交友、短信、铃声、网络游戏等业务……就这样,1999年创建的腾讯,经过12年的发展,现在总注册用户数为3.55亿、活跃用户数1.19亿,QQ最高同时在线730万、QQ游戏最高同时在线78万,跃居中国第一大休闲游戏门户,亚洲第一、世界第三的即时通讯运营商。

创意性模仿,也要选准时机

谁说成功不能复制,QQ复制ICQ就获得了巨大的成功。与此相类似的还有:复制美国亚马逊网上书店的当当网上商城、复制美国Google搜索引擎的百度搜索,都是靠学习和借鉴在海外成功模式而获得成功的。虽然说创新是企业发展的原动力,但是复制已有的成功模式,不失为一条风险小、收益高、见效快的捷径。

创意性模仿绝不是原封不动的照搬照抄,而是结合中国特有的现状和环境,在许多方面进行了改进和创新。尤其是在初步取得成功的基础上,还要在原有的形式中,不断地丰富和加强自有产品的核心竞争力,形成具有特色的拳头产品,在质量上和功能上超过原有的对手,才能最终实现占领市场、独占鳌头的目的。

可以说,创意性模仿既利用了原始创业者的成功,又利用了他们的失败,他们只要使原始产品和服务变得更完美,就可以获得事半功倍的效果。

但是,创意性模仿能否成功,还要看选择的时机。马化腾建立腾讯、开发QQ软件的时候,正是即时通讯空白时期,人们尤其是年轻人极需要一种既方便又廉价的通讯工具。所以说,机会是稍纵即逝的,要有一双独到的慧眼发现它,还要有一双有力的手抓住它,再要有一个灵活的头脑来运用它。

"世界上从来不缺少机会,而是缺少发现机会的眼光。"就像买股票一样,能不能在较低的价位上买到有上涨潜力的股票,全凭自己的眼光。马化腾当年用50万元创业,10年过去,而今他拥有腾讯12%的股份,财富总额高达239亿元,占据了胡润榜2009年IT业富豪榜首位。

10年时间,50万元变成200多亿元,说创业是理财的最高境界一点也不为过。可以说,如果用那笔钱来投资其他任何理财产品,都不可能有这么高的回报。

眼光在哪里,机会就在哪里

赚钱需要智慧和眼光!创业如果在一开始的选择上犯了错误,再多的努力都是在浪费,努力越多离目标就越远,甚至会演变成痛苦的挣扎,越挣扎陷得越深!

中国有句俗话:女怕嫁错郎,男怕入错行!在赚钱创富的道路上,有两点很重要:选择机会和努力进取!首先一定要在选择机会上下功夫。有经验的生意人都会认同这个道理。只是很多很多的人,当明白这个道理的时候,已经付出了沉重的代价!

如何发现机会,如何判断是否是好项目,只要把握其中的关键点就可以了,一旦选择正确,就会抢得先机,拔得头筹,从一开始就立于不败之地!一个好的机会应该具备三个主要的特点:天时、地利、人和。具体来说,要看其是否具备以下七个方面的特征,一旦符合就要果断决策,立即行动,全力以赴!

一看产品好不好卖。产品能卖出去就能把钱收回来,如果产品不好卖,投入的再多、努力再大也没有用,甚至是竹篮打水一场空。

二看市场够不够大。市场不够大就没有上升的空间,将来就没有拓展的余地,这样的机会一开始就没有足够的底气,即使成功了也是小打小闹。

三看利润空间大不大。一个产品或者一个项目,如果利润空间不大,想要赚到钱一定很艰难,一旦遇到原材料和人工涨价,年底一算账不仅不赚钱很可能是赔钱。

四看趋势发展明显。任何一个行业只要把握大的发展趋势,踩好步点就能赚到钱。赶早了,开发市场成本太高,甚至给别人做嫁衣;赶晚了,钱被别人赚走了,可能是最后一棒。

五看收入能否持续。只看重眼前利益的短、平、快项目,虽然能马上见到效益,但是很难持久。真正赚钱的机会是有持续性收益的,而且赚的钱越来越多,越来越轻松。

六看经营模式是否稳定。赚钱先靠机会,后靠管理,仅凭一时的运气和蛮力是难以出成效的,经营模式的好坏直接关系到能否赚钱、能赚多久钱。

七看是否有品牌效应。无论做什么行业都要懂得借势借力,看品牌选项目已经是很简单的道理了,关键还要选中有潜力的品牌,这样才能取得事半功倍的效果。

修炼秘诀

发现创业机会不是一件容易的事情,但也不是高不可攀、无法企及的事,只要有意识地加强实践和训练,培养和提高这种能力指日可待。

(1)要有良好的市场调研习惯。发现创业机会的最根本途径是深入市场进行调研。要了解和把握相关市场供求状况、变化趋势,目标消费者需求变化,竞争对手的优势和劣势等。

(2)要多看、多听、多想。每个人的知识、经验、思维以及对市场的了解不可能面面俱到,多看、多听、多想能更广泛地获取信息,从而增加发现机会的可能性。

(3)要从不同的角度看问题。要克服从众心理,要突破传统思维的束缚,要敢于相信自己,不人云亦云,才能发现和抓住被别人忽视或遗忘的机会。

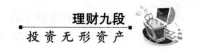

品牌为你带来超额收益

闻名世界的星巴克(Starbucks)主要经营咖啡,通俗点说就是咖啡馆,世界上的咖啡馆不计其数,但是做到像星巴克这样的却不多。为什么?这就是品牌效应。星巴克公司一直致力于向顾客提供最优质的咖啡和服务,营造独特的"星巴克体验",让全球各地的星巴克店成为人们除了工作场所和生活居所之外温馨舒适的"第三生活空间"。

经常看到这样的场景:一个人靠窗而坐,手里一杯咖啡一本书度过悠闲的下午;一个人坐在角落里,一杯咖啡陪着他度过伤心的下午;年轻的情侣相拥而坐,用一杯咖啡记述他们的爱情故事;一家三口逛街逛累了,坐在长椅上边喝咖啡边小憩。此情此景即使不喝咖啡已经令人心旷神怡了。

星巴克品牌已受到世界瞩目。据美国《商业周刊》评出的全球100个最佳品牌中,虽然星巴克排名与名列前茅的可口可乐差距很大,但是,星巴克品牌价值涨幅在100个著名品牌中却位居第一,被称为"最大的赢家"。更令人惊奇的是,星巴克在20年间所支出的广告费用不过2 000万美元,而其店铺已遍布美、亚、欧三大洲,多达4 435家,目前还在飞速的扩张中。

好品牌是个无形资产

从星巴克的成功不难看出,而今的消费已从"物"的消费转向"感受"的消费,倾向于感性、品位、心理满足等抽象的标准。过去买一件衣服是为了遮体保暖,而现在更多考虑个性、自我感觉的满足。作为企业必然要有主导产品,必然着眼于长远的品牌建设,而不仅仅是短期的利润,这样才有可能获得高于社会平均水平的超额收益。品牌是一种物化了的经济形象,这一形象的树立,是通过"物"的形式来表现的,即产品。

好产品是支撑品牌的基础,但好产品却不一定能做出好品牌。不少企业有不错的产品,却"养在深闺人未识",原因有三:一是没有长远规划,只满足于糊

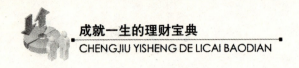

口度日,不考虑为品牌投资;二是盲目自信,自我封闭,抱着"酒香不怕巷子深"的老理吃老本;三是不知如何营造品牌资产。

从品牌角度看,品牌不是企业的,而是属于消费者的。购买商品的主动权在消费者手中。消费者的心理不断变化,经历了这样三个阶段:十个消费者一个声音→一个消费者一个声音→一个消费者十个声音。诸多声音中哪一种最接近他的内心真实感受?弄清消费者的需求,去满足他的需求,保持对他的持续沟通、追踪测试,才有可能使其忠诚于这个品牌。

投资品牌分三步走

1. 质量

在大多数人眼里品牌是质量的代名词,著名品牌大都是质量可靠的,所以,消费者在有了经济基础之后,就会不惜重金买名牌,看重的就是好质量。没有质量做保证,谁都不会买你的账。

2. 形象

质量是品牌的基础,有了基础还要进行品牌塑造。品牌塑造主要指形象塑造,而优秀的形象最有利于传播,众多品牌愿意找娱乐名人做形象代言人,这是迅速提高产品形象的有效手段。很多品牌在名人加广告的组合下,品牌形象和品牌知名度迅速提升。可以说,形象是品牌的名片。

3. 精神

要想让品牌长青就要赋予它一种精神,燕京啤酒的口号是"感动世界、超越梦想",雪花啤酒直接体现了"重在参与"的精神;蒙牛从关注全民健康延伸到推动全民健身。宝洁的口号是:永远提供优质产品;海尔的口号是:真情到永远。它们都在向消费者传达一种精神,这种精神一旦得到消费者的认同,就自然成为品牌的一部分。拥有消费者的品牌才是真正的品牌。

好产品不等于好品牌

不仅卖产品,更要卖品牌;不仅卖物质,更要卖精神;不仅卖品质,更要卖文化;不仅卖方法,更要卖方案。产品以外的天地大于产品以内的。产品不值钱,感觉最值钱。

建设品牌是一项复杂的长程投资,是花钱的艺术。其实,每个企业家都想把企业做好做大,但往往"不是驴不走就是磨不转",他们面临的首先是企业生存的压力。我们理解企业家们的处境。一分钱掰成两半花是勤俭本色;一分钱顶两分钱花,则需动点心思。我们深知,企业家口袋里的资金有限。

很多经营者说"我已经做得很好了",不就是设计师、款式、质量嘛,其实这些恰恰不是品牌而只是经营。品牌价值是观念性的价值,这些观念性的价值能带来利润,很多人认为品牌是成本而不是投资,一旦市场不好就砍掉这一块,好的品牌越在艰难时刻越要维护,无形资产的价值。

节省资金的品牌宣传方法

任何一个企业在进行品牌传播过程中都会感觉资金少,而随着媒体的分散化趋势,如何进行低成本传播就成为大家最关心的问题。如果在以下七个方面加强运作,会明显降低品牌传播的成本。

1. 挑选合适产品,集中力量

能有溢价能力,最好能越卖越涨,再集中所有力量及资源突破某一品种及品类,面面俱到只会是浪费时间及资源,以"品种育品牌、品牌带品类"是一种较好的传播策略。

2. 构架品牌体系,注意保护

即产品品牌与企业品牌重叠,主副品牌即企业品牌与产品品牌不同,族群品牌即一个产品系列一个品牌,产品品牌即一个产品一个品牌,以上品牌策略是常用的四种架构互有优劣。最好先做行业品牌,再做消费者品牌,即先调动行业人士推广品牌的同时再做消费者品牌。还要做好商标注册已获得保护,防止被侵权或恶意注册。

3. 制定传播规划,分阶段有重点

导入期、上升期、成熟期、衰退期的传播都有重点,不同阶段在媒介运用、宣传品运用上也应有侧重,不能面面俱到,否则会浪费资金。利用各种机会宣传炒作,还要长期坚持不懈,形式多样。

4. 重视网络传播

可以利用关键词传播、可以利用网络推手写文章、开展网络促销、与门户网站合作,硬广告和软广告结合运作,快速提高知名度。

总之,品牌传播是最烧钱的地方,稍不小心就会引火烧身,让一些中小企业元气大伤或自取灭亡。学会了投资和建立品牌的本事,巨大的效益就会在不知不觉中慢慢流过来。

打造品牌是长期而费钱的事,如果购买一个品牌或者加盟一个品牌,也许能有事半功倍的效果。但是在选择的时候要做好市场调研和前景预期,还要做很多的策划和研讨,总之,投资品牌是一个复杂的系统工程,要有足够的管理方面的知识,有更大的财富目标的人,才能着眼于长远的品牌建设,获得高于社会平均水平的超额收益。

最有价值的投资是让人才帮你赚钱

美国钢铁大王卡内基的墓碑上刻着这样一句话:"一位知道选用比他本人能力更强的人来为他工作的人安息在这里。"卡内基之所以成为举世闻名的钢铁大王,并非由于他本人有什么了不起的能力,而是因为他敢用比自己强的人,他能看到并发挥他们的长处。他曾经说过:"把我的厂房、机器、资金全部拿走,只要留下我的人,4年以后又是一个钢铁大王。"

一个人要想成功,单打独斗是不行的,再有能力的人也需要有人来帮助,关键是能够找到合适的人来帮你。一个人做企业可以不懂生产、不懂技术、不懂销售、不懂财务,但绝不能不懂用人,尤其是中小型企业,成功用人是企业快速发展的关键。所以说,投资人才是最简单也是最复杂的项目。能用钱赚钱的人是一个财商很高的人,能让他人帮自己赚钱的人是情商很高的人,也是具有领袖气质的人,是能成大器的人。

许多人都说"用人是门综合学科",其中包含了社会学、心理学、管理学、人力资源学等,其实用人更是一门艺术,用人之道更能体现出管理者不拘常规、不断创新的理念。企业的命运往往成于人,败亦于人。那么应如何用人呢?

1.用最合适的人

总的来说,用人标准,没有好坏之分,重点是清楚什么样的人适合你的需要。最需要什么样的人就引进什么样的人,就培养什么样的人。经常跳槽的管理精英和人才获得成功的不多,因为寻找一个适合他的舞台是很不容易的。是成功的企业造就了优秀的员工,而不是优秀的员工造就了成功的企业。

什么是最合适的人呢?排在第一位的是人生价值观与领导者和企业相一致,尤其是合作伙伴、共同做事业的人,更要在人生价值观上一致,否则合作根本不能长久。因为每个人的工作态度以及生活欲望、对企业的忠诚度,都是由价值观决定的。很多时候,决定事业和企业成败的未必是能力最强的人,而是那些最尽职、最投入的人。最合适的人是能很快适应本职工作的人,无论是哪个岗位的人都要尽快进入工作角色,很快适应本职工作,这些人往往是经验非常丰富的人;最合适的人是企业最为缺乏的人才,尤其是技术人才和市场拓展人才,这类人会在短时间内为企业带来最大效益。

2.超价值用人

很多成功的企业家或者富豪,本人的文化程度并不高,但他的身边却有硕士、博士乃至留学回国人员,心甘情愿地做他的属下,并尽心尽力地为他工作。他们的用人原则很简单,就是超价值用人。有一家农业企业的老板是农民,只有高中文化,他的手下的员工工资普遍比其他同类企业员工的工资高20%以上,当企业走上正轨取得很好效益的时候,他拿出一部分股份给两个副手和有贡献的研制者,其他员工也得到了很高的奖金。在他的企业里所有员工都拼命做事,研究开发人员没有上班下班之分,中层以上的领导都有房有车,这样好的条件换来的自然是工作上的高效率和尽职尽责,现在这家企业已经是拥有十几亿资产的行业龙头。

3.给予员工最想得到的

一个企业的老板应当知道自己的员工想要什么。不同层面的员工,欲望和需求都不一样。能否读懂员工的心,这就考验企业领导对员工的重视程度。薪资待遇水平、个人发展空间、人际关系优劣、工作环境好坏以及企业氛围等,都是员工评判企业的标准。不同层面上的员工有各自不同的需求,这就需要有不同的激励措施。一般来说,基层员工最想要的是合理的工资、较好的工作环境

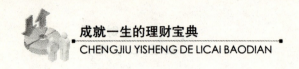

和安全保障;中层管理者最想要的是有施展才能的平台,想要公平的竞争环境和合理的考评制度,想薪资水平逐年得到提高;高层管理者最想得到老板的信任和授权,想让自己的思想能在工作中得到体现,想成为企业的股东。将满足员工的需求作为企业发展的远景,这样的企业就会有强大的凝聚力,就能不断强大,就能不断发展进步。

4. 有科学合理的管理制度

每个企业的管理者都有一套对人的评判标准,人情因素会直接影响到企业内部的人际关系,如果有了科学合理的人力资源管理制度,内部员工的关系就会变得简单、明了、单纯。

建立起详尽、系统、科学的考评制度,让所有员工站在同一个平台上,接受公司制度的评判。

人尽其才,才尽其用,是企业管理者和员工共同的愿望;能者多劳,多劳多得,也是员工的愿望。奖勤罚懒是背后的推动力,当员工全力为公司工作并取得好的成绩时,就应该获得认可和回报,如果干好干坏一个样就会损伤那些努力的员工的积极性。对员工的考评不应该总是被动的,应让员工主动地以公司的考评制度来评判自己的工作绩效。自我考评能修正员工的工作行为,提高其工作效率。

5. 长用者多批评,短用者多表彰

要外松内紧地考察下属。凡是准备长期任用或准备提拔的员工,要多多指出他们的缺点,使之适应企业;对不准备长期任用的员工,则要多多地表彰,为"好聚好散"作准备。考察员工,要明松暗紧,考察于无形之中。尤其是其对父母、落难者和对犯错误的同事的态度,往往能看出一个人是好心或是坏心、是君子还是小人。如果一个人不孝顺父母,对落难者毫无同情之心,企业若有意外,这种人是依靠不住的。

6. 用人之长,克人之短

精明的企业老板对下属的任命是以"他能够干好"为基础,用人不是为了克服他身上的弱点,而是为了发挥他的长处。如果坚持任用完全没有缺点的人,那么这个企业只能是一个平庸的企业,因为各方面都好、只有优点没有缺点的人是不存在的,其结果只能找到平庸的人。因为一些人才在具备一些超

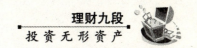

强能力的同时,往往具有较突出的特点,与人类现有的博大的知识、经验和能力相比,即使是最伟大的天才也有弱点。有人的地方就有是非,对人的管理永远是最复杂、最烦琐、最容易出现变故的。因此,用人之道往往能决定一个企业的兴衰。用人之道没有定律,每个企业的老板要有自我评判的标准。

修炼秘诀

真正的老板是善于发现人才并善于运用人才的人。聪明的人往往会雇用比自己更聪明的人或与他们一道工作,而能够成就大事业的人不仅能雇用比自己更聪明的人,而且能够信任他们,将自己事业的一部分交给他们。因此,理财高手的最高境界不是投资在物体上,而是投资在人身上。当然,根据风险收益对应原则,这种投资是风险最大的、也是潜在收益最大的。